Le procès
de Gilles
de Rais

棱镜精装人文译丛

主编 张一兵 周 宪

# 吉尔·德·莱斯案

## 蓝胡子事件

Le procès
de Gilles
de Rais

GEORGES
BATAILLE

〔法〕乔治·巴塔耶 著 赵苓岑 译

南京大学出版社

书中吉尔·德·莱斯案教会与俗世诉讼文本遵循原件,附乔治·巴塔耶评注

教会诉讼文书原件为拉丁文,经皮埃尔·克罗索斯基翻译为法文

# 目 录

# 前　言

　　博萨尔神父称吉尔·德·莱斯案"与圣女贞德案有着天壤之别"。但他也说："两案成中世纪之最，或许到了近代也如此。"此后，虽另有震惊大案，但历史在一定程度上印证了博萨尔所说。作为迄今为止吉尔·德·莱斯案最重要的文字记录，博萨尔神父此书在今天看来确实年代久远，也并非诉讼文书；但事实上配得上"最好"二字。但当时因出版方面的原因，导致今时今日很难窥见原书全貌。亏得长久细致的研究，我们得以在此呈现再版内容。还望不负档案的特殊价值。

　　我们坚持在引言中交代清楚人物相关。首先是概论。但凡可以，均按时间顺序补充了部分历史细节及背景。

　　注：我们沿用了如今通用的官方地名，但保留

了"莱斯",弃用当前名称"雷斯"。事实上"雷斯"并不符合读音,十五世纪时通常写作"莱斯",也有"莱丝"的写法。按当地读音应该为"莱斯",而非"雷斯"。

不同文本在处理人名时有出入,偶尔也有错乱之处,所以我们只能尽力落实人名。仅有一点要注意:凡原文出现"瑟"的地方,均以更符合发音的"塞"替换(比如"普兰塞")。

引　言

# I 吉尔·德·莱斯之悲剧

## 1. 圣魔

　　吉尔·德·莱斯之光经久不灭,皆因罪过。他是否如我们所想,为史上罪大恶极第一人? 基本上,这种说法纯属冒失,经不起推敲。罪乃人类属性,甚至独属于人类,但它隐而不发、看不透也避人耳目。罪,遮遮掩掩、藏而不露所以令人恐惧。恐惧之时我们便有如深陷黑夜,夜愈深我们愈往最坏的方向想,实际上也的确存在最坏的可能,甚至可以说罪最终总会走向最坏的可能。

　　所以,判夺罪行尺度的并非现实罪,而是传说、神话、文学,尤以悲情文学为最。永远也不要忘记是谁独自呐喊出罪的真相,不正是传奇色彩?

3

所以说，一旦涉及吉尔·德·莱斯事件，不可避免总要提及其非凡意义；而且到了最后就连与之相关的日常琐碎也总能让人浮想联翩。吉尔·德·莱斯的累累罪行总让人有种登峰造极的错觉。他显赫、家财万贯、战功赫赫却受千夫所指最终被判死刑，但他的供认不讳、眼泪和悔恨却令激奋的众人乱了心神，一切无不将他捧上顶点。

或许根本说不清蜂拥而至的人群何以在他临受酷刑时产生如此情感。吉尔·德·莱斯无非一个野蛮战争洗礼下不加克制、肆无忌惮的封建领主，并无丁点铺垫指向群众最终的同情。不过若问当时为何举世震惊，汹涌而不计后果的狂浪激情倒可以解释一二。正因为汹涌的病态之恶所以罪犯杀人无数，所以才有了悔恨汹涌。大众情感无非这一极端暴力的反应，而极端，正是吉尔·德·莱斯不计后果的一生。吉尔·德·莱斯是个悲剧的罪犯：因为罪而悲剧，在这一点上，比之他人，甚至比之任何人，他都的的确确是个悲剧人物。

想想他残杀幼童的累累罪行。想想那噤若寒蝉的大多数：恐惧笼罩下越聚越多沉默的大多数。因害怕报复，一个个受害人亲属心生顾虑不敢发声。庞大营垒投下森森魅影，也蔓延着封建社会的焦虑。今时今日吸引游人的堡垒遗迹曾是恶魔一

般的牢笼，森森营垒中多少生死挣扎的记忆，呻吟
与惨叫有时却只能窒息其中。往后被人称为蓝胡
子城堡的吉尔·德·莱斯童话般的城堡，必然使人
想到一次次残害幼童的恶行，而主宰这一切的并非
坏心眼的仙女，而是一个渴血之人。累累罪行的背
后凸显着让他爆发——让他爆发也让他步入歧路
的无边混乱。借由法庭书记员当堂记录的罪犯供
述可知，肉欲并非其行凶的关键。或许罪犯的确横
跨受害人腹部，自慰一番然后对着将死之人射精；
但对他来说，性快感远不及目睹死亡来得痛快。他
享受亲眼看见受害人肉体撕裂、喉咙破开、碎尸及
鲜血四溅的场面。

　　但要满足他的胃口还差亮眼的一笔：吉尔·
德·莱斯想要万人之上。奥尔良战役凯旋继而参
与国王加冕礼后，这位法国元帅接手了曾经的皇家
军。自此之后，策马出行有皇家护卫队开道，有整
个"僧团"相伴。所到之处，传令官一名，军士两百
加礼号通传，麾下议事司铎、主教级人员、唱经班及
受其控制的幼童骑马相随，极尽奢华。吉尔·德·
莱斯要绚烂夺目，哪怕挥霍一空。为满足自己一股
脑狂热激起的满腔欲望，他完全没有计划，挥金如
土。精神错乱之人才至如此铺张浪费：一掷千金买
盛演，席间各式美酒佳肴。不惜一切代价要闪亮登

场,但炫耀了一切却始终不能炫耀罪犯供述时引以为傲却又必然掩饰的一点:罪……

罪,必然召唤黑夜;无黑夜无所谓罪,但我们有时会因为恐惧黑夜而憧憬光明。

所以与莱斯连环弑童案同一时期的阿兹特克人人祭就逊色不少。阿兹特克人于烈日之下于金字塔顶端人祭,恰恰少了那一份对白昼的厌恶以及对黑夜的渴望。

而罪之根本就在于戏剧效果:总有一天罪犯终将揭下面具,揭开面具之时才最具戏剧张力。吉尔·德·莱斯有一种狂热的表演欲:以供认无耻罪行、热泪盈眶、悔恨等手段将自己行刑之时塑造得悲壮。眼见一位大领主声泪俱下表达着自己的悔恨与歉疚,眼见他如此谦卑地祈求受害人亲属的宽恕,围观他死刑的聚众似乎愣住了。吉尔·德·莱斯希望先于自己的两个共犯赴死,所以就当着两人受了绞刑再遭烈火焚烧。参与屠杀、双手沾满鲜血的仆从二人(至少其中一人也曾遭吉尔·德·莱斯猥亵)长久以来见其主上吉尔·德·莱斯无休止地苦海中翻滚,早已视他为"圣魔"。到了临刑一刻,吉尔·德·莱斯又成了众人之"圣魔"。

一生只要有三两同谋(西雷、布里克维尔、昂列及普尔图等人)围观便能满足吉尔·德·莱斯的表现欲……但绞刑后当吉尔·德·莱斯的尸身出现在公众面前、淹没于刽子手点燃的熊熊烈火中,此时吉尔·德·莱斯之死以及死前他的供认不讳便对人潮产生了痉挛一般的效应。

吉尔·德·莱斯首先是个悲剧人物,莎士比亚式主人公。吉尔·德·莱斯家族在其死后精心撰写的《陈情表》(吉尔·德·莱斯死后其家族继承人为说明吉尔·德·莱斯挥霍的情况,以《陈情表》为名公开了这一事实)中有段话倒能贴切地追忆吉尔·德·莱斯:"无人不知他挥霍无度、毫无理财的意识及能力,这也符合他喜怒无常的行事作风,他经常一大清早独自出门,但凡有人提醒他这样不妥,他便失心疯一般毫无理智可言。"①他也清楚自己恶魔的秉性。他自称"生就灾星,世人很难理解他的累累罪行"。这起连环弑童案的共犯之一曾听他亲口说过"永远无人理解他的所作所为",又或者说是命数如此……

或许他想要利用迷信将自我打造成另类生物:按自己的方式超自然地存在着,同受上帝及魔鬼眷

--------

① 《吉尔·德·莱斯继承人陈情表——挥霍的一生》,选自 H.莫里斯修士《回忆录》,第二卷第一辑,第 338 页。(本书所有未标明"译注"的注释,皆为原注。)

顾。世俗世界、现实世界害了他，自他出生便填充了太多完满，最后却不支持他到底。他以为但凡他呼唤，魔鬼便会第一时间赶来雪中送炭。罪与持久的虔诚都能让他产生一种身于神圣世界的归属感，所以他相信关键时刻绝没理由伸手无援。他以为即便自己莽撞冒失魔鬼也会为他弥补！而魔鬼的援手，终究一点一点剥蚀了他，也因他盲从、为人利用终究任江湖术士摆布。吉尔·德·莱斯的一生完完全全就是一出浮士德医生的悲剧，但更为幼稚。实际上，面对魔鬼我们这位罪孽的怪物在战栗。救命稻草一般的魔鬼不仅令他战栗，也让他滑稽又虔诚地恐惧，让他卑微地祈祷。浑身沾满鲜血的怪物竟如此这般懦弱如鼠。

莱斯之厚颜无耻简直闻所未闻，直至最后他仍在幻想全身而退，幻想着即便恶行昭昭仍能躲开地狱之火——在他看来所谓的地狱之火恐怕只是烧炭人的生存信仰。即便他呼求魔鬼也盼着东山再起，但自始至终他也算个虔诚的基督信徒，无非幼稚了一些。死亡阴影未至那几月他尚且自由，告解时他走近圣体柜，即便在这样的场合他也表现得谦卑有礼：马什库勒天主堂内，平民散开为这位大领主让道，吉尔却拒绝并让穷苦的人们留下。这时的吉尔时常为焦虑折磨不愿继续那浴血的狂欢，打算远走他乡到耶路撒冷的圣墓前哭诉。

他幻想着羁旅不停或许灵魂就能获得救赎……但也仅限于幻想,实际是宿疾难清。被捕前数日他不又割开了幼童喉咙?

这般离经叛道反而并不违背基督教之精神,真正的基督教,吉尔·德·莱斯的基督教几乎每时每刻都骇人!并且敞开双手宽恕罪恶。或许基督教实际上恰因罪而生,因恐惧而生,某种意义上它需要恐惧,因为有了恐惧才有之后的宽恕。所以我想,圣奥古斯丁的呐喊"Felix culpa!"应该理解为"有幸堕落!"——包容一切不可饶恕之罪。基督教牵扯着人性,而人性本身就包含着极端的癫狂,所以唯独基督教承诺:容忍极端的癫狂。所以说若非一个凶残至极的封建领主吉尔·德·莱斯摆在了我们面前,我们怎能真正理解基督教?

或许基督教尤其关系着远古的人性——完全敞向暴力的远古人性?无论吉尔·德·莱斯式癫狂的基督教还是其累累罪行无不让人看到远古的影子,"一大清早独自出门……"

## 2. 蓝胡子与吉尔·德·莱斯

我不认为基督教希望理性至上。基督教想要的很可能并非一个暴力全无的世界。基督教牵涉暴力，因为正是基督教所求的灵魂之力在支撑着暴力。吉尔·德·莱斯的种种矛盾归结起来就是基督教的境遇，所以看着这出喜剧、看他想方设法割断幼童喉咙、献身魔鬼却又想灵魂得永福实在无须惊讶……无论怎么看摆在我们眼前的，都是理性的反面。吉尔·德·莱斯完全无所谓理性。无论怎么看他就是怪物。所以世人记忆中的他才成了传说怪物。在他生活过的地方，世人的回忆也确实容易与蓝胡子传说相混淆。实际上安茹人、普瓦图人、布列塔尼人记忆中马什库勒城堡、提弗日城堡、尚多塞城堡的主人蓝胡子与佩罗童话里的蓝胡子并无相似之处。童话中有一间不容任何人出入的房间，还有一把血迹斑斑的钥匙，女主人公的姐姐安娜偷偷跑到塔顶看救兵是否已到，但这些完全无法对应吉尔·德·莱斯的生活……再者，仅凭传说故事也看不出传说与真实事件的关联。大众借助想象将吉尔·德·莱

斯的城堡及罪行归于蓝胡子只有一个意图：现实
人物转换为传说人物更能呈现耸人听闻的过去，但
如果仅仅只是回忆，事件便会随回忆淡去。蓝胡子
的故事版本众多有时甚至相互矛盾，但完全无须为
此伤神。① 比如人物起源是否与布列塔尼有关，这
就尤为次要。虽然米什莱等人坚信这一起源说。
但说到吉尔·德·莱斯，我们只需考虑长久以来与
之相关的传统即可。至于吉尔·德·莱斯相关的
传统，博萨尔神父为我们献上了最为严肃的著述，
希望以此勾勒这一历史脉络并尽可能及时地填充
细节。

　　借助博萨尔神父著述大可说自博萨尔生活的
时代，吉尔·德·莱斯就被视为蓝胡子。民间记忆
竟为恶魔一般的存在找到了如此精准的表达，虽然
某种意义上会造成研究迷障，但也着实惊人。那么
问题就来了，历史是不是比不上传说，是不是唯独
传说能够展现寻常世界之外罪的部分？ 若想更好

---

① 就吉尔·德·莱斯事件与蓝胡子故事的关联问题，夏尔·
珀蒂-迪塔伊曾在 1902 年出版的《查理七世》第 183 页有过明确表
述："我们不相信吉尔·德·莱斯为蓝胡子的原型：起源民间的蓝
胡子与七任妻子的故事历史更为悠久，并不符合仅有一次婚姻（分
居两地）的吉尔·德·莱斯的生平，两者毫无关联。"但布列塔尼人
与旺代人明显融合了蓝胡子故事与吉尔·德·莱斯事件。

地表现吉尔·德·莱斯身上骇人及极端的一面,似乎只能如乡野村夫一般给他冠上蓝胡子之名。我先选定这一观点,然后再回溯具体事实。首先我要阐明一点真相:吉尔·德·莱斯其人之所以有意思,一般说来就在于其怪异可怕,而人类自脆弱的童年便饱受怪异噩梦纠缠。此书开篇我便以"圣魔"称之,但过去更简单,乡野村夫直接喊他蓝胡子……

1880 年左右,博萨尔神父从当地传统中条分缕析地提取了如下信息:"如果母亲、乳母讲故事时将吉尔·德·莱斯名下的提弗日、尚多塞、拉维里埃、马什库勒、波尔尼克、圣艾蒂安-德梅尔莫特、普左日城堡——如今的遗迹——说成是蓝胡子生活过的地方,这并非她们的问题。"[1]博萨尔神父论述时有时显得幼稚,但在这点上却相当谨慎。接下来他继续深入阐述:"我们问过提弗日、马什库勒、尚多塞周边众多老人,得到的口径一致:都说当地领主(或者提弗日,或者马什库勒,或者尚多塞)就是过去人们所说甚至我们今天所认为的蓝胡子。"最后他说:"我们想试试看,如果动摇这些老人的信念、

---

[1] E.博萨尔神父《法兰西元帅吉尔·德·莱斯》,第一版,1885 年,第 399 页。

混淆视听会出现什么结果,于是我们多次信口否定
他们的论断,干扰他们的记忆,谎称'你们搞错了,
蓝胡子既非尚多塞的领主,也非马什库勒的领主,
更不是提弗日的领主',对某些人说是'蓝胡子住莫
泰因或克利松',对另外一些人我们又说'住在尚多
塞'(尚多塞倒是远近闻名的城堡遗迹),但无论何
地的居民听到这些话都先是一愣,继而不置可否,
再然后又重拾自己的论断:旺代人眼中蓝胡子就住
提弗日;安茹人看来蓝胡子就在尚多塞;布列塔尼
人以为就在马什库勒……这些九旬老人言辞凿凿
地表示这些都是老一辈传下来的说法。比较常见
的说法是'蓝胡子在提弗日',就单看提弗日这一
地,蓝胡子这一骇人的封建贵族形象之所以始终鲜
活生动,反倒不是吉尔·德·莱斯这一原型的功
劳,反而的的确确多亏了蓝胡子故事中主人公狰狞
之相及传奇色彩。某日,我们踏访城堡遗迹,走上
克鲁姆塘堤岸来到巨塔脚下,刚好遇到一群游客坐
在草地上,其中就有一当地老妇说起蓝胡子。长寿
的老妇祖上便住营垒之内,历经三个世纪,老妇本
人也生于斯长于斯直至 1850 年,此后搬出城堡住
到了城里。老妇的姐姐证实了我们当日获知的所
有信息,哪怕对细节也一一作了回应:蓝胡子就是
这座城堡的主人。她还说父母就是这么说的,说时

还赌上了先辈之名，老妇的姐姐突然又说：'噢，各位请随我来，我带各位瞧瞧平日里他割小孩儿喉咙的房间。'就着坍圮的残塔沿着过去陡峭的山坡而上，老妇带我们径直走到城堡主塔，她指着两堵高墙间一高悬的小门道'就这里'，我们问'这您又是怎么知道的？'，她答说'从前我年迈的父母总这么说，他们知道这事。过去这还有楼梯往上，年轻时我还能爬上去；现在楼梯塌了，房里简直一片狼藉，到处残垣断壁'。"

在民间记忆中，莱斯元帅似乎以怪物蓝胡子的形象留存了下来。在某些时候蓝胡子指涉的就是吉尔·德·莱斯，不过换了个名字；而有时最广为流传的蓝胡子故事与真实的吉尔·德·莱斯事件融为一体，博萨尔神父就说过："旺代人认为蓝胡子七任妻子吊死的房间就在提弗日城堡某个不为人知的角落里，不过楼梯年久失修全塌了，横冲直撞的游客可得小心了！不定突然掉进深坑惨死。到了夜里，当地人总是远远避开阴森的城堡遗迹，似乎时日不好蓝胡子邪恶的阴魂还会焦虑地久久徘徊。"话说回来，这最广为流传的经典故事（仅仅将真实事件主人公吉尔·德·莱斯的名字换作"蓝胡子"）对真实事件的影响也仅限于无关紧要的方面。比如博萨尔神父就写道："玛丽·德·莱斯出于慈悲心命人在南特自己父亲吉尔·德·莱斯受刑处立了一块赎罪碑，但当地人都说是蓝胡子的赎罪碑。克利松周边许多老人都说起自己幼年经过此处时父母的话'蓝胡子就是在这儿被烧死的'，而不会说'吉尔·德·莱斯'。"似乎一旦历史事件过于极端，事件当事人就绝不能以寻常之人的形貌出现，而只能冠以怪物之名才能撑得起森森阴气。蓝胡子绝不能是我们的同类，而只能是一只寻常物种之外的怪物异形。比起吉尔·德·莱斯这一真名，"蓝胡子"更能对应穷苦百姓想象中的阴森之气。①

## 3. 真相逼人

旺代人与布列塔尼人很快便将吉尔·德·莱斯与蓝胡子的区别抛诸脑后，天真地混淆二者，其实我也急不可待地想要揭示吉尔·德·莱斯身上神话鬼怪的特质以及超越已知极限的怪诞。

前文参照民间想象对吉尔·德·莱斯事件作

---

① "吉尔·德·莱斯元帅就是这一丑闻的主人公"这话很难从穷苦百姓口中说出，尤其面对自家的孩子。冠上"蓝胡子"这样的名字反而容易些，也不减真实人物的色彩。

了整体介绍,比较像在认真地讲故事,但现在得跳过这第一印象,纯粹铺展更为确凿也更为具体的详尽细节,细节本身或许没有太多蕴意,却能让我们少些盲目,更为客观地理解这个混乱的人物。我想按卷宗指明的顺序依次展示这些细节,或许有时细节所涉及的真相太过耸人听闻,但无一不烘托出一个完完全全跃然眼前的"圣魔"形象。

位于瓦纳与南特间的小城拉罗什·伯纳德,吉尔·德·莱斯过了一夜从屋里出来。前一日,佩尔松·洛艾萨尔荒唐地将自家孩子托付给这位封建领主手下一名管事,此时这幼童便站在吉尔·德·莱斯旁。吉尔·德·莱斯时而也亲和,也能摆出随和的样子,但法庭上佩尔松·洛艾萨尔的当堂证言却让我们见识了一个不动声色漠然的吉尔·德·莱斯。他与孩子一同出门,孩子或许还在庆幸终于摆脱了自己贫苦的出身。佩尔松·洛艾萨尔见两人出门便立即上前,此时恐怕别离之痛折磨着这位母亲,所以她再三嘱托,而后来割断身后 10 岁孩子喉咙的封建领主却不屑于回应一个母亲低声下气的祈求,看着将猎物送到眼前的仆人,极为平静地说了一句,"这孩子挑得不错",又说:"美得像天使。"不一会儿,无辜的孩子跃上一匹小马驹,加入随从大军向着马什库勒城堡而去……

要理解吉尔·德·莱斯这样一个顷刻爆发的怪物，首先必须看清他表面的冷漠和不以为然，冷漠和不以为然首当其冲将他置于一般人性之外的极端：无人性。佩尔松·洛艾萨尔原原本本当庭道出的吉尔·德·莱斯之形色是否正预示着冷静中酝酿的恶？洪水野兽般偾张的血液以及即将爆发的暴力！真相就是这么令人血脉偾张，一个借着浑身贵气便能拒人千里之外一手遮天的怪物就是如此暴力，他有时还会摆出天真的笑脸眼睁睁看着断了喉咙的孩子狰狞中挣扎。在当时那种情境下竟然说"美得像天使"，够耸人听闻吧？竟然当着孩子的母亲、当着注定惨死的 10 岁男孩！之后不久他就要横跨男孩腹部探着脑袋清清楚楚地看着男孩咽下最后一口气，然后自己达到高潮。

1438 年 9 月，佩尔松·洛艾萨尔之子惨死于马什库勒。此时的吉尔·德·莱斯尚未沦落到过街老鼠人人喊打的境地。但 1440 年春就到了他家财散尽、无所依傍之时，而渐起的人言也暗地中沸腾开来，此时他便果真成了人人喊打的困兽，他横冲直撞试图钳制命运——武装夺取既已变卖的圣艾蒂安-德梅尔莫特城堡。闹剧一旦开场便后患无穷，也只能将自身的手足无措与无力回天暴露得一览无余。

　　吉尔·德·莱斯面前只有死路一条，一步错而全局乱。当日，他于林间部署了 60 名武装伏兵：大弥撒一过，冷不防他战斧一挥，大吼一声直扑城堡管事——做神父的买主的兄弟。天主堂里一声撕心裂肺的怒吼："好啊！淫僧，打了我的人还勒索！滚出天主堂，否则要了你的命！"

　　书记员当庭记下这精准的一笔，以法语还原了闹剧爆发的一刻，几乎分毫不差地再现了悲剧的一幕。很难说清吉尔·德·莱斯骤起的怒火，又为何一念之间完全无法接受既已变卖城堡的现实。践踏神圣天主堂，弥撒期间公然蔑视让·勒费龙无上圣职，无视自己当时唯一靠山布列塔尼公爵之权威，此时的吉尔·德·莱斯已是穷途末路：圣艾蒂安-德梅尔莫特闹剧刚过，诉讼与死刑接踵而至。吉尔·德·莱斯将让·勒费龙押入大牢后又从圣艾蒂安转移至提弗日。幼稚的吉尔·德·莱斯以为退至提弗日便能摆脱困境，开拓一条出路。这种情况下布列塔尼公爵就必须出动陆军统帅，因为只有陆军统帅才有权越过布列塔尼举兵前往普瓦图的提弗日。而这位陆军统帅阿蒂尔·德里什蒙刚好就是公爵亲兄弟，所以最后几个星期吉尔·德·莱斯的癫狂也只能是末日的挣扎。1440 年 5 月 15

日圣艾蒂安事件爆发，10 月 26 日莱斯元帅被处决。罪行累累，无望之时又寄希望于恶魔，终于走火入魔多行不义，无怪乎亡不旋踵。

我们也知最初面对法官他轻狂傲慢，却并非出于心机和算计，所以前一秒还无礼轻狂下一秒他便颓然崩溃。轻狂傲慢时还如丑角，下一秒沦丧之时他却又笼罩伟大的光环，这就归功于他临危保有的那份泰然。他不惧刑罚与死亡，却畏惧魔鬼。战场上他英勇无畏，因为战场只关乎生死，而庭审时他不禁惶恐，因为罪与罚带有悲剧意味，有种无力回天的命定感。所以庭长皮埃尔·德洛皮塔尔与罪犯吉尔·德·莱斯的对话才如此跌宕。每每程式化的司法用语无以为继之时，司法庭辩突然就有了悲怆的意味，而书记员均以法语记录在案。紧接着我们就会看到这场巅峰对峙。

这次规定外的审讯省略了教会程序，属于临时决定。当场备有随用的拷问架，皮埃尔·德洛皮塔尔作为俗世法庭庭长，一再逼问罪犯杀人"动机、缘由、目的"。而上一秒才清清楚楚解释说"无人煽风点火，纯粹自己随性随意所为，单纯寻欢作乐"的吉尔·德·莱斯显然一头雾水，回说：

"哎！大人！您可把我也弄糊涂了。"

皮埃尔·德洛皮塔尔也用法语回得巧妙：

"我可不糊涂，只是您方才所说着实惊人，恕我难以信服，还希望您亲口道出真相。"

"除我刚才所说，确确实实不存在什么动机、缘由和目的。我所说可都是足判人万死的重大事实。"

其实皮埃尔·德洛皮塔尔庭长的问题很简单，但凡理智之人都想知道缘由：吉尔·德·莱斯为何杀人？受何人挑唆又循何先例偏偏就走上了这样一条不归路？庭长看重的是"如何走向犯罪"……而对吉尔·德·莱斯来说唯一而可怕的真相就是"劫数难逃"。一如脱缰之马，没有任何理由地滥杀无辜、杀人就是他的命，任何解释都是徒劳……罪犯本人不会过问犯罪成因也无意揭示。罪为他自身的一部分，深层而悲剧的自我。无法解释。如此丧心病狂就只能刑罚相抵。所以面对法官之疑问，吉尔·德·莱斯脑海里只有两个字：代价。吉尔·德·莱斯答曰："足判人万死！"实在可笑，却也印证了其一生：直至最后仍然深陷犯罪的泥潭溺死其中（我不可能说"活在其中"）。银铐入狱无法杀人的吉尔·德·莱斯只能面对众人招出真相并为此付出代价，而他滔天之罪行及受刑场面必然吸引众人围观,所以他人生最后的主题便是罪与罚。人生最后一秒仍然笼罩罪的阴影而他泪水涟涟只能求上帝宽恕。

"足判人万死!"

何等傲慢又何等卑微?

德·莱斯元帅泪水涟涟口口声声忏悔。但改变不了他是个十足的怪物的事实,可千万别上当,这泪水和这忏悔可都出自一个怪物。看人之将死心生恻隐也在常理之中,可书记员记下的这段话又让人为难了。这段话是质证时吉尔·德·莱斯对风华正茂的佛罗伦萨巫师弗朗索瓦·普雷拉提所说。弗朗索瓦·普雷拉提这个擅长自编自导自演、狡诈却又学问了得的江湖术士迷倒了吉尔·德·莱斯(就表面看他也是同性恋),但也把他榨得精光。从始至终弗朗索瓦·普雷拉提利用的就是吉尔·德·莱斯的幼稚,某日他假装遭魔鬼棍棒伺候,带着伤嘶嚎不断。法官在上而被告吉尔·德·莱斯再见普雷拉提竟在对方离庭之时嚎啕大哭,说着:

"再见!弗朗索瓦,我的挚友!此世无缘再会。我祈求上帝让你坚韧、理解、期待天堂极乐我们重聚之时。请为我祈求上帝，我也将为您而祈祷!"

五个世纪前的对话本不可能留至今日再现如此泪别之景!这又并非凭空捏造的对话，全靠我们握有的这份诉讼记录才能再现这一真实历史场景，但看着看着又为难:诀别一幕之悲情竟完全无法抵消人物之可笑。如果非要为整个事件、整个人物梳理一条线索，那首先第一条:传说中那夜深原野森森坍圮的封建营垒中徘徊的怪物蓝胡子到了我们面前，竟像个稚子。

不可否认稚子有凶残的一面。但凡拥有吉尔·德·莱斯一般一手遮天的能耐，这世间必有千千万吉尔·德·莱斯!但必先有理智才后有所谓可怕的"凶残"，因为凶残乃理智的生物——人类所有。实际上猛虎或者稚子都算不得怪物，只不过一到理智世界，因为猛虎及孩子避开了既定的秩序就成了魔性的代表而且充满魅惑。

但现在我要说说吉尔·德·莱斯、继而以"蓝胡子"之名始终徘徊在这阴森之地的怪物，为何又如何成了我眼中的稚子。

为何要再现这样一个古人? 历经五百年此人何以魅力不减? 答案都在我上文的描述，也相对都是人所共知的事实，而现在我要着重强调的是此人

之无知与幼稚,这反倒是经常为人忽略的一面。而
要再现吉尔·德·莱斯不为人熟知的一面,接下来
须得讲述其生平。


## 4. 王公贵胄之家


　　1429 年荣升元帅的吉尔·德·莱斯为陆军统
帅盖克兰的外甥孙,让·德·克拉翁外孙,居伊·
德·拉瓦尔之子。无论是其几经周折继承了遗产
及名号的莱斯家族,还是其父拉瓦尔-蒙莫朗西家
族以及外祖父的克拉翁家族,无不是法兰西封建王
国数一数二权倾一时的大富大贵之家。

　　就我们所知,无论其父还是家族其他成员都并
非另类。吉尔·德·莱斯所继承的莱斯家族 1407
年亡于让娜·沙伯(又名萨热)之手,这一家族几位
代表人物也绝非不群之类。唯一拥有强烈个人特
质的,就我们所知也只有吉尔·德·莱斯的外曾祖
父皮埃尔与外祖父让·德·克拉翁,之后我们会细
说。但现在须得介绍此人整个家族所属的世界,为
什么就造就了一个常年焦躁中蹂躏、割喉残杀幼童
的嗜血狂魔。

　　其亲属,无一非权贵,坐拥土地千万,大型城堡

扼守。凡其亲属,名下成片甚至网状巍峨城堡借可怕及骇人之势震慑周边。权势之高甚至带有宗教意味(一定程度上王权为神授,封臣之权也相应如此)。不过,这位封建领主对于自己坐享的权势并无清晰认识,于是一生追名逐利却也骄奢淫逸(如果物质上欠缺便以一呼百诺为奢)。慈善、宗教威吓、野心、虚荣、享乐、利欲熏心,这就是封建领主奢华也脆弱的一生,死亡随时可扼住其咽喉。嬉笑、狩猎、开战、敌对、斗争却也无忧闲逸的领主世界,每个人心中都有一头狰狞的恶魔,统治着惊悚的无边地狱。如今我们自认理性的生活从某方面看仍旧矛盾重重。而退至十五世纪初,一个肆无忌惮完全无理智可言的封建领主,他的一生便是彻头彻尾矛盾的漩涡:算计、残暴、温和、血雨腥风、焦灼、无所顾忌……

谈吉尔·德·莱斯罪行前我们先暗示了他显而易见返古的一面。

不过吉尔·德·莱斯首先还是时代的一员。一个时代造就的无理权贵,享一己之欲、骄奢淫逸,重重禁闭奢华的古堡之中有武装将士前呼后拥,他一人睥睨天下。

从任何角度检视他所受的教育,他也只能算庸碌望族之流。如果说他还有点军事才能,也仅限于暴力的熏陶,但若论战术,他也无非有个模糊的概念(当时并没将领养成班,只能于亲历战争之人身边耳濡目染)。家族财力丰厚所以能为他配备两位教士授之以自如阅读、书写之法,不想他却只懂拉丁,而且至多说上几句却无真才实学。继承了大批书稿也并不意味着有生之年他曾一看究竟。

吉尔·德·莱斯泯然于封建王公的大多数。不过,在某一方面(因为他返古的个性)他倒与负责自己教育的外祖父截然不同。之前我们说过,吉尔·德·莱斯众亲属中我们更熟知这位外祖父,让·德·克拉翁。

1415 年吉尔之母玛丽·德·克拉翁与其父居伊·德·拉瓦尔相继早逝。为人父的居伊·德·拉瓦尔弥留之际忧心上无内亲的遗孤落入与自己交恶而生性放荡的岳父之手(他也有理由担心),便企图事先防范。但即便遗嘱中清清楚楚做了说明,逝者之遗愿仍旧无法实现。十一岁的吉尔终归落入外祖父之手。爷孙俩,相似也对立。

## 5. 外祖父让·德·克拉翁

上文我们暗示让·德·克拉翁放荡。这位大

领主也确实无法无天，残暴、贪婪，无异于强盗恶霸。但他并非时代异类，相反他所有缺陷不违反而印证着时代特征。作为一个封建领主，又加上他的强盗脾性，社会弊病之类他已是近墨者黑见怪不怪，甚至本身就代表着当时的封建社会：一个只关心创收理财的标准有产阶级势必无视封建荣誉观等传统道德问题。让·德·克拉翁的强盗习气无半点浪漫色彩。

他倒的确富可敌国，公爵之下安茹第一富胄，但敛财仍为他第一要务。为此他苦心经营，也卷入了当时重大的权术之争。在他这样一个唯利是图的人看来，利益面前无小事。他常住尚多塞一座俯瞰卢瓦尔湖又工事浩大的城堡要塞，为毗邻布列塔尼的军事重地。他手握内河航运通行税的征收大权，却越权横征暴敛，遂遭船工控诉上达巴黎最高法院定罪。

至于风头更劲又出自奥尔良公爵路易一世一族（路易一世遭勃艮第公爵——无畏的约翰——手下刺杀身亡）的让·德·克拉翁之父，礼数如何教养如何我们不得而知，答案很可能是"是"，但显然让·德·克拉翁仅继承了政治敏感与参政欲望。世人眼中其父最重荣誉。但所谓的荣誉也许只是意味着能够在一个封建社会更为便利地实现自己挑剔的需求。如果说父子俩在这点上如出一辙，那是因为最老奸巨猾之人最懂游戏规则。所谓的体面完全是表面功夫，重要的是让·德·克拉翁有了法子轻松敛财。轮到让·德·克拉翁负责养育并教育吉尔·德·莱斯时他浑然不在意孩子教育，放任不管，亲身示范了什么叫法外有人。

之后我们就会看到，在这点上两人倒是难得的一致！

后文（101—105 页）会说到这位外祖父伙同 16 岁的吉尔做出了怎样的强盗行径。

当时两人绑架、监禁并敲诈一位贵妇亲戚，继而威胁将其当作猫一般装进袋中抛至卢瓦尔河淹死。一路寻来的三人皆被打入大牢，其中一人后来惨死狱中。吉尔与其外祖父的所作所为不由得让人想到纳粹暴行……

# 6. 爷孙

但爷孙之区别越来越明显。前者精明，尤善谋利。后者有时成荫前者之算计，而非自主谋事。吉尔也赞同理智的观点：一切行为最终指向结果，却需要另一人对他加以引导为他出谋划策。至于吉尔本人，从来不是老谋深算之辈。他是怯懦残忍的能手，却无力算计，一旦行事，尚未深思便已请另一人介入。

让·德·克拉翁是个犯事不眨眼的狠角色，但犯事图的是结果。他只关心利益。吉尔则不然。即便引他入歧途的外祖父——年迈的封建领主逝世，他仍在犯罪的泥沼打转甚至走得更远，远超其领路人，但他从来只为满足脑中顽念、顺应内心癫狂。一腔狂热支配着他。克拉翁一死他便步步迎向杀戮，犯下骇人听闻的连环弑童案。有时甚至并非出于狂热，而是放任虚妄，残暴到人神共愤，也从未考虑利用放荡之行。他残暴、肆无忌惮，却不计个人得失也无利益考量。

在这点上爷孙二人最是大相径庭，也最为彻底。从始至终这位外祖父都在按自己意愿激发吉尔的狼子野心，豺狐一般的老人幻想着绝不退缩的热血青年跃居王庭高位，扩充将来自己留下的万贯家财。他为他出谋划策，带他上道。英勇加狂热再加上顺势也确实助吉尔飞升。1429 年，时年 25 岁的堂堂法国元帅、与圣女贞德出生入死的战友以及奥尔良的解放者，似乎迎来了他不可一世的命运。但成功如此不堪一击，已然宣告着接踵而至的毁灭，铺垫着灭顶之灾。阴险的老人善于为自己谋利,吉尔却只能迎来癫狂与混乱。行事无分寸以及癫狂置他于麻木不仁而理性算计的老人的对立面。外祖父尚在他已然挥金如土,在一个贫富差距巨大富者愈富的时代,吉尔·德·莱斯竟可以在区区数年之内将金山银山挥霍一空。一开始面对吉尔奢华的阵仗,各大封建领主乃至国王也逊色几分。法兰西一国之元帅,薪资可观,但他挥霍成瘾,所谓官职反倒成了他花钱无度的理由。风光的欲望成了他的魔怔,他无法抵抗闪亮登场的诱惑:无限风光才能震人心魄。一蹴而就的荣耀在别人那儿或已转换成了更多的财富,却引他步步逼近毁灭,急剧增长的开销也加速了他急剧的毁灭。不惜一切代价迷人眼球,但伤及的首先就是他自己。史上炫耀成疾之事并不鲜见,却引发了吉尔病态的癫狂。吉尔·德·莱斯除了是个杀人不眨眼的怪物,还是个挥霍无度的疯子:挥霍是病,如酒瘾。让·德·克拉翁原以为跃升王廷要职吉尔便能明白事理,实际位阶越重他反倒不省人事,完全不加节制地迷醉于飘飘欲仙的奢靡世界,一心要震惊四座。

爷孙之争一触即发。1424 年,20 岁的吉尔要求管理自己名下所有资产。外祖父随即反对。两人剑拔弩张。

然而克拉翁不可能强硬到底。即便冷血粗暴,这位 1415 年阿金库尔战役痛失独子的老人又如何面对孙儿坚持己见？虽然他曾一度希望再婚生下直系继承人，最终却只能寄希望于与自己水火不容的外孙继承庞大家产。

让·德·克拉翁丧子的当年接管了丧父的吉尔，教育的结果却是一场灾难。不但亲身示范，而且彻底放任游手好闲的幼孙惹是生非。

吉尔的当堂供述表明 11 岁为其残暴狂野童年的开端。原先两位授业教士当时显然也离他而去。师生关系如何，我们知之甚少。不过 20 年后的 1436 年，吉尔下令逮捕了恩师之一米歇尔·德·丰特奈尔并将其打入大牢（第 154 页），当时的监狱意味着什么，不言而喻……

终止了学业继而彻底放纵自我，恐怖开始酝酿。"……因为幼年家教不严不受管束，随心所欲，专做违法乱纪之事……"以上为书记员记录在案的吉尔原话。

书记员详细写道："他大逆不道违逆上帝犯下滔天大罪……这罪行多集中于他青年时……"

说实话，让·德·克拉翁无心过问道德。外祖父之吝啬贪婪或许才是爷孙失和的唯一根源，而一腔狂热的外孙必然为一己之利争执到底。

外祖父最终还是将这位堕入歧途的年轻人引

进了宫廷。1425 年索米尔会晤,吉尔陪同克拉翁有幸一瞥当时正起草协定的查理七世以及布列塔尼公爵约翰五世。协定并不能化解偏安一隅的法国小朝廷与布列塔尼(外有英国入侵之忧内有脱离法国统治之意)的种种矛盾。

　　然而,1427 年乍现转机。让·德·克拉翁从约兰德·达拉贡公爵手中接过安茹公爵领地中将一职。作为查理七世岳母,约兰德·达拉贡想要成为真正意义上的国母之母:于是将女婿之利益当作自己之利益放在心上,并能成功带动这位意志薄弱的无为君主。两年后正是她在朝堂之上以实际行动强而有力地支持圣女贞德。1427 年她发起的军事行动虽成效有限,却实属明智之举,是她一手掌控了对抗英国之全局。与其素来交好的克拉翁作为其最强羽翼之后也负责了作战计划。但克拉翁毕竟年事已高,当时已不下六旬,不可能亲赴战场。久经沙场的诸位老将亲率分遣队,而年仅 23 岁的吉尔却高居安茹军首领之职。但他也并非孤身作战,让·德·克拉翁为他安排了一位良师益友在侧——安茹一领主吉约姆·德·拉朱梅里哀,吉尔的汇报中"马蒂涅阁下"指的就是他。在战术上,吉尔可谓胸无点墨,而拉朱梅里哀却雄才伟略,称得上是吉尔众谋士中真正的领导人物(其余谋士则肆无忌惮地利用吉尔的天真幼稚)。如此一来让·德·克拉翁便放宽了限制,允许吉尔动用个人财产:于是一登场这位未来的法兰西元帅便以他雇佣间谍之多及发放佣金之高惊震天下。

而要抓住这一机会,这场战役的每一步都必须慎之又慎,绝不能功败垂成。查理七世的人马勇夺英军多处要塞。吉尔也并非徒有其表的多金贵族,似乎也的确大展了英姿,每每强攻之时他战士之霸气全然外露,甚至于死后仍有人对此记忆犹新。志在夺取巴黎城池的圣女贞德看重的或许就是这份霸气才将吉尔招致麾下。已有阿朗松公爵这一左膀的圣女贞德希望这位集狂热与凶暴于一身的青年成为自己有力的右臂。任何人都不会忘记那一天,如果不是敌军弓弩之箭射穿了她的肩膀,或许圣女已经夺下了巴黎。可想而知,吉尔确乎是一等一浴血前冲的战斗主帅。圣女贞德正是清楚这一点,所以才在关键时刻选择与他共进退。


# 7. 乔治·德·拉特雷穆瓦耶与
## 吉尔·德·莱斯

但是,如果没有权谋算计,如果没有外祖父为吉尔及同族的拉特雷穆瓦耶牵线，如果吉尔没有成为这位阴谋家的心腹，这位鲁莽又无城府的年轻人永远不可能站上历史的舞台，走到台前辉煌一时。

贞德一行抵达希农之际，吉尔·德·莱斯正好成了巨大权谋算计中的一枚棋子，或许他本人浑然不觉却受益于这一局面，并加以利用达到了他本人完全无法做到的高效。1429 年 4 月，吉尔宣誓效忠查理七世宠臣——老奸巨猾的权臣拉特雷穆瓦耶。拉特雷穆瓦耶需要一个心腹，需要一个气派却莽撞之人作为军队之盔甲，拉特雷穆瓦耶需要的就是大的阵仗以及关键时刻的骁勇之势。

老奸巨猾的拉特雷穆瓦耶盯上吉尔·德·莱斯这颗棋子有充分理由。首先亲属关系（我已经提过他与克拉翁一家的关系），但尤为重要的一点：拉特雷穆瓦耶忌惮他人与国王的关系。最理想的人选首推贞德，但一个女人上不了政治台面，一战成名或许能平步青云接近一国之主，但打仗不比玩弄权术。心细如发的拉特雷穆瓦耶要选，必选能武的政治侏儒。

或许拉特雷穆瓦耶毫不犹豫便做出了这个决定。一开始他就清楚吉尔·德·莱斯其人：他外祖父克拉翁无法无天又奸诈，但同样无法无天的外孙却与"精明"、"算计"、"权谋"绝缘。两人相识之初

拉特雷穆瓦耶如何评价吉尔我们不得而知,但 1435
年吉尔身败名裂之时,众人皆指责拉特雷穆瓦耶轻
信了吉尔(当时两位"挚友"也都面临着财务问题)。

布尔多神父明确指出,"当时拉特雷穆瓦耶明
显轻信、错信了疯狂挥霍的表亲"。拉特雷穆瓦耶
从始至终将吉尔当傻子,甚至最后他仍作惊人之语
表达了自己这一态度。对于指责他一笑了之,毫不
迟疑地答说:"引他向恶是好事!"[①]此话如今听来仍
教人倒吸一口凉气,但区区一国之奸臣又如何看透
"蠢"与"善"以及"恶"与"智"的区别? 显然到了后
来他才看出了吉尔凶残的癫狂。

吉尔罪大恶极,却看不透拉特雷穆瓦耶之算计
及虚情假意,所以没有丝毫的抵触。但从不算计的
吉尔·德·莱斯身边如果没有任何人站在他的位
置替他算计又该如何? 因为有了拉特雷穆瓦耶的
庇佑,吉尔才能在查理七世身边谋得一席之地。最
为棘手的奥尔良解围战关键之际,吉尔应该算是圣
女之外的头号人物。不过正像布尔多神父所说,
"世人忽略了这一战吉尔的特殊价值","1445 年为
贞德平反之际,再无人愿意夸耀自己接触过法国元

---

① A.布尔多神父《尚多塞——吉尔·德·莱斯及布列塔尼
诸公》,第 78 页。

帅之时……当堂作证的迪努瓦仍然视可悲的吉尔为奥尔良解围战之领军人物"。① 但战争英雄的头衔无非增添了几分骁勇善战的大封建领主的个人魅力。出征前,采纳了拉朱梅里哀建议的吉尔或许还在议会上慷慨陈词了一番,但他最擅长的还是带兵打仗。

拉特雷穆瓦耶将吉尔摆在台前的同时置他于权谋之局。但凡吉尔·德·莱斯这位年轻的封建领主有半分机智,拉特雷穆瓦耶也绝不会将其打造为法兰西元帅。

没有拉特雷穆瓦耶,这位鲁莽的年轻人休想将自己的名字写入历史。今时今日我们说他蠢,但若非他蠢,拉特雷穆瓦耶绝不会多看他一眼。

## 8. 吉尔·德·莱斯之愚蠢

通常我们都不愿正视这一点:可怕的法兰西元帅吉尔·德·莱斯竟愚蠢至此!

但此人却能蛊惑他人。就连小说家于斯曼都

---

① A.布尔多神父《尚多塞——吉尔·德·莱斯及布列塔尼诸公》,第 67 页。

要冒大不韪视他为当时最有教养之人!

于斯曼这么想也有自己的一套逻辑。吉尔·德·莱斯元帅同他一样痴迷音乐与圣歌。所以借着如此毫无意义的肤浅信息于斯曼有了如此惊人之语。

但于斯曼无非众人中极端的一个。因为"伟大"尤其"魔性"通常都让人仰望。当他热泪盈眶地忏悔时自然而然散发着庄严之气,外现的魔性中透着无上的崇高性,这与可悲的恶之叫嚣者所表现出的卑微并不矛盾。①

这崇高在一定意义上甚至等同于我所说的"蠢"。吉尔·德·莱斯之蠢并非一般意义上的"蠢"。他的蠢,实际上是高人一等的无动于衷,曾经有两次就因为无动于衷他失去了自己所爱……无动于衷、不清楚状况让他为旁人耻笑。但吉尔或许无心了解这一点。

我前文说过普雷拉提如何诱惑他将他玩弄于股掌。但吉尔对普雷拉提的感情直至生命最后一刻一分不少。对于以卑劣行径骗他签下授权书(参见第139—140页)的布里克维尔他也同样长情。

---

① 如果有时我们的同类透着至高之气,是不是可以反过来说此人也怀着等量的恶?

他与拉特雷穆瓦耶之间的关系最诡异,后者嘲弄他并且一心"引他向恶",而他(虽无意)实际上也欺瞒了拉特雷穆瓦耶。

几乎任何时候他都表现出一副完全无动于衷、不清楚状况的样子,然后爆发。他完全不知何为"谨慎",似乎不加思考地放任自己的冲动,说到这不禁让人想到圣艾蒂安那荒唐的一幕!特别是他在庭审时的态度简直粗暴而幼稚:一开始他辱骂法官,但突然间他莫名其妙地泪流满面,然后开始招认他那罄竹难书的恶行。

辩护时他毫无章法可言,若有人推翻他所说他便勃然大怒。

我还是那句话:他就是个孩子。

但这孩子富可敌国又手握大权。

一般来说幼稚成不了气候,但因为他富可敌国又手握大权,幼稚就让吉尔·德·莱斯走向了悲剧。

挥舞屠刀的吉尔·德·莱斯实际上自始至终都只是一个孩子,他内心深处就是一个孩子。

吉尔的愚蠢随着罪恶的鲜血冲至悲剧的顶点。

# 9. 幼稚与返古

吉尔·德·莱斯之幼稚也并非我们所谓的童真，而是魔性。这魔性本质上又带着孩子气——成人身上可能仍然带着的孩子气，所以与其说是"童真"其实更接近于"返古"。之所以说吉尔·德·莱斯是个孩子，因为他野蛮，野蛮如食人族，或者说得更确切些，野蛮如不受文明规范束缚的先祖。

尊奉绝对权力又年轻力壮的战士尤其愿意凸显自身洪水猛兽般凶残的一面：他们不知何为规则何为限制。体内怒火一燃他们好比洪水猛兽，好比发狂的熊与狼。历史学家塔西佗笔下怒火中烧的阿累夷人拿黑炭涂身以黑盾护体夜袭敌营大吓敌军制造惊悚。为了加深恐怖气息这支"幽灵战队"往往选择"月黑风高夜"作战，也被世人冠以"狂暴战士"（披着熊皮的战士）之名。希腊神话中的人马兽、印度神话中的乾闼婆以及罗马神话中的畜牧神卢波库斯皆因癫狂化身动物。同样出自塔西佗笔下的切蒂人就犯下了"最臭名昭著的罪行"：烧杀掳掠滥用酷刑无情屠杀，任何"铜墙铁壁也阻止不了他们"。熊熊怒火点燃了一个个魔怪般的狂暴战士。阿米安·马尔塞林就曾痛批提法里人鸡奸之行……斥其夜夜笙歌醉酒淫乱违背人伦。①

日耳曼人的宗教无以挽救壮年的残暴与荒淫。高卢人、罗马人以及日耳曼人都没有圣职传播知识制衡狂热、凶残与暴力。

我们必须清楚,中世纪初期的骑士教育中仍有野蛮陋习。因为骑士制度首先是第一批日耳曼壮年之群体产物。骑士教育直到后期也就是十三世纪前才受基督教影响,到了十二世纪才有了严格的基督教教育,而这一状况离吉尔·德·莱斯也不过两三个世纪……

我所说的久远的日耳曼传统到底留下了什么或许我们无法说清道明,但并不妨碍它实际上的确保留了什么。暴力与夜夜笙歌的糜烂气息以及惊悚的癖好长存于日耳曼人的血液。基本上骑士与贵族骨子里仍受返古习性支配,而返古的习性完全印证了吉尔·德·莱斯的一生。

正因为他幼稚、不精于算计又非老谋深算,返古的习性愈加占了上风。实际上吉尔·德·莱斯的教育轨迹上唯一清晰的无非浴血奋战之暴力(日

① 参见乔治·杜梅吉尔,《日耳曼诸神》,巴黎,1939年,第16页多处。

耳曼时期战争引发势不可挡之勇气及猛兽之狂怒的暴力)以及酒精(自古以来常有酒后乱性以及同性之行)。或许当时的少年便染上了糜烂或残酷之气,自认有传统做靠山(即便这恶习仅限于小范围)。另外就我看,某些见不得人的嗜好就是"集体作业"并"集体发扬"的。依附于遥远的过去又难以遏制地沉迷于纵欲的暴行,这样的少年又如何长进?他们几近冷血地欺凌年少男奴,欺侮父母的女奴,基督教绝大程度上万不可能抑制其向恶的冲劲,因为相比人性他们明显更爱兽性。

直到后来有了风雅之爱的准则,人们才试着摒弃军人世界粗鄙的陋习。风雅之爱同基督教一样相对地也反对暴力。矛盾的中世纪希望沙场出身之人说话不带戾气而说"甜言蜜语"。可千万别上了当,从前法国人最爱的就是恬不知耻地虚与委蛇。十四十五世纪贵族附庸风雅的诗歌无论怎么看都是虚情假意:大封建领主最爱的始终是战场厮杀,无异于满脑子杀戮与制造惊悚的日耳曼狂暴战士。伯特兰德·德波恩那首名诗不正道出了狂暴激情?诗中虽然风雅成分也重,却让人闻到了杀戮之血腥,战争之可怕也历历在目。比之他人,吉尔·德·莱斯体内狂暴战士之凶残最汹涌。而且他嗜酒成瘾,烈酒是他性欲的兴奋剂,如同过去的蛮人一般他冲破界限活得极致。

特权让日耳曼战士自觉凌驾于法律继而肆意残暴。我并没说所有年轻贵族都流着癫狂之血,也没说历来同壕战友都有同性恋的倾向,但这群舞剑弄斧的年轻人即便性情柔和了一些也必有令人作呕的一面,我坚信绝大多数时候他们以卑劣为荣。他们无须冷酷就能顺风顺水,因为脱离了常规的同性之爱反而为卑劣开了通道。

## 10. 性欲与战争

我认为可以将吉尔·德·莱斯之恶归于整个残暴、纵酒淫乱的传统。如此归类虽不全面却有助于我们了解吉尔·德·莱斯真实的恶之轨迹。

我前文提过吉尔的供述,比如"青年时期便荒淫无度","犯下滔天大罪",也同样引用了之后的庭审记录:罪犯将犯罪根源归于家教,"因为幼年家教不严不受管束,随心所欲,专做违法乱纪之事"。这并不能说明问题。但一般来说(想想老话:有其父必有其子),"残暴习性"或者"幼年滋事的迹象"会影响人一辈子。"残暴习性"、"幼年滋事的迹象"这截然不同的两方面都能在他的供述中看到。

　　首先理应归罪于吉尔·德·莱斯幼年其外祖父拙劣的家教,幼年的吉尔·德·莱斯暗地里肆无忌惮地做尽坏事。前文说过,1415 年丧父时吉尔·德·莱斯 11 岁(几个月前刚丧母)。外祖父的管教等于撒手不管。当然那时吉尔·德·莱斯最多惹是生非、淫乱,却不至于犯罪。

　　确切说,他的"滔天大罪"始于"青年时期"。

　　至于具体何时没有定论。

　　就其第一次弑童时期,诉讼过程中出现了两个相互矛盾的说法。

　　按起诉书所说,弑童及召唤魔鬼的罪行始于 1426 年,也就是诉讼前 14 年。但罪犯之供述与受害人亲属最初的证言相符:外祖父逝世当年也就是 1432 年罪犯才开始弑童之行。

　　1426 年 23 岁的年纪也符合"青年时期"的说法。同年,勒芒战役爆发。1424 年吉尔要求掌管自己名下所有财产。1426 年吉尔奔赴沙场大展战斗英姿也享尽自由。

　　但要解决这两难局面倒可以这么推测:年幼犯下"滔天大罪"的起始日期不等于连环弑童案的起始日期。因为始于 1432 年的连环弑童案有其连续性及"固定性":无论过程、犯案手法还是之后越来越多的从犯,都有其连续性及固定性。而其"年幼时"尚未犯下称得上"滔天大罪"的恶行，最多召唤魔鬼以及久经沙场染上了残暴恶习。

依我看，征战数年这位甘洒热血的青年从未考虑过谋利，只图杀戮之乐。

我们千万要记住吉尔·德·莱斯其人以及当时战争之状况。

千万不要忘了那战事不断的时代杀戮与硝烟就是城镇与乡村的常态。豺狼虎豹的兵将必要杀伤抢掠才能填饱欲望。战争煽动贪念……

要还原当时人世基本面貌不得不提西班牙国王腓力二世，血洗圣康坦时策马的腓力二世见眼前开膛破肚的景象呕吐不已。吉尔不同，他非但不吐，说不定还乐在其中。这个鸡奸者大可借屠杀为性欲助兴。

说到屠杀以及屠杀之频繁，大可参照兰斯大主教朱维纳尔·德于尔森的描述（《1439—1440 书简》）。大主教坚称如此规模的屠杀已经远非敌对之争，而是"谁都不敢向国王走漏风声"的暴行；一旦村口发现自己所需的补给，军人"不分年龄性别见人就抓、强抢民女，当着女人的面屠杀其夫、其父，掳走哺乳的女人，扔下嗷嗷待哺的婴孩任其活活饿死；以铁链拴住一众身怀六甲的孕妇任由尚未洗礼的婴儿胎死腹中，遂将其抛至河中；抓捕教士、僧侣、神职人员及农夫，用尽各种方式将其捆绑在一起，折磨、毒打至残疾、发疯、昏死……打入大牢……烙铁烫身……扔进满是蛆虫的腌臜水沟让他们……活活饿死。多少人就这么死去。天主清楚这群暴徒都做了什么！烙铁烫身！硬生生拔牙！乱棍毒打！除非倾家荡产缴纳赎金否则休想重见天日……"[1]1439年，吉尔·德·莱斯属下一名将士就因此惨无人道之行径差点被绞死。1427年首战之后，吉尔的确鲜有机会参与如此暴虐场面，后来他仅参与了两次作战，一次跟随严禁军队作乱的贞德，另一次为战事激烈无暇他顾的1432年拉尼之战。

另外也无证据证实吉尔战时亲手屠杀。我们只知吉尔·德·莱斯坚持在吕德绞死投敌的法国兵。不过他身边诸位将领因操心军饷所以更愿收取赎金了事。吉尔也想收钱却不愿表现出来。

无论如何，很大程度上正因为1427年战时军人兴风作乱在前，才有了后来"青年时期"犯下"滔天大罪"的吉尔·德·莱斯，也才有了后来迷恋开膛破肚鲜血四溅的吉尔·德·莱斯。不过后来，他只挑特定的受害人群——幼童。其实早先就能从他卑劣的行径看出他嗜血的好奇与兴奋。若非当

---

[1] G. 杜弗伦·德博库尔，《查理七世》，第三卷，巴黎，1885年，第389—390页。

初他介入暴力，若非他嗜血斯杀，之后也不可能举
起屠刀……虽无法完全肯定，但逻辑如此，应该说
只可能如此。或者也可以说都是因为召唤魔鬼（这
一时期开始召唤魔鬼）所以弑童无数。但一个 1432
年开始连环杀人的杀人犯又怎会没有前科？依我
看，尝过人血的奸童犯极有可能走向杀戮。

## 11. 性欲与弑童

　　大众震惊于魔怪吉尔·德·莱斯此人错乱的
性生活之余也熟悉个中情况。吉尔·德·莱斯自
己招了供，其管事也都就此作了证。案件审理期间
从各方收集了诸多骇人听闻的细节。两次诉讼（而
非一次诉讼）中，诸多难得一见的关于魔怪之癖好、
诞妄、肆意妄为及嗜好全都记录在案，记录之细致
甚至教人面红耳赤。

　　1432 年吉尔·德·莱斯开始行凶。他名下任
一住所某一房内都曾上演萨德残酷想象中淫靡又
血腥的杀人景象，掩映在尚多塞森森营垒的阴影之
下。此时或许吉尔·德·莱斯的外祖父刚死或刚
死不久。总之外祖父逝世当年吉尔·德·莱斯举
起了屠刀。杀人前，他前呼后拥耽于声色，如果有

了杀人的兴致便亲自动手;如果他乐意便把"机会"留给作为共犯的自家表亲(毁于战火的贵族子弟)吉尔·德·西雷及罗歇·德·布里克维尔。一般是西雷与布里克维尔围观,吉尔亲自动手,但如果条件不允许,吉尔·德·莱斯便唤跟班忙活。主子花钱养跟班为的就是身边有人分忧。

吉尔·德·莱斯身边这群走卒跟班先是纵情声色享尽美酒佳肴,却也从未让吉尔独享人血滋味。

1432 年后吉尔应该极少光顾尚多塞的宅邸,此时位于南特的拉苏斯、提弗日、马什库勒等城堡便派上了用场。之后就连狂欢的秘密圈子也注入了新鲜血液迎来了新伙伴。最先加入的应该是天主堂歌者:来自瓦纳的安德烈·比谢以及来自拉罗什的让·罗西尼奥尔,此二人定有同性眼中天使般的嗓音,并且后来还因吉尔的关系当上了普瓦捷圣依莱尔-勒格朗天主堂的议事司铎。其中还包括伊凯特·德布雷蒙,罗宾·罗米拉(或者"小罗宾"),此二人应死于 1439 年年末。再加上名为普瓦图、昂列的两名管事,血腥团便聚齐了。而更为年轻的天主堂歌者也只在主子寻不着新目标时才遭临幸,事后也不得外泄,所以并没算进秘密的血腥团伙……马什库勒以及提弗日这酒池肉林的声色之所弥漫着阵阵恐怖的气息……人声鼎沸，却仍然阴森可怖。即便没有招摇撞骗的江湖术士装神弄鬼，即便没有教士吟唱弥撒，营垒森森依旧令人毛骨悚然，似魔鬼的陷阱。门前讨要布施的冒失孩子一入此门便再无出路。绝大多数年幼的受害者都是因为落入了布施的圈套。暗无天日的魔鬼地狱里，下一秒就是绝境。有时吉尔·德·莱斯亲自挑选目标，有时吩咐西雷等人代劳。目标进了房门，屠刀便就位了。吉尔握住自己的"男性器官"来回"抚摸"使其"直挺"或"勃起"，横跨幼童腹部将手中的男性器官放进幼童双腿之间。他"……在幼童腹部……来回游走，酣畅淋漓，罪恶且大逆不道地在幼童腹部射精"。每一幼童都要遭一次甚至两次蹂躏才能满足他的兽欲，然后遭他"毒手……或被他下令杀死"。

狂欢一般总在虐童之后，勒脖子开场——动用可怕的装置勒住孩子脖颈。吉尔不想孩子"大喊大叫"让人听见，于是"有时亲手勒紧孩子，有时命人拿绳链勒住幼童脖子吊于房中挂钩及撑杆上"。被绳子勒住脖子的幼童喉咙里只能发出微弱的气息。

好戏就要上演。吉尔松了绳子放下孩子，又是爱抚又是轻哄，保证自己绝非要"弄疼他""伤害他"，只想"一起作乐"。待孩子终于闭上嘴巴他便实施猥亵，杀戮就要上演。

疯狂猥亵之后他亲自或命人动手杀戮。但目睹幼童之死通常也是吉尔的乐趣所在。他会亲自或命人割开孩子喉咙看鲜血四溅，然后乐在其中。有时他喜欢亲眼看见幼童咽气而亡的一刻。有时他甚至砍下幼童脑袋，兴奋地看着"没了脑袋的身体余温不再"。有时砍下幼童脑袋之后他骑上幼童身体睁大双眼看死亡上演，他稍稍斜着身子要将生命最后的挣扎好好看进眼里。

杀人手法五花八门。吉尔·德·莱斯自称有时自己动手，有时同伙"用尽酷刑；有时众人一起短剑、匕首、刀子上阵割下幼童脑袋，有时以棍棒钝器暴打幼童脑袋"。他说得很清楚，任何时候都少不了勒脖吊打。审讯时管事普瓦图也一一交代了杀人手法："有时一剑封喉，有时砍头，有时割断喉咙，有时肢解，有时乱棍打断他们脖子。"普瓦图还交代说"常用凶器为一把双刃短刀（俗称双刃剑）"（见第358 页）。

但骇人的还在后面。

我们来看管事昂列的供词。吉尔当着昂列的面吹嘘"相比肉体之欢自己更爱看幼童之死，更爱亲眼看见幼童头身分离、开膛破肚、咽气而亡以及鲜血四溅的场面"（见第358 页）。所以才说恶之温床早在萨德之前便孵育着淫乱之种。

“最美脑袋”之事最离经叛道。魔怪吉尔·德·莱斯自称会抱住“拥有最美脑袋、最美五官、最美身体部位的尸身让人好好端详，心狠手辣地命人将幼童开膛破肚好一看究竟”（见第 304—305 页）。管事昂列讲述之时提供了相当丰富之细节，也从自己的角度描绘了事件癫狂的一面。

按昂列所说，吉尔“爱”看砍下的脑袋，还要他与艾蒂安·科里约两人围观……“他将大前天或者头天或者刚砍下的脑袋摆在一起让两人端详，然后问两人哪个最美，通常他都要亲一亲自己最爱的脑袋，乐在其中”（见第 358 页）。人类在吉尔眼中无非任他玩弄的声色之乱以及令他不断沉迷的纵欲工具。

淫乱若走到惊悚的地步，事后的忏悔便尤为“悲壮”。

最后这几句供述直教人浑身战栗：“幼童垂死之时他经常横跨其腹部，与科里约及昂列三人怪笑着乐见幼童咽气而亡……”（见第 305 页）

最后，兴奋到极点的吉尔·德·莱斯老爷昏昏然一头倒了下去。仆人收拾房间，清理血迹，趁主子躺在床上呼呼大睡之际将幼童尸体放进火炉焚烧。大块木柴及成堆柴薪燃起大火吞噬尸骨及受害幼童的衣物（以防异味）。

每一次的嗜血狂欢均按预定程序，并非一时冲动。为了满足一己之淫欲，事后就必须处理干净，免生事端，于是 7 到 20 岁的受害幼童、少年仿佛任人宰割的羔羊，死得无声无息。

这起连环弑童案之所以骇人听闻，并不在于"连环"二字，而是这惨绝人寰的罪行实施者竟如此麻木不仁。

当时罪犯完全不会想到今时今日说起这一案件都是众口一词的"惨绝人寰""骇人听闻"……在他们那个时代，堂堂领主吉尔·德·莱斯手握大权，杀几个小乞丐又算得了什么？

如今的我们很难理解含着金汤匙出生的王族子弟与夹缝中求生存的平民百姓之天差地别。

一个多世纪后的匈牙利出了位同样杀人不眨眼的女仆杀手——匈牙利国王姻亲，女伯爵伊丽莎白·巴托里。这位女伯爵之所以最终落入法网也是因为其无以抑制的魔爪伸向了出身小贵族之家的少女。愚蠢荒谬的吉尔·德·莱斯同样亲手葬送了自己的命运，导致一度举棋不定的上层终于痛下杀手。吉尔·德·莱斯事件闹得满城风雨，上层已经无法坐视不理，此时众叛亲离的吉尔再也无法摆脱千夫所指、有如过街老鼠的境遇。但凡他精明

一分、克制一分也不至为天下所弃,上层第一时间
也绝不会痛下杀手。


## 12. 吉尔·德·莱斯之高阶


　　身份是解读血案制造者吉尔·德·莱斯时不
可回避的关键:吉尔·德·莱斯并非寻常百姓,而
是一个贵族。经过战争洗礼、猥亵并残杀幼童的食
人魔吉尔·德·莱斯他首先属于特权阶级。家财
并非他唯一特权。他的存在本身就是一种特权,含
着金汤勺出生的贵族其存在本身就光彩照人、令人
着迷,代表着光荣,如同豪奢与战争之炫目。

　　吉尔·德·莱斯其人,很能魅惑及操控他人。
当然,虐杀幼童并不魅惑,而是说吉尔·德·莱斯
之尊贵并非带着脂粉味的贵族气,而是日耳曼战士
之尊荣,透着天不怕地不怕睥睨天下的狂傲之气,
如同北欧神话里的狂暴战士,吉尔·德·莱斯之狂
暴凌驾于脚下的大地。吉尔·德·莱斯之尊贵透
着魔性。

　　有时可以这么说,吉尔·德·莱斯浑身的贵气
恰恰得益于其戾气,宛如黑夜一般惊悚而迷人。全
身漆黑夜袭敌军的恐怖化身日耳曼阿累夷人不也

如此。暴力骇人的同时又暧昧地弥漫着诱人的气息。集尊贵战士、伟大领主、迷人之君为一身的吉尔·德·莱斯却也面目狰狞。

同时吉尔·德·莱斯自己也忌惮魔鬼。但他强烈地为骇人的魔鬼所吸引想要与之结盟。若论"尊贵的本质",可以说尊贵之所在比如超自然世界、魔鬼世界或者上帝的世界本质上等同于吉尔·德·莱斯之世界。因为上帝或魔鬼之所以存在,只有一个目的(整个贵族世界趋之若鹜的终极目标):绚烂至极如晨光如夜魅,真实却又迷幻如美轮美奂的绝妙画卷。这画中可以是血染的沙场,也可以是殉难的场景(因为性主题必须转换为其他主题……),但要记住,魅惑之魅始终在于惊悚。

在这点上,吉尔·德·莱斯老爷发挥得可谓淋漓尽致,他纯粹希望所有人臣服于自己魅惑的特权游戏。人类集体创造了缤纷的物质世界,但退至十五世纪,整个物质世界皆为特权阶级为豺狼虎豹服务,而劳苦大众只有服从的命。劳苦大众必须辛苦劳作,因为吞噬人民血肉的特权阶级的茶余饭后充斥着消遣娱乐。物质世界为劳苦大众劳苦所创,却是特权阶级掌心的玩物。贵族、特权阶级看不见物质凝聚的血汗,因为他们从不劳作,也无须劳作。

人们常常忘了一点,贵族之所以矜贵,正因为他们血液中生来就流淌着拒绝，拒绝为五斗米折腰，而劳作又怎可不折腰？

在过去的社会，劳作基本等于羞耻。奴隶与农奴等无法掌控命运并丧失尊严之人才需要劳作。自由之人士，无须折腰劳作。

在当时看来，本身无任何意义的劳作仅仅只是附属品及奴性的表现，服务于他物却不利己。如此一来任何不愿为奴之人就不该劳作，而应享乐，如孩子般纵情娱乐。但成人一旦没有特权就不可能如孩子般纵情享乐。没有特权之人迫于无奈只能劳作。相反，有了特权就该挑起战争。没有特权迫于无奈只能劳动，有了特权就该发动战争。

战争就是特权游戏，它不像其他活动，不达目的不罢休的战争并不讲道理。从功用的角度看，战争的确有其意义：任何一座城郭一个国家面临外敌入侵时不得不奋起反抗。但若无内忧外患何苦让人民饱受战争摧残？虽然民不聊生之际的确不得不觊觎邻国，但更多的时候，战争仅仅源于一部分人兴风作浪。

绝大多数战争都因膨胀的欲望。所以历来战争就是你来我往的游戏，虽然导致饿殍遍野，却仍然只是游戏。

在吉尔·德·莱斯的时代，战争始终都是大封建领主的游戏。战火纷飞、民不聊生之际,特权阶级狂欢进行时。战争之于特权阶级远非劳作之于穷苦大众。劳作为开花结果,战争不为其他,战争就是战争,是一场迷人又骇人的游戏。吉尔·德·莱斯之流憧憬刀光剑影,不顾生死不顾哀号不顾疾苦,不知何来癫狂的暴力。如今我们更是无法想象当时之癫狂:不惜生灵涂炭也要继续癫狂的游戏。面对如此迥异的世界我们确实感到无力,生怕错过了那一时代癫狂的真相。

如果终究会错过? 我们又能怎样?

虽然矛盾重重,但我们的探索还得继续,直面时代及生活抛给吉尔·德·莱斯的种种问题。


## 13. 贵族之悲


吉尔·德·莱斯的确活在特权阶级的战争游戏中,但世事在变。吉尔视战争为游戏,但当大多数特权阶级不再抱持这一观点时便是其退出历史舞台之时。时间证明,战争导致生灵涂炭也挥霍了太多血汗,必然拖累整个社会。战争发展到后期情势只会愈加复杂,到了那时同样饱受战争之苦的特权阶级也开始无心战事,认识到必须让位于理智。

同时,一场战争所必需的技术力量及军饷都要求国家机器的介入,而不再仅限于个人的心血来潮。吉尔·德·莱斯在世时,步兵及弓箭手的出现显然已经弱化了玩弄奢侈战争游戏的重骑兵。曾经战功赫赫披盔戴甲的重骑兵俨然土匪强盗一般杀伤掳掠,必然为等级分明的正规军所取代,因为只有严明的等级制度及纪律才能勉强保住特权阶级的战斗成果。

战争仍保留了部分游戏的特质,严格说来今天也如此。但如今严明的纪律、如山的军令以及科学的作战指挥打出了理性作战的旗帜,倒教人在"战争究竟是游戏还是理性博弈"的基本讨论中忘记了一点:直到后来的后来,战争才有意摆脱历来的核心与本质——个人的狂热与暴力,这才迎来了冷血理智的强势上位。

但世事变化也需要时间,毕竟涉及巨大的演变,现代武装不可能即刻扑灭长久以来塑造战争的暴力游戏。但贞德一死,仍手握法兰西元帅大旗的吉尔·德·莱斯在整顿后的正规军中实际上已无立足之地。1434 年陆军统帅里什蒙终于扳倒了拉特雷穆瓦耶,法兰西王国也正酝酿着新的管理制度——1439 年的奥尔良三级会议。

1434 年吉尔·德·莱斯仍然坐拥法兰西元帅

头衔,却随着拉特雷穆瓦耶的失势而一落千丈。曾经"徜徉沙场的风流骑士"一呼百应,调兵遣将挥斥方遒,也常酒后乱性,血雨腥风中与贞德出生入死一路勇夺图列尔及帕泰,甚至于贞德死后的拉尼之战仍有他恣意的英姿。

新制度在酝酿,却再无人为他保驾护航谋划算计,曾经的赫赫军功也显得如此苍白无力。浑浑噩噩的吉尔·德·莱斯无论其精神状态还是对外界的反应显然已经无法适应新的形势与需求。

1432年便已深陷弑童泥潭的吉尔·德·莱斯早已千疮百孔,各种因素盘根错节最终导致了这一结果。1432年8月他仍旧徜徉恣意于拉尼战场。11月暴戾的外祖父离世,终于能喘口气的吉尔·德·莱斯迎来了自由,却也逼近了毁灭。突然而至彻底的自由显然成了纸醉金迷的助推器。随之而来的夏季,拉特雷穆瓦耶倒台,累及吉尔·德·莱斯,这也是意料之中的事。我说过他愚蠢……但我同样说过,他的人生就是一场游戏,游戏人生,人生如游戏。拿起屠刀他便万劫不复……

我说他幼稚。因为他以一种幼稚的方式,决绝且疯狂地践行着狂暴战士式的封建精神:战争中施暴的快感牢牢地钳制住他,也给了他一席之地。一个硝烟弥漫的社会也只可能满足一个特权阶级对浮华世界的期待。得来全是虚妄，一腔激情却早已付诸东流。千疮百孔的封建世界为了利益抛弃了他，他也早已是金玉其外败絮其中。但有一点，吉尔·德·莱斯绝非泛泛之辈，不可能坐吃山空。即便往前一步就是无底深渊，吉尔·德·莱斯也绝不会选择黯淡无光。

吉尔·德·莱斯之悲首先教人窒息。本来不该仰视或怜悯一个恶棍，但悲剧之悲在于特权阶级逐渐丧失了赖以为生的优渥条件，封建世界的崩塌带来了越来越强烈的窒息感。同时，森森营垒弥漫着浓烈的死亡气息，尚多塞、马什库勒塔底腐尸横陈（见第 159、163—165 页）。无外人涉足的森森营垒之内多少幽闭墓穴。旧时封建战争中对外权势之象征及避难所的森森营垒内领主仍然是神一般的存在。旧时战争让人狂热，营垒让皇亲国戚陶然、让他们沙场拼杀也让人滋生恶念。城堡这一存在拥有自己的游戏规则，除非完全摒弃城堡所具化的封建思想，否则掌控着城堡又依附于城堡的领主绝对不可能轻易抛开城堡的游戏规则。但像克拉翁那样骨子里流淌着有产一族贪婪之血的高效谋利、精明算计之人，如果有心拒绝，便有能力抛开这一套游戏规则。但如若特权阶级将利益摆在了第一位，便等于自降格调，某种程度上意味着为利益而劳作，在特权阶级看来无异于养成了奴性。相反，无心俗物的吉尔·德·莱斯完美诠释了城堡的游戏规则，但也因此走向了绝路。

所以吉尔·德·莱斯之陨落有悲壮之气。

浓烈的死亡气息扑面而来。吉尔·德·莱斯一人夜以继日深陷犯罪、同性生活、坟冢的孤寂中无法自拔。落入沉默深渊的他无法忘记自己热吻的受害幼童那一张张惨白的面孔。

死寂如坟的城堡为吉尔·德·莱斯之陨落披上了戏剧的迷幻色彩。

我们猜不透这只恶魔的心。

每一个清晨，他走出浴血的房间，留下身后一双双无法瞑目的幼童双眼……穿过马什库勒与提弗日的街头巷尾。

长久以来吉尔·德·莱斯这颗满布阴影的心灵是否藏匿着更为沉痛的真相？

首先，悲剧氛围影响着吉尔·德·莱斯其人。拉特雷穆瓦耶失势导致了吉尔·德·莱斯一落千丈，这是第一层悲剧。

拉特雷穆瓦耶失势导致吉尔·德·莱斯败落，这不仅是吉尔·德·莱斯个人之悲剧，也是一个充斥着狂暴战士、夏吕思的愚蠢血腥世界之悲剧。曾经的封建世界离不开"失控"二字，"失控"即战争法则。但朝堂政策有变,从前的封建世界因为"智"的参与发生了质的变化。"智"或"算计"并不矜贵。"算计"甚至"审慎"都不矜贵,贵族也并非圣贤。吉尔之所以悲剧,正因为其血液里毫无"智"的纯粹,因为血液里毫无"智"的纯粹,吉尔·德·莱斯只能悲剧。

有人或许会反对却无法撼动这一观点:吉尔·德·莱斯若非贵族,若非他拒绝算计、审慎(救赎之本),绝不至于道尽途穷(而是巧借算计与审慎)。

首先我们必须清楚一点,吉尔·德·莱斯的确悲剧,再进一步思考便会发现这悲剧背后是一整个社会的悲剧,一个拒绝思考(拒绝思考注定了绝境)的封建世界以及整个贵族阶级的悲剧。

什么意思?

因为愚蠢,所以贸然而断然地拒绝,因为拒绝所以注定悲剧。

这么说并不意味着我们偏离了吉尔·德·莱斯其人其事,事实上若论断脱离了主角本身或者脱离了吉尔·德·莱斯的标签——封建制度,一切的讨论将毫无意义。因为吉尔·德·莱斯的唯一悲剧之源,正是其所具化的封建制度。毫无疑问,愚蠢地通过残酷游戏动用暴力的封建制度无异于导致古希腊灭亡及个人悲剧的极权。因为理性的不作为,酿成了悲剧。

但这并不意味着悲剧有权奋起反抗理性。理性的反面完全不可能支撑起任何真正意义上的权利。违背了理性谈何权利?但直接造成悲剧的人类暴力能够反扑理性,所以理应摒弃(至少不能忽视或轻视)人类暴力。因为吉尔·德·莱斯案有别于一般个人犯罪,我必须强调一点:吉尔·德·莱斯的累累罪行应归咎于其身后整个社会。吉尔·德·莱斯挥舞屠刀大开杀戒之时,整个封建社会的弊病暴露无遗:施暴者肆无忌惮,受害者手无缚鸡之力。纵容(或者说充斥着)悲惨游戏的封建社会为狂暴分子提供了一个充分杀戮的极权舞台!这个世界的确正酝酿着深刻的社会变革企图逐渐缩减差距,但也因变革之剧烈与突然,酝酿着新的悲剧……

# 14. 奥尔良风云

我说这是贵族之悲,因为贵族这一阶级其存在本身就是一场悲剧,有时甚至可以说是一出"悲喜剧"。就吉尔·德·莱斯而言,1433年失势便拉开了悲剧的序幕,直至1440年。无缘沙场的生活宛如死水一潭：充斥着杀戮与无谓的挣扎。

法兰西元帅心有不甘也无济于事，最后一次亮相沙场却沦为炫耀武力的装饰（第 133—134 页）。当天陆军统帅里什蒙率法兰西国王卫队与英军对峙，双方按兵不动。炫耀武力一番，尚未交火双方便全员撤退。吉尔·德·莱斯也不忘趁机大肆炫耀尖兵利甲！也许是偶然，但此后曾经与他出生入死、血洗沙场的战士的确全都沦为耀武扬威的装饰（除非地方事务）。如同今人喜欢驯马，当时热衷于排兵布阵的吉尔·德·莱斯自然也因此导致了军费超支，甚至沦落到卖地维生的境地。与贞德出生入死时家大业大的吉尔·德·莱斯尚且能合理开支，外祖父逝世后其名下家财更是翻了数倍，之后不久其财务状况却一落千丈。拉特雷穆瓦耶的失势架空了吉尔·德·莱斯的法兰西元帅。按常理吉尔·德·莱斯绝不可能倾家荡产，谁料难以满足必需开支的法国元帅开始了肆意的挥霍与炫耀！冲锋上阵远不及维持一个空壳元帅的头衔沉重，风光不再之时只能虚张声势。

不少档案涉及吉尔·德·莱斯的挥霍行径，但缺乏具体细节阐述其破产缘由及程度。我们只知大概不知其中原委。

吉尔·德·莱斯挥霍无度绝对是不可辩驳的

事实,否则不至于走投无路。但他的挥霍并非一般意义上的挥霍,而是源于原始人性的极端游戏心理。举手投足间各种返古特征的吉尔·德·莱斯除战争外,最推崇的便是贴合自己个性的挥霍游戏。于是无缘沙场的暴力分子作为补偿选择了挥金如土的极端游戏。如果不是悲剧收场,这挥金如土的极端游戏也确实令人目眩神迷。

百无一用的吉尔·德·莱斯选择了唯一的出路:享乐,纵情享乐。深陷封建世界还能作甚?

封建特权唯一的意义就是不事劳作游戏人生。唯有战争彰显其特权价值。所以如果仅仅只是无益地挥金如土,又如何企及沙场厮杀之狂热?于是挥金如土的吉尔·德·莱斯俨然成了贵族的笑话。肆意挥霍成风的时代行将远去。曾经城与城的确为挥霍攀比而兵戎相见、筑高墙营垒。但在深陷深刻变革的十五世纪,面对现实远比维持表面风光重要。

吉尔·德·莱斯一人继续原始的行事作风,恐怕也只有十二世纪的贵族才能理解其行径。十二世纪某次御前会议在利穆赞举行,期间竟有骑士往耕地撒钱;另一位骑士也不相上下,烧蜡烛做饭;还有一位骑士“招摇”地扬言要火烧所有良驹。今天我们自然知道“招摇”意味着什么,“招摇”一词完美解释了吉尔·德·莱斯老爷不可理喻的挥霍。

当今社会讲求积累财富,财富在于日积月累,但当时不同,当时崇尚铺张与浪费、散财与败财。积攒财富等同于劳作;相反,印第安部落互换礼物、分钱败财之行就有了游戏的意味。积攒的财富只是附属品,而在铺张、败财之人看来铺张与败财因为不带任何目的性所以具有无上价值:纯粹为浪费而浪费,为散财之目眩神迷。因为挥金如土、散财送钱,所以必须活在当下,于是活着并不期待未来而要及时行乐。但活在当下意味着即便一掷千金目眩神迷、风光无限也只是短暂一瞬,终归是一无所有。

耕地之上洋洋洒洒的纸钞、厨房里燃尽的蜡烛以及火焰中嘶鸣的良驹,仅仅只为及时行乐。

无缘战场的吉尔·德·莱斯疯狂挥霍,也只为及时行乐。

也终是一无所有。

1434 年春,西雷事件后尚未彻底放弃的吉尔·德·莱斯仍与拉特雷穆瓦耶保持联系。失势后不得出入宫廷的拉特雷穆瓦耶(原先的宠臣)企图从小的争端入手:其友波旁公爵与勃艮第公爵持久的对峙给了他机会。他有意支援波旁解救地处勃艮第境内遭勃艮第军围困的波旁城市格朗西。拉特雷穆瓦耶看好查理七世的态度,于是建议吉尔·德·莱斯举兵解救格朗西,当时吉尔·德·莱斯应该热心地答应了。

后续如何我们不得而知,只知进展不顺,似乎有人从中作梗……

查理七世的确正式委派吉尔·德·莱斯解放格朗西,但格朗西落入勃艮第军之手的当下,吉尔·德·莱斯人在普瓦捷……实际上他已从布列塔尼撤军并将军队暂交兄弟热内。

无用武之地的法兰西元帅尚未完全放弃。

他转战奥尔良打算纵享纸醉金迷的生活,但因为拉特雷穆瓦耶的再三邀约,吉尔·德·莱斯最终跟随拉特雷穆瓦耶前往波旁。眼下的问题是如何援助波旁公爵(虽然徒劳)。

执迷不悟的两人企图第二年初行刺卢森堡公爵。因为1435年2月波旁公爵与法兰西国王协定纳韦尔停战后,卢森堡仍与法兰西交火不断。

但两人缺钱,其次两人分歧不断:尤其针对吉尔·德·莱斯纸醉金迷的生活理念。

所以吉尔·德·莱斯总是举棋不定。极端混乱、无措之下吉尔·德·莱斯选择不再听任拉特雷穆瓦耶摆布(即便对方再三煽动),因为他已经明显预感到与拉特雷穆瓦耶为伍毫无意义也无任何名利可图,于是断然放手,从此过上了罗马红衣主教般脂粉气的奢华生活。

唱经班众星捧月般簇拥着自封普瓦捷圣希莱尔天主堂议事司铎(历来仅阿基坦诸位公爵担任此职)的吉尔·德·莱斯。集宗教、战斗元素为一身的吉尔·德·莱斯华丽登场,出行皆有僧团相伴,俨然"主教阵仗"。僧团设于马什库勒营垒内的圣婴堂,下设议事司铎多名、主教一名(名义上的主教)、唱经班(近似于大天主堂唱经班,下设领唱一名,歌者多名)。僧团五十余人皆锦衣圣装加身,每人良驹一匹。僧团外另设军团:两百号骑兵垫后,武装先遣队及号手开路。除此外另有术士、炼金术师、军械师、画师以及沿途抬管风琴之人……罪孽深重的孤独之人不免迷恋前呼后拥的王者阵仗。奥尔良当地档案(已做公证)记载,吉尔·德·莱斯居留奥尔良一年多的时间内整个僧团、军团如影随形。早前吉尔·德·莱斯一行浩浩荡荡抵达普瓦捷,繁奢的车马仪仗便已惹得众人议论纷纷,也因而载入了史册。吉尔·德·莱斯让两位迷人歌者近身伺候,之后更将两人带入犯罪的深渊:一人为瓦纳的安德烈·比谢,此人至少为吉尔·德·莱斯送上两名幼童;另一人为拉罗什的罗西尼奥尔,此人曾受吉尔·德·莱斯赏赐得到马什库勒的一块土地,也曾参与转移尚多塞塔底的幼童尸骸(见第163—164页)。吉尔·德·莱斯甚至于圣希莱尔天主堂为两人专设圣职。很显然,吉尔·德·莱斯喜欢华丽的"表演",华丽的表演有种犯罪的快感。夜夜笙歌中天使般的嗓音以及堕落的美男子都令他疯狂。

普瓦捷之后一年多吉尔·德·莱斯恣情奥尔良,这位空壳元帅(按例可撤销他的元帅头衔,最终还是做了宽大处理)极尽能事徜徉无间地狱,毫无收入来源却坐吃山空,漫天花费八万埃居。1437年,安格朗德及尚多塞两处最重要的房产——长期以来为布列塔尼公爵约翰五世所觊觎——仅以十万埃居的低价抛售。此后捉襟见肘的吉尔·德·莱斯唯有暂时退居布列塔尼领地。

吉尔·德·莱斯选择定居莱斯地区的马什库勒城堡。

吉尔·德·莱斯并未漫天撒钱,也从未活烧良驹或者烧蜡做饭,但他挥金如土的做派同样充斥着浮夸、招摇、无理的游戏感,与十二世纪利穆森撒钱烧马烧蜡的闹剧并无二致……

此时,受让·德·克拉翁所托辅佐吉尔·德·莱斯的领主吉约姆·德·拉朱梅里哀弃吉尔·德·莱斯而去。

过去无论大小战役皆有拉朱梅里哀在侧出谋划策,1434 年年底军团随吉尔·德·莱斯抵达奥尔良之际拉朱梅里哀也仍在其中。

奥尔良期间的挥霍无度无疑燃尽了吉尔·德·莱斯再战沙场的可能,此后仅死路一条。他也万万做不到像十二世纪利穆森贵族那样规规矩矩了却余生,于是各种胡作非为断送了自己的一生。1429 年奥尔良光荣一役,六年后仍是奥尔良,吉尔·德·莱斯却亲自拉开了悲剧的序幕。

当初选择奥尔良正因为执迷于往日光辉,居留此地一年多后却清楚地意识到时光一去不复返。

唯有纸醉金迷的生活能够维持吉尔·德·莱斯的幻想:幻想自己仍是那意气风发、与贞德出生入死、所向披靡、扭转时局为国争光的法兰西元帅。奥尔良解围战对吉尔·德·莱斯而言意义非凡,当初他自然无法理解贞德解救奥尔良背后的良苦用心,作为一个封建领主他怎么可能关心人民命运?"人民"一词对他而言太过沉重。他只关心自己。但紧要关头他虽不理解何为"情怀"但也能为之拼杀……1435 年 5 月 8 日又逢一年一度奥尔良解放日,吉尔·德·莱斯希望奥尔良人民在爱戴救城英雄贞德的同时也记得自己的功劳。4 年前救城英雄贞德虽不幸惨死于火刑,但同样拼死拼活解救奥尔良的二号人物吉尔·德·莱斯仍然在世,他要再造群情狂热之势,而且这一次他要独享群民之爱戴,于是一时间奥尔良解围战以及图列尔战役成了吉尔·德·莱斯一个人的辉煌。

奥尔良解放日庆祝活动持续多日。为了麻痹自己吉尔挥金如土花钱成瘾。自英军撤离奥尔良后,所谓的解放日庆祝活动便是庞大的游行队伍一路演绎 1429 年战事相关的"秘闻轶事",借此活跃气氛。1435 年游行队伍抵达桥街时正上演强夺图列尔及卢瓦尔河桥头堡一幕。就我们所掌握的当地财政支出看,奥尔良当地政府的确出资资助了当年的庆典活动,但金额极小。吉尔·德·莱斯三天两头花大价钱演绎秘闻轶事也"演出"了自己的毁灭之路。一件衣服只穿一次的吉尔·德·莱斯不断添置各式华丽新衣,设葡萄美酒佳酿佳肴款待看客。1435 年及 1439 年两次演绎图列尔战役时所用的同套军旗及旌麾同样由吉尔·德·莱斯出资。我们有理由相信当年八万埃居的巨额开销大多属于节日支出。

回到布列塔尼后吉尔·德·莱斯囊空如洗。

各家族成员收到王室禁止吉尔·德·莱斯治产的王令后无不怒火中烧,此时的吉尔·德·莱斯可谓人财两空。禁止吉尔·德·莱斯治产的王令已经下达至昂热、图尔、奥尔良、尚多塞及普左日。纸醉金迷惯了的吉尔·德·莱斯唯有变卖家产才能为继,当时却无人(至少王室)敢冒大不韪与之交易。

或许当时吉尔·德·莱斯尚未彻底潦倒。但抛开其个人道德风化问题不谈,王室这一禁令足以预示下一轮的重创:财务危机。

奥尔良期间的纸醉金迷生动地烘托出吉尔·德·莱斯强烈的个人特质。两次结缘奥尔良,却最终如壮烈的烟火! 1435 年再回奥尔良注定了只能以悲剧收场。风光不再、百无一是的吉尔·德·莱斯妄图借由戏剧化的方式重拾往日辉煌,却也因此断送了自己。

1435 年的奥尔良,吉尔·德·莱斯极尽能事借由戏剧表演再现当年大败英军的全盛气焰。

1440 年他将吸引汹涌人群共赏别样火焰——暧昧又阴森的罪恶之火! 以生命献上这最后的烟火。至少到目前为止,我们不得不承认这场大戏的确波澜壮阔。

## 15. 走投无路放手一搏：召唤魔鬼

1435 年 7 月 2 日法兰西王室下达的禁令并未
全面落实：布列塔尼公爵约翰五世认为自己境内无
须遵循这一禁令……但吉尔·德·莱斯的前景并
不乐观，毕竟气数已尽。

应该说自 1432 年，吉尔·德·莱斯便是错上
加错。悲剧开篇的 1432 年，吉尔·德·莱斯听任
自己荒唐至人神共愤的境地。我之前说过，荒唐的
吉尔·德·莱斯沉湎于可悲的幻觉中，怀抱着天之
骄子的错觉以为无论自己是神是魔终会幸免于难。
这正是他愚蠢之处。我们再看他如何盲从：竟然相
信能够同时求救于完全矛盾的两端——上帝与魔
鬼。愚蠢的魔怪吉尔·德·莱斯坚持以为与魔鬼
交易的同时仍能守护自己的灵魂与寿命，在他看来
这算不上什么问题。这位天之骄子完全没有料到，
横跨幼童腹部的自己终将面对天堂无门地狱无路
的绝境。将来某一天他的确大度地请穷苦百姓留
下与自己共同靠近圣桌领取圣体，但仍然改变不了
他自我膨胀的事实。最可怕的是即便诉讼的最后
面临绞刑的判决，吉尔·德·莱斯竟依旧坚信将与

帮凶、共犯普雷拉提天堂重聚……①

　　实际上,悲剧另一成因便是自负。豪奢、无理蛮横以及横征暴敛等等最本质的封建气息无不源于自负。

　　有个成语倒很能解释这一现象:异想天开! 死路一条的吉尔·德·莱斯却一头走到黑,淋漓尽致地诠释了何为"荒唐无度"。此人内心无比煎熬,随时可能一失足成千古恨却仍游走于深渊边缘。恣意放纵、盲目自信必然走向不归路。

　　他日复一日地翘首以盼他终极的期待——魔鬼……一等数年。按他所说"青年时期便犯下滔天大罪","滔天大罪"之一便是召唤魔鬼。为了召唤魔鬼他无所不用其极。

　　虽然无法证实,但吉尔·德·莱斯第一次接触他所谓的"神力"并被迷了心窍应追溯至1426年的一次相遇。对方何人我们知之甚少,只知是位来自昂热的骑士。22岁的(倒也符合他"青年时期便犯下滔天大罪"的表述)吉尔·德·莱斯投靠安茹公爵约兰德准备大战英军,值此之际招揽了一批昂热

　　————————

　　①　之前萨洛蒙·雷纳克快速且粗略地浏览档案后竟将吉尔·德·莱斯坚信灵魂得救之因归于吉尔·德·莱斯之幼稚!(参见第264—270页)

将士。当时这位潜心钻研炼金术与召唤术的骑士因被控异端锒铛入狱。于是吉尔·德·莱斯于安茹公爵城堡内的昂热监狱与对方说上了话。这位骑士手中有本钻研奇门异术的手稿,吉尔·德·莱斯借之后命人在一间房内当着其他人等高声诵读。我们还知道此书最终又回到了昂热骑士手中,但这悲惨之人结局如何我们一无所知。牢狱的相会以及诵读此书的经历似乎铺垫了吉尔走向魔鬼的第一步。按逻辑看,从诉讼开始的 1440 年往回推算,长达"14 年"的犯罪生涯从昂热算起也合理。

同时吉尔也招认直至 1440 年自己召唤魔鬼已达"14 年之久",比较可信。

所以我们有理由相信吉尔·德·莱斯的魔鬼之路始于 1426 年左右,源于一个囚犯与一本书。之后吉尔·德·莱斯应该接触了众多术士并按专业召唤师的指示召唤了魔鬼。

按诉讼记录,这"14 年"间的召唤魔鬼之行时而发生于马什库勒与提弗日城堡,时而于南特拉苏斯宅邸。吉尔也曾在奥尔良金十字宅邸里召唤过一两次魔鬼,此为吉尔·德·莱斯召唤魔鬼的最早记录。

下文将详细介绍最初几次召唤的召唤师及召唤过程。

其中三名参与者分别为小号手迪梅尼、路易及安托南·德巴莱勒（别名隆巴尔）。此三人早期（极早）便已成为吉尔·德·莱斯仆从。吉尔·德·莱斯亲自参与了大多数召唤，无论在"马什库勒还是其他地方"召唤魔鬼，都会在"地上画一个圈之类"。无论何人想召唤魔鬼，"有心见上一面……，说几句或与之交易都必须首先在地上画一个圈"……吉尔·德·莱斯自己倒也证实从未亲眼见过魔鬼或说上话，"尽管他无所不用其极，但也没办法保证绝对见到魔鬼或说上话"。

我们手中的资料详尽记录了其中的几次召唤。其中一次除吉尔·德·莱斯外，吉尔·德·西雷也参与其中。虽不知召唤师其名，但确有其事，应该发生于早期提弗日城堡一间房内。画好圈后吉尔及西雷吓得浑身战栗。吉尔·德·莱斯"怀抱着圣母玛利亚的画像"，惊恐地走进圈内，"因为召唤师事先警告绝不能比划十字，否则所有人遭殃，但他突然想到某次圣母院内以《阿尔玛》①开始的祷告，召唤师立即命他出来，他一边比划十字一边跳出圈外拔腿就跑，一把甩上房门留下召唤师与西雷两人，后来他发现……西雷说吉尔·德·莱斯离开房

① 《阿尔玛》，著名圣歌，开头第一句为"慈悲玛利亚"。

间后召唤师似乎遭到了痛打,打斗之声轻如羽毛,而吉尔·德·莱斯……完全没有听见,他让人打开房门,一眼看见脸部及身上多处受伤的召唤师躺在门口,额头肿了大块儿的召唤师完全无法站稳,吉尔·德·莱斯生怕召唤师伤重而亡,于是为其安排了告解与临终圣事,谁知召唤师大难不死甚至痊愈了"。召唤师的骗术极为老套:弄伤自己假装遭魔鬼毒打,让人相信有魔鬼存在。吉尔至少被骗了两次。

除了吉尔·德·莱斯极端的反应(只有在最初召唤魔鬼时才会表现得如此惊恐),还有一个因素可以确定这次召唤属于早期的尝试:西雷在其中扮演的角色,他的唯一性。1435—1436 年间一切有关召唤及炼金术的事宜仅西雷一人负责(同时也由他主要负责诱拐幼童,主子疲惫无力杀人之时也主要由他代劳)。

1435—1436 年后,应该由厄斯塔什·布朗谢取代西雷的位置负责招揽召唤师及炼金术师(幼童主要由昂列及普瓦图负责,当然西雷仍为吉尔·德·莱斯服务)。

一开始,吉尔·德·莱斯让西雷到"高地"寻觅召唤师,但结果应该不太令人满意。西雷探访了一位女召唤师,女召唤师表示西雷的主子若继续一心扑在教会尤其马什库勒小天主堂上就休想达成目的;另一位女召唤师虽然表述不同但大意一致。另一位男召唤师人未到便溺水而亡。另一位则刚到便身亡……

后来将风流妙人普雷拉提从意大利带回法兰西的厄斯塔什·布朗谢原本在寻觅召唤师方面毫无瑕疵。不料从普瓦捷带回的召唤师竟于普左日偷走了吉尔·德·莱斯的钱。吉尔·德·莱斯坐拥妻子名下的提弗日与普左日两处城堡。但当时这位来自普瓦捷的召唤师并未于普左日城堡内召唤魔鬼,而选择了临近的树林。当天夜里,吉尔·德·莱斯、布朗谢、昂列及普瓦图都在场(西雷当时已失宠)。

这位名叫让·德拉里维埃的召唤师(本职为医生)独自进入树林。召唤师身穿白色盔甲并随身携带众多装备:一把剑及其他武器。在场之人突然听见一声巨响,似德拉里维埃与人搏斗之声。布朗谢认为当时德拉里维埃应该正出剑用力刺盔甲。德拉里维埃走出树林时一副"受惊过度恍惚"的神情,自称在林子里见到了"长着豹子样的魔鬼"。魔鬼一言不发经过他身旁,继而走开。当时吉尔·德·莱斯完全相信他说的每一个字。

吉尔·德·莱斯当场赏了他 20 里亚尔金币。

然后所有人赶到普左日歌舞升平。之后德拉里维埃谎称要外出补全配备，并承诺速去速回，但实际上携带 20 里亚尔金币出走的德拉里维埃再无音讯。

此事应该发生于 1436 年左右。昂热金银匠事件事发当年。那一年吉尔时常经过昂热，为了时不时数落过去经常指责他违背家族意志的家庭教师。布朗谢证实当时招揽了一位自称精通炼金术的金银匠到吉尔下榻的银狮旅馆。吉尔·德·莱斯给了他一马克银币"做事"。但金银匠把门一关自己喝起了酒。发现金银匠正呼呼大睡的吉尔勃然大怒……撵走了醉汉，钱也跟着醉汉消失不见。

但相比其他人，醉汉应该还算老实：他从未自称召唤师，只说是炼金术师。源于化学的炼金术并非巫术或召唤术，并不在教会严厉打击范围之内，教会甚至有时会睁一只眼闭一只眼……不久之后来了位真正的炼金术师。这位也是金银匠，也需要炼制金属进行调配。我们不知道他入住提弗日城堡的具体日期，但 1439 年普雷拉提初来乍到时这位炼金术师早已在宅中。从意大利赶来的普雷拉提、布朗谢当晚与他同住一屋。我们对这位炼金术师的所有认识都来自布朗谢（第 380 页）。这位来自巴黎的炼金术师让·帕蒂与之前那位来自昂热的炼金术师都由布朗谢引荐而来。

1439 年 12 月让·帕蒂仍在莱斯手下做事,主子派他到摩尔塔涅劝布朗谢回提弗日。布朗谢一口拒绝并请让·帕蒂带话给吉尔·德·莱斯及普雷拉提:现在闹得已是满城风雨,不能再做作奸犯科之事。听了此话的吉尔勃然大怒,将传话的让·帕蒂打入圣埃蒂安-德梅尔莫特城堡大牢。布朗谢说"让·帕蒂在牢里待了很久"。至于他何时离开吉尔我们不得而知,但 1440 年 9 月 15 日吉尔被捕时他应该已经离开。因为如果当时他也在马什库勒应该与普雷拉提一起被捕,毕竟长期以来日常事务都由他与普雷拉提负责。熔炉应该也是让·帕蒂安设的,普雷拉提来了之后两人便一起监管。

至于其他炼金术师,比如意大利人安托南·德巴莱勒与普雷拉提,两人不仅是炼金术师,还是召唤师。安托南·德巴莱勒应该很早之前便已在吉尔手下做事,但很快便离开。至于制水银,让·帕蒂应该是发起人(意大利人一心扑在召唤魔鬼上)。吉尔坚信早晚有一天能与帕蒂或者普雷拉提一起(最好是三人一起)见证金属的蜕变。他一度坚信自己能造出金子。他始终相信若非 1439 年 12 月当时的王储(将来的路易十一)突然造访自己迫不得已命人拆毁了熔炉(查理五世明令禁止炼金术),自己早该造出了金子！若非如此他早已金山银山当前，坐享富贵荣华、一手遮天！

## 16. 普雷拉提，温柔乡与祸水

　　1439 年布朗谢从弗罗伦萨带回了弗朗索瓦·普雷拉提，实际上也毁了吉尔·德·莱斯。来自意大利的普雷拉提风流倜傥、点石成金又满腹经纶，强烈地诱惑着吉尔·德·莱斯老爷。普雷拉提的确有些真才实学，再加上江湖术士的巧舌如簧，将吉尔迷得头晕目眩。

　　当时只欠魔鬼相助的吉尔，如迎救世主一般迎来了浑身闪着光芒的普雷拉提，在他看来也只有普雷拉提能借毕生所学帮自己重拾挥霍殆尽的金山银山。来自同性之爱盛行之城意大利的普雷拉提蛮横而胆大妄为，知道怎么讨主子欢心。吉尔·德·莱斯这位主子本身也吸引着普雷拉提这个肆无忌惮甚至极端堕落的野心家。即便败落但家财仍旧大有可观的吉尔的确散发着迷人光芒。作为吉尔友人或者情人（并不确定）的弗朗索瓦·普雷拉提一开始便极尽能事召唤魔鬼，全然不顾魔鬼是否执意不见。普雷拉提随口一个小谎就能一扫吉尔的失望之情,有时也需要费点心力演出好戏。如同第一位召唤师,普雷拉提小心翼翼锁上房门假装魔鬼来袭痛打自己。吓坏的吉尔看着昏死过去的知己一身重伤,自己一人悉心地照料,不让任何人靠近。就算魔鬼拒不现身,他也有理由为弗朗索瓦开脱。弗朗索瓦声称自己独处时相熟的魔鬼巴隆便会现身。这位信口开河的风流少年希望自己的主子惊恐地迷信下去,当时竟无人拆穿他的谎言。诉讼时吉尔那悲壮的诀别(第 302 页)将两人亲密之情表现得淋漓尽致(前文已经说过)。冷血无常的两个堕落之人……(抛开两人极端的堕落)如此相像的两个人的确很容易建立起情感的联系……一个谎话连篇,一个愿打愿挨,两个人就这样纠缠在一起……此时我们不禁想到那一幕:一直以来擅长自编自导自演的弗朗索瓦·普雷拉提烦不胜烦突然一脚踢向身后正为亡夫哀泣的女房东(第 196页)。被一脚踢翻的女房东跌下梯子,幸亏其年迈的乳母抓住了她的裙摆……普雷拉提的确与吉尔·德·莱斯一样残酷无情,所以面对各位法官,踩在人世门槛边缘的恶魔吉尔·德·莱斯仍然不忘向故弄玄虚的情感骗子说一声再见。

　　之后(第 177—205 页)我会完整地展示昂列、普瓦图以及布朗谢的证言——自然也包括普雷拉提的证言——帮助我们了解后来也就是 1439 年春至 1440 年 9 月吉尔被捕前这段时间召唤魔鬼的详情。证言之详尽有助于我们全面了解当时的召唤仪式……此刻我迫不及待要描述提弗日城堡内日复一日地狱之惊悚。普雷拉提发现主子不仅迷信得走火入魔而且杀人成瘾，所以他必须让内心煎熬并且总认为受害幼童阴魂不散的吉尔迷迷糊糊地继续空等着救世魔鬼。欣欣然盼着魔鬼撒下金山银山的吉尔最终……迎来的只是噩梦连连（一颗颗血淋淋的头颅在他梦中晃来晃去）以及终极的死亡威胁，但一到白昼他又天真地忘得一干二净。

首先，普雷拉提让他主子再也不要参与召唤。他以"魔鬼不满"为由解释魔鬼为何迟迟不现身。（处心积虑的）普雷拉提独处一室时魔鬼不就现了身？1439 年 4 月至 12 月，普雷拉提让双手沾满鲜血、钻牛角尖的吉尔始终处于心醉神迷的茫然状态。但情势有变。七八月左右久居布尔日的吉尔让普雷拉提常与自己联系并送来魔鬼巴隆（也就是普雷拉提相熟的魔鬼）的礼物——"黑色的板岩屑"。所以那期间普雷拉提必须与主子频繁书信往来。一开始，吉尔将黑屑装在一个银盒子里挂在脖子上。但几日后连他自己也觉得毫无用处……吉尔从布尔日到布尔讷夫准备拜见布列塔尼公爵约

翰五世,于是让普雷拉提参加当地举行的召唤仪
式,请求魔鬼巴隆助他讨公爵欢心。又是徒劳一
场。失望又颓丧的吉尔旋即再次屈服于体内嗜血
的渴望:当天一个名叫贝尔纳·勒加缪的十五岁少
年死于其手。犯罪自然无法平复内心深重的恐惧
与悔恨。仍在布尔讷夫时吉尔·德·莱斯便动了
改邪归正的念头,打算一路朝圣到耶路撒冷的圣墓
哭诉。看着自己一蹶不振的主子,或许普雷拉提隐
隐预感到危机在逼近,暗地里盘算着绝不能让其逃
出自己的掌控,于是声称勃然大怒的魔鬼要求吉尔
献祭! 这就是普雷拉提为吉尔·德·莱斯谋划的
出路:到了现在这个节骨眼上必须为魔鬼献祭。乍
一听,吉尔顿时深陷焦虑。提出这一建议之前普雷
拉提早已料到迷信的吉尔·德·莱斯绝对会大惊
失色、浑身战栗,但他非常笃定:即便死到临头,吉
尔·德·莱斯也绝不会放弃救赎的希望。吉尔根
本无法掩饰自己的抵触情绪:将一个不幸的无辜幼
童献祭给"卑鄙的魔鬼"实在罪不可想。但既然已
经无路可退,为了拯救自己的灵魂、自己的生命乃
至所剩无几的财富,就算付出一切也在所不惜,何
况区区幼童。于是一天夜里,吉尔·德·莱斯怀抱
着一个孩子的一只断掌及心脏(或许还有一只眼
睛),急不可耐地想要见到魔鬼! 当天夜里,意大利

人普雷拉提献上了可怕的祭品,魔鬼却仍旧不见踪影……

不难想象吉尔·德·莱斯当时及之后的反应。浑身溅满鲜血的吉尔绝对火冒三丈。那么意大利人普雷拉提从此以后还能不能随心所欲地掌控失了魂一般的吉尔·德·莱斯的意志?吉尔吓坏了,在他看来,似乎再无别的出路,眼前只剩暴怒与暴力……早前布朗谢便请让·帕蒂带话:现在闹得已是满城风雨,不能再做作奸犯科之事。传话的金银匠让·帕蒂却惨遭牢狱之灾(一旦被打入大牢,若想活命只能尽早越狱)……

当时的王储也就是未来的路易十一突然造访,对吉尔·德·莱斯而言无异于致命的一击。王储受查理七世之命到普瓦图平息当地连年不息的纷争及动乱。赶在王储抵达提弗日前莱斯似乎已及时拆毁了自己的炼金炉。因为早在查理五世时便明令禁止炼金术。1439 年,自毁炼金炉的潦倒元帅吉尔·德·莱斯并非王储此行的头号目标,逮捕战时当地"烧伤抢掠"、"劳民伤财"的将领才是重中之重。当然,长久以来吉尔·德·莱斯麾下将领吸食民脂民膏也是不争的事实……王储一行,的确来者不善。忌惮于王室之威一举捣毁了自己炼金炉的吉尔再次痛挥屠刀。常年潜心作法炼制黄金的吉

尔本以为可借此渡劫，不想转头即成空……他原以
为潜心炼金术绝对能实现自己所想，魔鬼也绝对会
施手相助，满足一个狂热信徒的小小要求！不料魔
鬼竟一再缺席！普雷拉提那套玄幻的大话也只能
让吉尔暂缓几月。风平浪静往往预告着暴风雨的
来临，急冲猛进也只能助推彻底的堕落。

1440 年初，大戏就要开演。法兰西元帅的钱袋
及名望都见了底。一个名利双失的吉尔·德·莱
斯，甚至也听到了魔鬼无声的嘲笑。若非晕头转向
落入普雷拉提的温柔乡，吉尔·德·莱斯早该打发
了这个大言不惭的谎话精，也不至于一事无成。糟
就糟在一蹶不振的吉尔无法忍受孤独。普雷拉提
的陪伴因而显得格外珍贵。意大利人普雷拉提能
够凭借自己流利的拉丁语与巧舌如簧和吉尔·
德·莱斯自如交流。吉尔身边一众法国仆从恰巧
又都呆板无趣：西雷只管残忍杀戮，布里克维尔庸
俗、贪图权势，稍微年轻一点的昂列与普瓦图或许
还有点魅力（此二人后来的证言倒也生动）……何
况我们都清楚，能当上吉尔情人，普瓦图的相貌绝
不在话下。但这几个小伙太过粗俗，所以也能想
象，或许吉尔身边也只有投怀送抱的普雷拉提能满
足其文化品位。夜夜笙歌后困乏的吉尔免不了要
与俊美的普雷拉提彻夜长谈。无法召唤魔鬼现身

救吉尔于水火的普雷拉提至少还能逗他一乐,在他饮血止渴的噩梦人生中点亮一抹绚丽的色彩,排遣其忧愁。

最后的希望一一破灭,阴森的法兰西元帅宛如行尸走肉。极端纵欲后再也无法适应寻常生活的吉尔只能蹚上色欲的苦海。

萎靡不振后终于激愤的吉尔犯了糊涂。早前吉尔·德·莱斯已将仅剩的房产之一——莱斯地区圣埃蒂安-德梅尔莫特城堡转让于布列塔尼财务官若弗鲁瓦·勒费龙,后来得知表亲维埃耶维尔老爷属意此地便有心毁约,不料若弗鲁瓦·勒费龙并不配合。为何在这一问题上吉尔·德·莱斯如此执迷不悟,很难解释,但有一点很肯定,吉尔无法接受财务官的拒绝。在完全丧失理智的情况下他决定武力夺回转让的城堡。当时的圣埃蒂安-德梅尔莫特并无吉尔驻军,而布列塔尼财务官已安排自己兄弟——享有豁免权的教士让·勒费龙——负责城堡事宜。

吉尔·德·莱斯冲撞的并不只是约翰五世的财务官,财务官或许仅是出面交易之人,而背后真正的买家或许正是布列塔尼公爵本人。但无论如何,执迷不悟的癫狂吉尔最终手持武器、怒吼一声闯进了让·勒费龙正听圣弥撒的小镇天主堂。

面对"就地正法"的威胁,教士让·勒费龙无奈为狂徒打开了城堡大门,旋即沦为阶下囚。

吉尔·德·莱斯的肆意妄为严重侵犯布列塔尼公爵及南特主教之权威,两人同时做出反应,开始了对吉尔·德·莱斯的打击。

吉尔当然也反击,动用各方势力打算杀出一条活路,遂将财务官若弗鲁瓦的教士兄弟让·勒费龙从圣埃蒂安-德梅尔莫特转移至布列塔尼管辖外的提弗日。

当然吉尔·德·莱斯也尽量争取以谈判的方式解决纷争。但4个月之后……一方面约翰五世表现出和谈的意愿,另一方面又在得知自己兄弟、查理七世的陆军统师攻下法兰西提弗日并解救了人质让·勒费龙后,于9月15日调遣人马于马什库勒逮捕了吉尔·德·莱斯并押解至南特监狱。同时被捕的包括普雷拉提、厄斯塔什·布朗谢、昂列以及普瓦图。

针对连环弑童案的调查也已在认真进行。7月30日,南特主教、约翰五世的掌玺大臣及左膀右臂让·马勒斯特鲁瓦下令彻查此案。

长久以来听任封建领主连续残杀穷苦幼童、不闻不问的司法,于圣埃蒂安-德梅尔莫特丑闻后终于正式启动。

## 17. 一死谢幕

历来死刑为大众焦虑、消遣的盛宴。中世纪的酷刑无不"壮观"。当时执行死刑的场面俨然一出悲剧,既是人生惊心动魄一刻,又是意味深远的一刻。穷兵黩武、屠杀、封建领主或教会的招摇过市以及酷刑,同天主堂及城堡一样无非再普遍不过的日常。这就是当时的道德以及生存的全部深意(应该说当时并无道德可言也无任何生存意义)。最终被判死刑的吉尔·德·莱斯在被捕的当下就已经沦为戏子:登上演出海报,演出指定戏目。

10年前围观贞德受刑的无名大众(不分年龄)裹挟着各种鼎沸之声以及冲天的狂热向吉尔·德·莱斯汹涌而来……

曾经出生入死的战友最终沦为大众围观的中心,但贞德与吉尔·德·莱斯两人,一个清白无辜却为世人嘲弄,一个罪孽深重却集惊悚与煽情于一身!两人唯一的共同点——烈火焚身时激愤的群情!同样无名的大众、同样高涨的激情最终将吉尔·德·莱斯送入了熊熊烈火。说来也怪,吉尔·德·莱斯累累罪行(依照他的供述,他不仅割喉残杀幼童无数,甚至猥亵幼童)引发的惊悚感加上他泪流满面告解之情形,竟触动了大众的恻隐之心。原因何在?大概大众行为走向极端之时,有可能造成极端的恶,也有可能衍生极端的善:行刑当日一大清早如约而至的人群列队游行,祈求天主宽恕即将赴死的吉尔及其同伙,他们在为死刑犯哀鸣之时清楚地意识到:即将赴死的死刑犯即便罪大恶极也无非芸芸众生中的你、我、他。

我们不知被捕的当下吉尔作何反应。

或许一开始他自以为尚有一线生机,弥补圣埃蒂安-德梅尔莫特这招错棋。顾及其尊贵身份,诉讼过程中也多加优待:关押点为城堡高级房而非收押穷苦百姓的地牢(审讯也不同以往,并未组成 10 至 15 人的审讯团对其轮番逼问),教会法庭负责当庭辩论环节,由南特主教及宗教裁判所法官代理人主持。正因为教会庭审辩论强烈的戏剧张力,吉尔·德·莱斯一跃成为中世纪之最(俗世诉讼之影响远逊于教会诉讼,而且就我们所掌握的资料而言,教会诉讼记录也最为详尽)。

中世纪酷刑之"壮观"不胜枚举,但吉尔·德·莱斯行刑之时最具戏剧性也最动人心魄。至少可以这么说,吉尔·德·莱斯案当属诉讼史上最生动也最悲壮的一笔。

　　法官所面对的是一个恶贯满盈的恐怖制造者，一个罪大恶极、十恶不赦的重刑犯。

　　但正如我前文所说，吉尔·德·莱斯并不狡诈，反而愚蠢到极点。看他庭审时的第一反应便一目了然：他先是破口大骂，继而崩溃，再然后便泪流满面地招认一切不可告人之罪。考虑到此案情节严重，法官事先都比较谨慎，避免在吉尔·德·莱斯首次出庭时涉及案情关键，但还有一种可能，教会法庭之所以一开始采取缓和的态度是希望被告吉尔·德·莱斯承认法庭及法官之资格然后再进一步分析案情并量刑。9月28日教会法庭首次传唤吉尔出庭，将其打入孤立无援的境地，然后待10月8日再次传唤其出庭。10月8日庭审正式提出对吉尔·德·莱斯的指控：罪不可恕。除圣埃蒂安-德梅尔莫特一案中侵犯教会豁免权这一指控外，另有召唤魔鬼，猥亵并残杀幼童，为魔鬼献祭幼童断掌、眼睛及心脏等指控。吉尔听后勃然大怒，或许他终于预见了自己的结局，于是他大骂法官并且拒不认罪。又或许他仍在盘算着借此拖延诉讼过程，等待旁人介入。但他旋即便领教到法官之决绝，法官的态度十分明确：刻不容缓，绝不手软。13日，吉尔再次出庭，气急败坏之下辱骂诸位法官，满口"淫僧"、"亵渎圣职"，并离间教会法官与列席的俗世法庭庭长。法官始终冷眼相待并当庭开除了狂徒之教籍。

在当时看来，开除教籍乃重罚。表面上似乎吉尔·德·莱斯凌驾于法官，但他自始至终是个虔诚的教徒（抛开其召唤魔鬼的劣行及罪孽不看），所以开除教籍的决定一下让他当场崩溃。重返孤独房间后夜不能寐的吉尔噩梦连连，前所未有地胆战心惊。

眼下只有一条可怕的出路，却非常适合他这狂徒：浴火而亡！必然的灾难之火，壮丽之火，癫狂之火！烈焰光辉的一瞬，应火光而来的看客绝对会为他心醉神迷……

活在往昔光辉中始终抱持着幻想的吉尔·德·莱斯在激烈的思想斗争后终于打破了自己本就可有可无的原则，最终低下了他高贵的头颅。此时吉尔的光辉之路只能靠罪行铺垫，但仅靠罪行仍旧无法光芒四射，除非掬着一把热泪在临死的最后一刻绝望地坦承所有的罪过，与此同时彰显自身强大到令人战栗的可怕特质！

无论如何他始终愿意追随信仰之路，并按教义行事。他要悲吟着祈求天主宽恕，祈求所有曾经被他看轻到尘埃里的人宽恕自己。他要悲吟着祈求，在临死的最后一刻祈求，在这沉重而无比光辉的一刻他的热泪滴滴是真实的血泪！

　　无力回天之时脆弱的吉尔想到了什么？我们一无所知，也无法完整地追踪或描摹他临死的心路历程。如同狂风暴雨之夜转瞬即逝耀眼的闪电……吉尔·德·莱斯事件同样难以捕捉，所以我们所面对的并非清晰的单一事实，而是接踵而至令人目不暇接的各种可能。我们必须或者说必须试着还原事件本身，借助档案还原悲惨的事实。但千万不要忘了，已逝的吉尔·德·莱斯无论如何无法做出任何回应，只能默不作声地听凭我们各说各话。所以档案记录必须细致（有时出现不雅的表述也理所当然），因为只有细致的记录才能还原罪犯行为及思想的错乱，比如他的热泪、招供及祈求。否则我们将错过闪电般难以捕捉的事实真相。所以必须细致地记录并还原事件始末，否则我们无法理解罪犯自身的混乱。因此（仅仅因为这个原因）必须在列举事实的基础上添加评注。为什么要加评注？单纯的事实难道能完整地还原吉尔戏剧性之死？讲述事实原委难道能抛开电闪雷鸣般难以捕捉的各种可能性？

　　孤立无援的吉尔在两天之内沦为行尸走肉，于1440年10月15日再次出庭：也只有死亡才能把一个人蹂躏成这副模样……他低下了头，双手掬着一把热泪祈求法官原谅他无礼的谩骂。第一次出庭他拒不认罪，不过虽然他否认了教会最看重的事实，却一口说出了自己不可告人的无耻罪行：残杀幼童！

他双膝跪地，泪流满面，"久久地长叹"，祈求法官收回成命不要开除他的教籍。法官宽恕了他也答应了他的请求，不再开除其教籍。最初招供时他遮遮掩掩也正常。或许一开始他仍在迟疑：有的事是不是该绝口不提。或许他心存侥幸：教会或许会宽恕一个连续弑童却有悔过之心的大封建领主，却绝对不会放过一个召唤魔鬼的判教之徒。或许他有这方面的考虑。

但要说他突然大变只是做做样子也不可信，毕竟最难的就是跨出第一步——招认罪行。我相信他确实彻底乱了方寸，内心挣扎也纠结。尽管看不见希望的曙光但一开始他便看到了一条出路（虽然骇人）：招认无耻罪行蛊惑听众。不蛊惑无以存活？不蛊惑何以存活？那就一死"流芳百世"！听众因他累累罪行浑身战栗，但与此同时他心中的不忿与不平也完全舒展开来。惊恐之下受其蛊惑的听众在颤抖！不再遮遮掩掩的罪犯终于满足了自己的表演欲，罪犯之所以招认，往往因为或许可以借由灾难的罪行迎来灾难之火——浴火重生之火。

　　10月21日吉尔·德·莱斯终于开始道出关键,坦承一切不可告人的罪行,10月21日也正是教会法庭决定动用酷刑审讯之日。吉尔极有可能因为忌惮酷刑所以主动选择了招供。我以为酷刑之威胁的确有可能促使人一时冲动,却绝不构成关键动机。面对酷刑审讯的威胁,吉尔请求法官再多给他几天时间考虑。他的确拖延了几日、反复考虑,但其实事先他已经承诺会一一招认令法官满意。他争取由俗世法庭庭长(而非教会法官)主持审讯,参与审讯的包括圣布里厄主教。教会法庭推迟酷刑审讯后,吉尔暗自决定要交代耸人听闻的罪行,之后便老实招认了罪行。10月22日的庭审具有决定性意义。面对所有教会法官及满座听众,吉尔道出了罄竹难书之罪行。句句惊悚:他本人及其同伙检视一圈砍下的头颅,然后亲吻选出的最美头颅;一伙人亲眼看着将死之人狰狞的面孔哄然大笑。

　　唯有强烈的戏剧张力才能造成轰动效应。若非大封建领主手中掬着热泪,若非这哭泣的罪犯无比尊贵的身份,罪行又如何为他铺垫神坛?……他又如何非凡地光芒四射?因为他表现出罪犯的强大特质(如果仅仅只是一出悲剧,并不需要罪犯身上睥睨天下的气势)。罪犯让人陡然一惊的同时心头一震,让听众产生了深切的同情心,让听众看着他泪流满面的同时自己也湿了眼眶。

吉尔之死令人痛心,因为同情。半是因为他的暴行,半是因为他高贵的血统,一个高贵的死刑犯涕泗横流,触动了每一个听者的心。

俗世法庭最后宣布死刑判决时,庭长与吉尔两人说了一会儿话,言谈间不似法官与犯人的对谈,那敬重的意味倒似平日里两个平等之人的交流。或许临终一刻吉尔尊崇并认同了这位庭长,而定夺了吉尔生死的庭长仍旧忌惮吉尔所代表的大家族。但我尤以为,滥杀无辜的吉尔之无耻、卑劣加上他所表现出的尊崇、热泪盈眶、强大特质无一不让俗世法庭庭长无所适从,面对罪犯面对禽兽恶行他无法再有对立之感。

我相信罪犯也隐约觉察到此时自己的死刑判决制造了怎样的动荡。

宣布判决的当天,无论吉尔还是为他感动的法官都极为幼稚。一个死刑犯竟幼稚到请求俗世法庭庭长说服南特主教(教会诉讼负责人)答应一个"过分"的要求:由主教及教会人士安排人员送他至刑场,并为他及随后赴死的同伙祈求天主的宽恕。

俗世法庭长竟当即答应,南特主教也的确恩准了这一请求。

这并非吉尔第一次提出请求,而且之前的请求也已获恩准:法庭宣判对吉尔·德·莱斯执行绞刑后立即执行火刑,但吉尔·德·莱斯希望自己尸身不至"四分五裂、烧成灰烬",而是装殓后葬于加尔默罗会天主堂。

于是吉尔之死格外"壮观"。

最后的审判于拉图诺瓦城堡进行,死刑判决一下,汹涌人潮伴随整齐的高歌与祈祷为不幸的罪人送行。直到最后一刻吉尔仍然无法掩饰自己对一众卑微平民的不屑与蔑视,汹涌的人潮却依然紧随其后一直相守并为他祈求天主。人潮越过卢瓦尔河直抵俯瞰整座城市的草地。

吉尔·德·莱斯所热爱的圣音在他生命最后一刻如光辉乍现,他终于如愿以偿在光辉灿烂中死去。绳索吊住的尸身一时间竟光芒四射……最后,"名门望族的夫人、小姐"从熊熊烈火中抬出了他的尸身。

她们为他装殓,无比庄严地护送他的棺椁至最后的归属。加尔默罗会天主堂将以庄严肃穆的祭礼抚慰他的亡灵。

# Ⅱ　史料分析

前面第一部分为导引,旨在全面考量吉尔·德·莱斯事件。

接下来第二部分则汇集了大量史料,涉及吉尔·德·莱斯的生活细节、结局及各种相关问题。

## 1. 编年缀事

### 1400 年

机缘巧合之下,恶人吉尔·德·莱斯一出生就坐拥金山银山。

莱斯家族最后的后裔让娜·拉萨热临死却膝下无儿无女,于是决定收养蒙莫朗西-拉瓦尔家族的居伊·德·拉瓦尔(吉尔·德·莱斯之父)作为法定继承人。

*居伊·德·拉瓦尔为陆军统帅杜·盖克兰之侄。*

这就意味着如果居伊·德·拉瓦尔接受这一提议就必须放弃拉瓦尔家族称号及兵权，从此以后居伊·德·拉瓦尔本人及其后代冠以莱斯家族称号并手握莱斯家族兵权。

## 1401 年

9 月 25 日

*居伊·德·拉瓦尔继承莱斯男爵爵位并接受了让娜·拉萨热提出的条件。*

## 1402 年

5 月 14 日

一时间居伊·德·拉瓦尔之子吉尔坐拥庞大家财似已成定局，但不知为何，让娜·拉萨热反悔转而将继承权指定给皮埃尔·德·克拉翁之遗孀卡特琳·德·马什库勒。但几经波折仿佛注定一般，拉瓦尔家族与克拉翁家族联姻。当时的克拉翁家族在安茹可谓呼风唤雨，其权势仅次于让二世幼子——安茹公爵路易一世(1339—1384 年)。

## 1404 年

2 月 5 日

居伊·德·拉瓦尔最终继承了莱斯家族后裔让娜·拉萨热的家产:迎娶卡特琳·德·马什库勒与皮埃尔·德·克拉翁之外孙女(让·德·克拉翁之女)玛丽·德·克拉翁为妻。

打了一段时间官司后,两家人考虑到新婚夫妇后人的财产继承问题,于是决定以契约形式将玛丽·德·克拉翁名下莱斯家族继承权让与丈夫居伊·德·拉瓦尔。最终由居伊·德·拉瓦尔及其后人继承莱斯家族称号及兵权。

吉尔·德·莱斯出生当年年末

吉尔·德·莱斯生于卢瓦尔河畔尚多塞城堡(既是庞大营垒,又为让·德·克拉翁家宅)的黑塔中。邻近贵族皆应邀参加小镇天主堂举行的洗礼仪式,"每人手捧一支蜡烛"①。

---

① A.布尔多神父《尚多塞——吉尔·德·莱斯与布列塔尼诸公》,第46页。

**1407 年**

让娜·拉萨热逝于马什库勒城堡,长眠于此。其后,吉尔及其父母入住马什库勒。

*1407 年左右*

*吉尔胞弟热内出生。*

**1415 年**

*年初左右*

*吉尔之母玛丽·德·克拉翁去世,葬于莱斯家族位于布佐伊修道院的圣母堂。*

9 月 28 日吉尔之父去世,吉尔的教育问题交由让·德·克拉翁负责。

临死之际,居伊·德·拉瓦尔在布莱松立了遗嘱,将吉尔的监护权交由其表兄——拉于诺达耶的让·图内米勒,同时嘱托两位神父乔治·德·拉博萨克与米歇尔·德·丰特奈尔继续教导吉尔。居伊·德·拉瓦尔与玛丽·德·克拉翁合葬。

但在监护权问题上并没有遵循遗嘱。实际上由让·德·克拉翁一人将吉尔及热内抚养成人并监管吉尔财产。此时尚不及花甲的让·德·克拉翁狂暴、肆无忌惮，纵容无母孤儿肆意宣泄激情。
他完全不负责任的教育方式很大程度上导致了吉
尔的魔性。诉讼期间吉尔本人也将自身的魔性归
罪于家庭教育。

10 月 25 日

阿金库尔及阿莫利战役损失惨重，让·德·克
拉翁之子惨死。11 岁的吉尔成了法兰西最富有的
继承人之一。

**1417 年**

1 月 14 日

由外祖父牵线，吉尔与诺曼底昂比埃名门望族
千金——大封建领主福尔克之女让娜·佩内订婚。
偿清让娜·佩内监护人所欠债务的让·德·克拉
翁便可染指其家产。贪婪的让·德·克拉翁所关
心的并非只是吉尔之未来，还有其成年前的财产管
理权。巴黎最高法院了解这一情况后在让娜·佩
内成年前废除了这一婚约。

**1419 年**

9 月 10 日

谈判期间，王太子查理（未来的查理七世）的党

羽于蒙特罗桥刺杀勃艮第公爵无畏的约翰,旨在结束内战共同抗英的谈判以失败告终。阳奉阴违的无畏的约翰自食其果,而刺杀一事更是加深了两派之争。

11 月 28 日

让·德·克拉翁出面让吉尔与布列塔尼公爵约翰五世之侄女贝亚特丽斯·德·罗昂订婚。不知何故,瓦纳定下的一纸婚约无疾而终。

## 1420 年

1 月 17 日

精神错乱的查理六世罢黜了王太子查理,但之后为理想而战的贞德为查理夺回了遗失的王权。

2 月 13 日

出身蒙福尔家族的布列塔尼公爵约翰五世中敌方彭提维人埋伏,遭囚禁于尚多塞城堡。此事掀起新一轮的蒙福尔、彭提维之争。让·德·克拉翁因支持蒙福尔家族,名下封地及外孙吉尔之封地遭彭提维人大肆劫掠。拉莫特-艾莎尔被占。但最终彭提维人大败,约翰五世获救。让·德·克拉翁及"莱斯之子"(吉尔·德·莱斯)获得赔偿及奖赏。

但吉尔·德·莱斯应该没有亲自参与此次封建领主之争。博萨尔神父认为吉尔亲自参与了此事，罗兰·维米纳夫延续了这一观点，但吉尔当时年仅 16 岁，文献中也无任何相关记载，所以不太可能，我们甚至不知吉尔是否跟随约翰五世凯旋至南特。

5 月 20 日

按特鲁瓦条约，英国国王亨利五世成为查理六世的继承人：英国与法国王权合一。巴黎大学及伪三级会议认可了特鲁瓦条约。而当初承认这一协议的布列塔尼公爵却在查理六世逝世后频繁变卦、摇摆不定从未坚守承诺，头一天说要归属英国，第二天又支持王太子党。

9 月 28 日

布列塔尼公爵约翰五世命彭提维党羽定期支付让·德·克拉翁及其外孙 100 里亚尔的利息。100 里亚尔相当于 1959 年的一百万法郎。

11 月吉尔大婚

吉尔与让·德·克拉翁两人商议之后掳走了米莱·德·图阿尔与贝亚特丽斯·德·蒙让之女——吉尔的表妹卡特琳·德·图阿尔。卡特琳位于普瓦图的家产临近莱斯男爵领地,于是吉尔与克拉翁两人将之纳为己有。为何绑架之后在成婚问题上却又小心谨慎,这其中的原因很难说清。或许因为是近亲结合,所以必须征得教会权威及家族同意。无论如何,当时米莱·德·图阿尔"高烧"[1]死于莫城一事方便了吉尔及其外祖父行事。

### 1420 年左右

让·德·克拉翁之妻逝世。几个星期之后,让·德·克拉翁再婚迎娶卡特琳·德·图阿尔之外祖母安娜·德·西雷。之后吉尔·德·莱斯浪荡团伙中最残暴的吉尔·德·西雷应该就是安娜·德·西雷的同族亲戚。

### 1421 年

3 月 22 日

查理六世精神错乱期间摄政的王太子查理(未来的查理七世)在邻近索米尔的博热率军大败英军。

---

[1] A.布尔多神父《尚多塞——吉尔·德·莱斯及布列塔尼诸公》,第 52 页。

1421 年左右

丧夫的贝亚特丽斯·德·蒙让嫁与来自拉罗什-艾洛特的年轻骑士雅克·梅斯金。幸亏有了原王储内侍雅克·梅斯金的有力支持，否则贝亚特丽斯无以对抗残暴的让·德·克拉翁及吉尔·德·莱斯：当时爷孙两人已夺下卡特琳及贝亚特丽斯亡夫之财产——位于普瓦图的提弗日及普左日城堡。

4 月 24 日

征得罗马教廷许可后吉尔·德·莱斯与卡特琳·德·图阿尔公开举行婚礼。此前由雅克·梅斯金（早晚后悔）从中斡旋劝服贝亚特丽斯·德·蒙让同意这门婚事。

8 月 31 日

英国国王亨利五世驾崩。亨利五世之子兼继承人亨利六世当时只有十个月大。

10 月 21 日

查理六世驾崩。王位之争分两派，一派为王太子——未来的查理七世；一派为英国幼主亨利六世在法国的摄政王——其叔父贝德福德。

## 1423 年

6 月 14 日

贝德福德为某一英国领主拿下让·德·克拉翁名下昂布里耶尔及圣欧班-福斯勒芬多处城堡。

## 1423—1424 年

绑架岳母

让·德·克拉翁麾下提弗日守卫军将领让·德·拉诺埃劫持贝亚特丽斯·德·蒙让及其胞妹至勒鲁-贝特罗并收押,再转移至尚多塞。吉尔及其外祖父威胁贝亚特丽斯要将其装进密封袋扔至河中。[①] 卡特琳之母被逼无奈只能放弃亡夫遗产——位于提弗日及普左日的产业。雅克·梅斯金要求对方交出自己的妻子,却被告知除非贝亚特丽斯放弃自己亡夫遗产(不做他求)否则休想再有活日。随后让·德·克拉翁将雅克·梅斯金派来的三名信使打入大牢,其中一位信使为雅克之兄——吉尔·梅斯金。应妻子安娜·德·西雷所求,让·德·克拉翁交出了贝亚特丽斯却仍关押着信使。期间,贝亚特丽斯胞妹下嫁当初劫持自己的

---

① A.布尔多神父《尚多塞——吉尔·德·莱斯及布列塔尼诸公》,第 54 页。

将领之子——吉拉尔·德·拉诺埃。最后，雅克·梅斯金屈于淫威向尚多塞爷孙两人缴纳了赎金，但其中一名信使——雅克之兄却因可怕的牢狱之灾惨死，其余两位情况也不乐观。后来事情闹到了当时位于普瓦捷的皇家法院，双方虽然达成和解却因王权之衰无法执行。在利穆赞分配贝亚特丽斯·德·蒙让亡夫遗产就成了唯一的出路。这就意味着梅斯金与贝亚特丽斯必须在普左日与提弗日之间做出选择。吉尔却将两处城堡纳入自己名下，至于普左日，吉尔给出的理由是自己妻子"生是蒙让家的人"①。

皇家法院庭长亚当·德·康布雷抵达普左日监督和解协议的执行情况，却遭吉尔·德·莱斯手下突袭。让·德·克拉翁与吉尔·德·莱斯因亵渎王权罪被判缴纳罚金，但直至 1443 年（吉尔死后3 年）仍无人上缴罚金。阿金库尔一役法军大败之后，王权沦为大封建领主的笑柄，出兵援助国王的大封建领主比如吉尔与其外祖父尤其如此。

----

① A.布尔多神父《尚多塞——吉尔·德·莱斯及布列塔尼诸公》，第 56 页，注释 1。

## 1424 年

时年 20 岁的吉尔开始接管自己的财产,自此肆意挥霍,也从不问"名义上"对其财产仍有管理权的让·德·克拉翁的意见。[①]

## 1425 年

查理七世之妻为来自安茹的玛丽,玛丽之母为安茹公爵约兰德·达拉贡。希望大败英军的约兰德想方设法拉近法国与布列塔尼,于是让女婿查理七世封布列塔尼公爵约翰五世之兄阿蒂尔·德·里什蒙为法军首领——法兰西陆军统帅。她信任精力充沛(虽然稍显胖了点)的阿蒂尔·德·里什蒙,却算漏了乔治·德·拉特雷穆瓦耶。拉特雷穆瓦耶很快便博得查理七世的宠幸,架空了新任陆军统帅。因为拉特雷穆瓦耶的排挤,拉特雷穆瓦耶的眼中钉里什蒙直到 8 年后(阴谋家拉特雷穆瓦耶因敌对党的排挤而失势)才重掌大权,于 1433 年巩固圣女贞德的胜利成果。此时的法兰西才算真正意义上彻底地摆脱了英格兰。

---

① 《吉尔·德·莱斯继承人陈情表——挥霍的一生》,选自 H.莫里斯修士《回忆录》,第二卷,第 1337 页。

10 月 7 日

约兰德·达拉贡促成了查理七世与布列塔尼约翰五世的会晤。部分封地位于布列塔尼公爵领地范围内的让·德·克拉翁终归是个安茹人，于是与约兰德·达拉贡联手撮合法国与布列塔尼。约兰德·达拉贡命他协商布列塔尼约翰五世之长女伊莎贝拉与安茹路易三世（约兰德之子）的婚约。吉尔·德·莱斯见证了索米尔的这次会晤，10 月 7 日双方达成协议。吉尔·德·莱斯第一次亲见年轻的法兰西国王。

## 1426 年

3 月 6 日

新任法兰西陆军统帅、布列塔尼公爵之弟阿蒂尔·德·里什蒙在圣詹姆斯·德伯夫龙惨败于英军。责任应该归于布列塔尼掌玺大臣、亲英派的让·德·马勒斯特鲁瓦。萨洛蒙·雷纳克[1]认为让·德·马勒斯特鲁瓦对吉尔的敌意始于圣詹姆斯战役。我们知道 1440 年马勒斯特鲁瓦下令绞死了吉尔。但无证据证明两人早已交恶，更无法证明吉尔参与了圣詹姆斯一役。但经过圣詹姆斯一役，

---

[1] 萨洛蒙·雷纳克《吉尔·德·莱斯》，第 270 页。

约翰五世偏向了英格兰,再次承认特鲁瓦协议,接受亨利五世为法国王位继承人。失去兄长支持的阿蒂尔·德·里什蒙旋即失势,乔治·德·拉特雷穆瓦耶趁势而上。如日中天的拉特雷穆瓦耶也开启了其表亲吉尔·德·莱斯的戎马生涯。但我们也知道,拉特雷穆瓦耶可谓灾难,之后便是他一再抵制激情澎湃的贞德甚至捣毁巴黎城门前触手可及的胜利果实。攻克巴黎本可定乾坤,却毁于拉特雷穆瓦耶之手。

## 1427 年

### 6 月 19 日　勒芒抗英之战

约兰德·达拉贡任命让·德·克拉翁为中将。布尔多神父①认为这一荣升与如日中天的拉特雷穆瓦耶有关。此话有理。因为当时的拉特雷穆瓦耶尚未成为约兰德·达拉贡公开的敌人。因为克拉翁家族的缘故,吉尔·德·莱斯与拉特雷穆瓦耶为表亲,于是被拉特雷穆瓦耶收入麾下,而吉尔·德·莱斯也确实在英法大战中发挥了重要作用。富有的吉尔重金培养了大批间谍。当时恰逢出身

---

①　A.布尔多神父《尚多塞——吉尔·德·莱斯及布列塔尼诸公》,第 64 页。

卑微却骁勇善战的将领安布鲁瓦兹·德洛雷率法军与英军大战，双方僵持不下之时吉尔·德·莱斯接过让·德·克拉翁军队统帅帅印，法方立即士气大振。除万贯家财外，英勇无畏、不达目的誓不罢休的吉尔·德·莱斯还拥有无可否认的军事才华。法军一举夺下位于马延的雷恩福德、圣洛朗-代莫尔捷堡垒，以及位于萨尔特的吕德、马利科纳堡垒。我们有理由相信拉特雷穆瓦耶的介入为法方赢得了有利局势。

1427 年左右

年约 10 岁的普左日人艾蒂安·科里约成为吉尔·德·莱斯的年轻侍从，之后成为吉尔的情人，为吉尔四处寻觅幼童并痛下杀手，1440 年 9 月 26 日与主子吉尔·德·莱斯一起受刑。

**1428 年**

10 月

英军准备围攻奥尔良。在昂热与奥尔良两个选择间举棋不定的英军最终调动在法的一切力量攻克了奥尔良。

## 1429 年

3 月 6 日　贞德抵达希农

从沃库勒尔出发抵达希农的贞德拜见法国国王,此时吉尔·德·莱斯也身在希农王宫。若要将英军赶出法兰西必先解放奥尔良,于是贞德打算首先解放奥尔良随后再护送查理七世到兰斯。查理七世必须在兰斯加冕才具有"君权神授"的意味。

4 月 8 日　吉尔与乔治·德·拉特雷穆瓦耶结盟

吉尔投身乔治·德·拉特雷穆瓦耶麾下并全力协助他,"承蒙国王恩典及厚爱……誓死追随、共进退,绝无二心"。吉尔亲手署名并加盖印章后从希农寄出此信,之后便接到了拉特雷穆瓦耶的委派状:指挥皇家军、辅佐贞德。吉尔并非唯一人选,但因为与手握大权的拉特雷穆瓦耶结盟,吉尔最终得到了这一帅印。而在当时,拉特雷穆瓦耶急需掌控全局:掌控所有流程维护自身利益。作为一介宠臣,拉特雷穆瓦耶并不想自己与国王之间出现第三人借机大红大紫,贬损拉特雷穆瓦耶之势。

4 月 28 日　吉尔与贞德出征奥尔良

军粮已备好在布鲁瓦,贞德由戈古陪同抵达。

吉尔·德·莱斯率私人卫队与粮队、阿朗松公爵及安布鲁兹·德·洛雷会合。于是一万至一万两千人左右的护卫队与粮队同时出发进军奥尔良。贞德在《来吧，圣灵》的歌声中引领大队挺进奥尔良。法军按吉尔·德·莱斯指示穿过布鲁瓦桥经过索洛涅，然后不得不在卢瓦尔河段分两路人马分别抵达奥尔良。贞德本想从右岸（无须乘船）直达奥尔良，无奈提议无效，法军遵循吉尔指令，耗时良久终于抵达奥尔良。

### 4 月 29 日

皇家军抵达卢瓦尔河左岸，对面即谢西。贞德率两百将士乘船携粮船多艘过卢瓦尔河，奥尔良守将杜诺瓦（奥尔良公爵私生子）出城相迎。吉尔·德·莱斯则与大部队折返布鲁瓦。

### 5 月 4 日　奥尔良大战

几经周折皇家军再从布鲁瓦出发从卢瓦尔河右岸直抄奥尔良，敌军防御虽强却无法抵挡势如破竹直抄奥尔良的法兰西皇家军。贞德挥舞大旗在前，弗洛朗·迪利耶与拉伊勒紧随其后挺矛挥剑冲入敌军阵地。贞德、奥尔良城内守军以及来自布鲁瓦的援军会师城外，井然有序地穿过西边英军阵地挺进奥尔良。贞德身先士卒率势不可挡的法军攻打城东的圣鲁要塞,法军大捷。吉尔·德·莱斯与贞德出生入死第一战告捷。第二日,耶稣升天日,全军休整。

### 5月6日

诸位将领举棋不定。但贞德率大军大败左岸英军,成功突袭奥古斯丁要塞。至此诸位将领认为大事已成:城里军粮齐备,守好城池坐等国王援军即可。吉尔·德·莱斯持相同观点。

### 5月7日

吉尔参与决一生死之战——图列尔之战

贞德反对坐等援军,于是首先定下参战将领:奥尔良公爵私生子、奥尔良守将杜诺瓦及拉伊勒,而吉尔·德·莱斯及一众将领也在第一时间随贞德挺进左岸桥头堡——图列尔。下午一点,登上攻城梯的贞德肩部遭弩箭射穿。一干将士将她团团围住表达自己的歉疚与担忧,准备改日再战。坚决反对的贞德跃上座驾再次投入战斗。夜幕将垂之时,整日殊死拼杀的法军勇夺图列尔。英军溃败,死伤无数,一干人等连同统帅格拉斯达尔溃散窜逃至卢瓦尔。在这场扭转乾坤的战役中,吉尔·德·

莱斯表现出了英勇无畏的战斗精神。凭图列尔一战成名的"威武将军"吉尔·德·莱斯之后却落得一个声名狼藉。

5月8日　奥尔良解放

英军兵败如山倒,撤离奥尔良。人民欢歌载舞与凯旋的法军共庆奥尔良重新回到法兰西的怀抱。直到今天,每年的5月8日都要庆祝这一节日。

6月12日　攻克雅尔若

贞德以及阿朗松公爵率军攻克奥尔良上游20公里卢瓦尔河畔的雅尔若。无证据表明吉尔·德·莱斯参与了这一战役。

6月17日　攻下博让西

法兰西皇家军一举夺下奥尔良下游25公里卢瓦尔河畔的博让西。

6月18日　帕提大捷

英军于博让西以北的帕提大败。大战之际,吉尔·德·莱斯与贞德并肩作战。

6 月 19 日

大军凯旋返回奥尔良。

6 月 24 日

大军再次踏上征途,当天抵达然镇,几经周折启程前往兰斯。

6 月 29 日　前往兰斯

查理七世、贞德以及一干将领启程前往兰斯,吉尔·德·莱斯也在队伍之中。

7 月 10 日

几日之后,赶赴兰斯途中的皇家军收复特鲁瓦。

7 月 17 日

查理七世于兰斯加冕　吉尔·德·莱斯获封法兰西元帅

兰斯大天主堂内,查理七世的加冕仪式在贞德的见证下庄严举行。吉尔·德·莱斯骑马进入圣雷米修道院,取圣油瓶以便皇室敷圣油圣事之用。当天 25 岁不到的吉尔·德·莱斯受封法兰西元帅。加冕仪式之后,跪倒在国王膝下的贞德不禁流下了激动的眼泪。查理七世及在场之人无不热泪盈眶。日后与同伙一起看着垂死挣扎的受害者狰狞大笑的吉尔·德·莱斯在这样的时刻,恐怕也动情地落了泪。

8 月 10 日

查理七世与皇家军挺进贡比涅。博韦、克雷伊、尚蒂伊三城归顺。

8 月 23 日

贞德与阿朗松公爵离开贡比涅前往巴黎。同时,陆军统帅里什蒙攻入诺曼底。摄政王贝德福德忧心诺曼底的情势,抽调巴黎守军支援诺曼底,巴黎防守薄弱。

8 月 26 日

贞德抵达圣丹尼。

8 月 29 日

查理七世与英军盟友勃艮第签署停战协议。

9 月 7 日

查理七世抵达圣丹尼。杜诺瓦(奥尔良公爵私生子)、布萨克与莱斯手下几员大将、拉伊勒与桑特莱伊陪同。

### 9月8日

**吉尔·德·莱斯参战　贞德兵临巴黎城墙下不幸受伤**

贞德精选将领(包括法兰西元帅吉尔·德·莱斯以及封建领主戈古)[1]率众突袭巴黎攻克圣奥诺城门(靠近法国大剧院广场)前的大街。巴黎之战似乎势在必得。但夜幕将至,贞德腿部遭石弩击中。佩瑟瓦尔·德·卡尼表示,贞德在最为关键的时刻选择了吉尔·德·莱斯,无论如何都意味着贞德赏识吉尔·德·莱斯的军事才华。而佩瑟瓦尔·德·卡尼在历史学家吉舍拉看来最通晓史实也最值得信赖。

### 9月9日

清早已做好战斗准备的阿朗松公爵及受伤的贞德接到全军折返圣丹尼与国王会合的王令。我们有理由怀疑拉特雷穆瓦耶明显感到了威胁:如若

---

[1]　选自吉舍拉《贞德案》第九卷,佩瑟瓦尔·德·卡尼撰文,第 26 页。

攻下巴黎，贞德必受万人敬仰，到时他这一介宠臣恐怕只能门庭冷落。同时拉特雷穆瓦耶也担心阿朗松公爵得势。所以拉特雷穆瓦耶极有可能从中作梗。为战事所累的查理七世也必然同意拉特雷穆瓦耶这一提议。但历来认为查理七世下令炸毁了横跨塞纳河的助攻大桥。效忠拉特雷穆瓦耶的吉尔·德·莱斯8号还在奋战，9号便听令折返。

9月13日

查理七世离开圣丹尼，撤至卢瓦尔。这一举措殃及收复大业。查理七世完全不顾既已收复的城市，一座座城池岌岌可危。撤离巴黎的王令一下，贞德大势已去，接下来等着她的就是牢狱之灾与火刑。

9月

本月末左右，查理七世下诏书将一枚绘有"生长在蔚蓝原野上的金百合"纹章赏赐给吉尔元帅，借以表彰吉尔·德·莱斯"历经艰险"创下"丰功伟绩"，"勇夺吕德，佳绩连连，解放英军占领的围城奥尔良……帕提一战，一举攻克围城并且大败敌军，自组建抗英大军以来，无论为兰斯加冕仪式还是为收复塞纳河畔诸多城市均做出了卓越贡献……"诏书出自乔治·德·拉特雷穆瓦耶名下位于卢瓦尔河畔的叙利城堡，这充分表明了吉尔·德·莱斯与这位国王宠臣的合作关系。诏书只字不提贞德。有人表示吉尔与贞德之间存在友谊。但仅仅只是猜测，无凭无据，无非近来几个作者幼稚地想要为无耻卑劣的吉尔·德·莱斯增添一抹闪光点。还有人说与贞德战场拼杀的吉尔已经改邪归正，这种说法不太可信，最多只能说吉尔·德·莱斯非常看重与贞德一起解放奥尔良（1434—1435 年）的沙场岁月：他很愿意提及自己与奥尔良人民女英雄并肩作战的丰功伟绩。1429 年 9 月，查理七世政权应该也非常愿意将不满 25 岁的名门望族之后打造成全民英雄（虽然如今成了恶名昭彰的吉尔·德·莱斯），这并不意味着查理七世政权彻底地抛弃了贞德，只是做了冷处理。

**1429 年年末　吉尔女儿玛丽出生**

吉尔之女玛丽应该生于尚多塞。

**无详细时间记载　突然第一次变卖家产**

我们知道吉尔 25 岁（生于 1404 年）第一次变卖家产时便拱手送上了祖上产业——布莱松城堡，随后逐步清空了自己庞大的家产。1434 年起剧增的花销导致了快速的破产。

## 1430 年

*1430 年左右*

1430 年初（或者 1429 年末），吉尔·德·莱斯攻克萨尔特省萨布莱。当时安茹摄政王约兰德·达拉贡与拉特雷穆瓦耶正剑拔弩张：吉尔率兵攻占萨布莱一事又惹风波。吉尔从萨布莱出发打算攻克传记史作家、封建领主及名将让·德·比埃伊控制下的莱米塔日堡。让·德·比埃伊的传记史《茹旺塞勒》虽没有点名道姓，却详细地记录了这一战役。吉尔攻克莱米塔日堡未果。让·德·比埃伊及时发出警告，却也在发出警告之时不幸落入吉尔之手，被押解至萨布莱关押。吉尔将其"监禁于高塔之内，让他独自领略大好风光、做梦、放飞想象"。让·德·比埃伊卧薪尝胆酝酿着复仇大计，付了赎金重见天日的当下立刻依计突袭萨布莱。之后，吉尔再次夺回萨布莱：难以断定具体日期，但布尔多神父以为吉尔此举晚于 1433 年 7 月约兰德谋害拉特雷穆瓦耶一事，这倒可能。1433 年约兰德设计陷害拉特雷穆瓦耶一事不仅断送了拉特雷穆瓦耶的宠臣生涯，同时也了结了两人的恩怨。当时让·德·比埃伊是约兰德这边的人，自然也参与了这次谋害事件。

### 约兰德·达拉贡于昂瑟尼遇刺

早在 1433 年 7 月前，甚至有可能早于 1431 年 2 月，约兰德·达拉贡遭人持械暗算，背后主谋应该是吉尔·德·莱斯或者让·德·克拉翁（或者两人合谋）。当时这位西西里的王后正缓辔慢行于自己的安茹领地，进入卢瓦尔河畔城市昂瑟尼（南特上游不到四十公里处），尚多塞（上游，20 公里开外处）守卫军突袭并控制、监禁了部分王后随从，掳掠良驹、行李。当时的大封建领主专做杀伤抢掠之事。

### 12 月 26 日　吉尔·德·莱斯在卢维埃

吉尔·德·莱斯在卢维埃以普兰塞（莱斯地区要塞）将领罗兰·莫瓦森的名义欠下 260 埃居金币。这 260 埃居是用来为其手下另一名将领米歇尔·马舍费购买良驹。贞德被囚鲁昂大牢之际，吉尔出现在卢维埃自然令人想到为营救贞德而来。实在无凭又无据。首先，查理七世根本无意营救这位还他江山的女英雄，再次，与拉特雷穆瓦耶同一战线的吉尔·德·莱斯必然违逆约兰德·达拉贡，而约兰德·达拉贡才是国王身边唯一关心贞德生死之人，吉尔只可能与查理身边的弄臣一般无动于衷。

## 1431 年

### 2 月 22 日—24 日

吉尔・德・莱斯与让・德・克拉翁代替拉特雷穆瓦耶出面,暗中勾结布列塔尼公爵约翰五世,爷孙两人却私下撮合约兰德与约翰五世。会晤地点定于尚多塞城堡。1430 年起,约翰五世之弟、陆军统帅阿蒂尔・德・里什蒙由另一兄弟埃唐普伯爵理查德陪同,于尚多塞城堡会晤约兰德本人或其使臣,商讨布列塔尼与安茹结盟一事。[①] 无论如何,乔治・德・拉特雷穆瓦耶的确会晤了约翰五世,会谈自 2 月 22 日持续至 2 月 24 日,双方交换了永久友好协议书(一纸协议而已)。但这边,约翰五世之子弗朗索瓦与约兰德成婚一事已成定局(当年 8 月 20 日在南特举行婚礼):剑拔弩张的安茹与布列塔尼迎来了平静。我们无法确知吉尔及其外祖父在这轮棘手的谈判中扮演了何种角色。但喜欢兴风作浪的爷孙两人却乐在其中,这点倒与拉特雷穆瓦耶一致。

### 5 月 30 日

贞德在鲁昂死于火刑。

---

① E.科斯诺《阿蒂尔・德・里什蒙》,第 180 页。

12 月 16 日

英格兰幼主亨利六世在巴黎圣母院加冕为法兰西国王。即便贞德已死(英格兰最大威胁已去),巴黎圣母院内的加冕仪式也庄严肃穆,但明显处于劣势的英格兰借助拉特雷穆瓦耶之势(却也留下了后患)也只能勉强维持局面。

## 1432 年

8 月 10 日　拉尼之战

拉尼之战关系着法军能否成功夺下巴黎近处的马恩河低地。摄政王贝德福德不得不亲赴拉尼加强防守。吉尔·德·莱斯、奥尔良公爵私生子杜诺瓦、戈古以及桑特莱伊等人率兵攻打英军。摄政王贝德福德战败溃逃。拉尼之战以及图列尔之战也成为吉尔驰骋沙场的辉煌战绩。

11 月 15 日　外祖父逝世

让·德·克拉翁逝世。生前因见识了长外孙所作所为而惊恐不已的让·德·克拉翁不仅害怕吉尔挥霍无度,还预见到了吉尔往后的邪恶与残暴之路。咀嚼着自己造下的苦果,让·德·克拉翁希望为自己的小外孙热内留下自己的剑与盔甲!死亡将近,惶惶不安的让·德·克拉翁必定又回想起

自己杀伤抢掠、残暴又桀骜不驯的一生，于是要求
葬礼从简。

11 月 26 日

十三世纪末期吉尔的外曾祖母卡特琳·德·
马什库勒指定将部分收益用于卢鲁-博特罗的布道
场，这笔慈善款项却遭吉尔的外祖父挪用。11 月
26 日吉尔填补了这一款项。

1432 年左右

吉尔·德·莱斯的年轻侍从普瓦图摇身一变
成了"近身内侍"，但 1437 年之前普瓦图应该尚不
知主上秘密。

**1432—1433 年**

**弑童开始**

关于罪行起始时间，吉尔供述提供了以下信息
（第 300 页），"被问及何时何地实施犯罪……他回
答说'第一次犯罪始于拉苏斯领主——疑犯外祖父
去世当年，地点位于尚多塞堡'"。我们知道疑犯口
中的"拉苏斯领主"（疑犯外祖父让·德·克拉翁）
逝于 1432 年 11 月 15 日，当然不要忽略一点，中世
纪新年从春季算起。

供词里还说"他亲手或指使他人于尚多塞城堡杀害多名(应该说众多)幼童,并有违天理地对受害者施行……鸡奸,当时……仅吉尔·德·西雷一人知道内情"(第 305 页)。

1427 年年仅 10 岁便投靠吉尔·德·莱斯的普瓦图在俗世诉讼中声称,让·德·克拉翁在世时吉尔便已于尚多塞堡房内杀人。普瓦图声称此话为吉尔·德·莱斯亲口所说(第 415 页),然而这一说法并无说服力。普瓦图声称(更像在指控)1426 年吉尔已经作案。我们似乎更应该相信吉尔自己交代的犯罪起始时间:外祖父去世当年开始杀人。但他并没说"外祖父死后"。或许老人病入膏肓之际吉尔·德·莱斯就已经在自己房内悄悄动手,神不知鬼不觉。当然了,吉尔还可以到其他地方下手。就在老人与死神博弈的这段时间里,孤独感以及解放自我的成就感同时揪紧了吉尔·德·莱斯,让他如痴如醉。雄鹰一般的外祖父应该对吉尔·德·莱斯产生了相当大的影响,他走入孤儿的生活,参与并指导了他罔顾人命的残暴戎马生涯,也教他杀伤抢掠为生。吉尔·德·莱斯的确自 1424 年开始拒绝克拉翁插手管理自己的财物。但 1427 年身为安茹中将的让·德·克拉翁同样给了吉尔·德·莱斯一个与众多身经百战的将领平起平坐的机会，统帅勒芒大军并由此开始了自己的戎马生涯。同样因为克拉翁，吉尔·德·莱斯搭上了表亲乔治·德·拉特雷穆瓦耶。因为拉特雷穆瓦耶属于克拉翁家族。这位外祖父似乎成了吉尔·德·莱斯眼中最鲜活的表率，吉尔·德·莱斯自然乐意与其共赴恣意乐海，肆无忌惮、顺心如意也锋芒毕露！不过，充斥着各种性犯罪念头的外孙似乎惹怒了这位老人。另外，吉尔无以遏制的疯狂挥霍同样令老人操碎了心。外祖父一死，外孙接手了仍在不断扩充的家财：此后世间再无人能够抑制他躁动的疯狂。原因非常简单，一手遮天的外祖父形象始终是吉尔·德·莱斯效仿的目标，而冲破一切限制的犯罪恰好为他提供了平台。只有在榜样（外祖父让·德·克拉翁）死后，吉尔·德·莱斯才迎来了自己的机会，和这个抚养自己成人并始终高于自己的引路人一较高下。若论罪孽深重，他的确远超其外祖父。摆脱了束缚并非好事，反而让人沉迷，遂尔解放了所有不可告人的作乱欲望。

　　就犯罪起始时间而言，吉尔的供述与起诉书有出入，起诉书表示"有 14 年之久"。早于被告供述的起诉书将第一次犯罪行为追溯至 1426 年,但这一推断仅为缺乏证据的推测。并且,认同起诉书推断的犯罪起始时间并不会加重被告罪行,在这一问题上被告并无撒谎的必要,况且被告的供述与第一批失踪幼童的证人证言一致。

第一批失踪幼童的证人证言并未涉及安茹公爵领地内的尚多塞堡:南特法官限于司法权限仅调查了布列塔尼公爵领地。

5 位证人证言证实第一次犯罪地点为马什库勒,但案发应在 1432—1433 年间,也就是说与被告说法一致,"拉苏斯领主去世当年":

1. 1432 年左右,让·热东之子,年约 12 岁,在马什库勒皮革工吉约姆·伊莱雷家中学手艺。吉约姆·伊莱雷与妻子让娜两人作证,声称当时吉尔·德·西雷骗孩子到城堡送信。当天晚些时候,吉约姆·伊莱雷向吉尔·德·西雷及罗歇·德·布里克维尔打听学徒的去向,两人答说不清楚,说那孩子或许去了提弗日,西雷回说"被强盗掳到某地当侍从去了"。

证人让·热东证实了伊莱雷所说。马什库勒其他人等，鞋匠安德烈·巴布、让诺·鲁森、艾默里·埃德兰的遗孀让娜、马塞·索兰及其妻子也证实了这番言论，以上证人的孩子几乎于同一时期失踪。伊莱雷说让·热东的孩子是在七八年前失踪的。让·热东于 1440 年 9 月 28 日（或 29、30 日其中一天）作证。那么按照伊莱雷的回忆，孩子应该于 1432 或者 1433 年失踪。之后我们会看到，让·热东孩子失踪不久后仍不断有孩子失踪，综合起来最大的可能性就在 1432—1433 年间（第 381—387 页）。

2. 马什库勒邻村的让诺·鲁森年仅 9 岁的孩子在看牲口时失踪。证人清楚地记得，当时大家都在为失踪不见的让·热东之子悲痛不已，第二天让诺·鲁森的孩子竟也失踪不见。接连两起失踪案很难不让人产生怀疑，细想起来实在令人毛骨悚然。无论失踪的让·热东之子还是让诺·鲁森之子都与吉尔·德·西雷有关。让诺·鲁森之子认识莱斯老爷的这个帮凶，有人见过身披长袍、头戴面纱的吉尔·德·西雷与让诺·鲁森之子攀谈。

说到孩子失踪日期，让诺·鲁森声称"大概在 9

年前"。那么这起失踪案加上最先已知的四起失踪案,如果按案发顺序看就应该发生于1431年。但是事过境迁的推断肯定都有一定问题。此外,鲁森之子失踪时9岁,证人很有可能误将孩子年纪当作失踪年份。况且其余证人证言在这一问题上比较统一,都清楚地表示孩子失踪发生在七八年前(第383—387页)。

3. 让·博诺的前妻、艾默里·埃德兰的遗孀让娜的孩子也失踪不见。她与孩子一起住在马什库勒城堡对面。年仅8岁的孩子还在上小学,"极其俊俏、白净又机灵"。

8年前,让·热东之子与让诺·鲁森之子失踪后,马塞·索兰之子失踪前15天,让娜的孩子也失踪不见。马塞·索兰及其妻子都证实从此以后再也没见过这家的孩子(第385、387页)。

4. 马塞·索兰并没有证实自家孩子的失踪案,但与妻子一同证实了艾默里·埃德兰之子、让诺·鲁森之子和让·热东(当时证人似乎出现了口误,将让·热东说成吉约姆·热东)之子以及亚历山大·沙特利耶之子失踪之事。但是还有一种可能:

我们掌握的档案并不完整，有所疏漏。因为艾默里·埃德兰的遗孀让娜确切地记得，自家孩子失踪后 15 天，马塞·索兰家的孩子也失踪不见，这是最可信也最确定的一个说法。不过我们也注意到一个奇怪的地方：马塞·索兰及其妻子否定了埃德兰遗孀让娜的表述。无论如何，档案肯定有所遗漏，否则不会出现如此怪异的表述（第 381、383、386—387 页）。

5. 安德烈·巴布、吉约姆·伊莱雷及其妻子、马塞·索兰及其妻子都证实了亚历山大·沙特利耶（第 381、384 页）之子失踪一事。据说此案发生在埃德兰遗孀之子"失踪当天"，也就是马塞·索兰之子失踪前 15 天。

五段证言证明连环失踪案案发八年后七名证人仍旧心有余悸，所以事过八年仍然能够清清楚楚地记得当时的经过。另外，按鞋匠安德烈·巴布所说，事隔多年马什库勒人才敢勉强提及莱斯老爷僧团及其余同谋，生怕控诉之声落入有心人耳中为自己带来牢狱之灾及祸患。当时整个地区议论纷纷。为此吉尔·德·西雷甚至出面回应，谎称为了救自己沦为英军俘虏的兄弟米歇尔已将孩子交给了英国人,还说孩子会成为英国人的年轻侍从(第 386—387 页)。但很快谎言不攻自破,于是人心惶惶,表面上却也只能沉默。直到诉讼启动人们才敢畅所欲言。8 年后开庭之时,所有证言一致指向吉尔·德·西雷,也符合莱斯老爷供词中对此人的描述。吉尔·德·莱斯表亲吉尔·德·西雷与让·德·克拉翁第二任妻子安娜·德·西雷出自同一家族。吉尔·德·西雷最晚于 1432 年便投靠马什库勒恶魔吉尔·德·莱斯,1440 年诉讼时吉尔·德·西雷成功逃逸。服侍吉尔·德·莱斯期间,吉尔·德·西雷为其供应幼童,并且经常当着吉尔·德·莱斯的面杀害幼童。吉尔·德·莱斯此人,能够轻易伙同他人(之后还加入了一众仆从)一起犯罪。吉尔·德·西雷第一个上了贼船。莱斯老爷一供述便招认了另一帮凶罗歇·德·布里克维尔(晚于吉尔·德·西雷加入恶魔团伙),证人吉约姆·伊莱雷为第一起失踪案作证时提及此人。

## 1433 年

7 月 10 日左右   拉特雷穆瓦耶失势,断送了吉尔·德·莱斯的政治生涯

王后约兰德·达拉贡之子、查理七世妻侄、安茹的查理下令,命让·德·比埃伊(约兰德手下将

领）、皮埃尔·德·布雷泽以及普里让·德·科艾蒂威（显赫的封建领主，1440年迎娶吉尔·德·莱斯之女）夜袭希农城堡，拿下乔治·德·拉特雷穆瓦耶。即便宠幸拉特雷穆瓦耶的查理七世当晚就在城堡内，三人仍然堂而皇之地劫持了拉特雷穆瓦耶。面对"死亡的威胁"，拉特雷穆瓦耶交付了赎金，并保证从此再不涉足朝廷。约兰德与陆军统帅里什蒙一时权倾朝野。查理七世从生理上厌恶拉特雷穆瓦耶的死敌——陆军统帅里什蒙，却对时年20岁的安茹的查理怀有深厚的感情。自此约兰德·达拉贡把持朝政。查理七世任由岳母作为，安茹的查理就此走到了台前。如此一来，精力旺盛的阿蒂尔·德·里什蒙——拉特雷穆瓦耶之劲敌，就要大展拳脚扛起抗英的大旗。

里什蒙凭借一己之力打破了拉特雷穆瓦耶为一己私利把持朝政阴谋算计的局面，之后也将继续开拓贞德赢得的胜利之路。无论如何，拉特雷穆瓦耶的失势最终断送了吉尔·德·莱斯的政治生涯。

## 1434 年

### 3 月　西雷纪尧姆事件

拉特雷穆瓦耶失势后，莱斯元帅因为西雷纪尧姆事件再一次亮相皇家军。当时英法双方对垒,按兵不动。此番出征由陆军元帅里什蒙坐镇,召集了"莱斯元帅、里厄元帅、罗斯特南老爷及布列塔尼、普瓦图一干骑士及见习骑士"。约兰德派出了自己的儿子查理以及国王身边愿意追随查理之人。比埃伊、布雷泽、科艾蒂威、肖蒙等诸位老爷以及图阿尔子爵均响应了号召。① 阿朗松公爵、洛埃亚克老爷等人也参与其中。在这一事件中,吉尔·德·莱斯是个特别的存在,因为在场的其余将领都是拉特雷穆瓦耶的敌对者。当日英法两军摆兵布阵纯粹为炫耀武力。对峙双方不敢轻举妄动。最后,英军撤到邻村振军强兵。英方妥协,撤退到出发地萨布莱。稍后英军却突袭了非要塞的西雷城。三日之后,西雷城投降。之后,里什蒙班师回朝。

西雷事件关系到吉尔·德·莱斯的个人利益:一方面,西雷城属于他继祖母(外祖父遗孀)的领地;另一方面,继祖母安娜又是他荒淫团伙中至忠至诚的吉尔·德·西雷的表亲。

---

① E. 科斯诺《阿蒂尔·德·里什蒙》,第 208 页。

吉尔·德·莱斯也想借此机会一展风采。① 吉尔·德·莱斯率兵途经曼恩河时,安茹人无不交口称赞。吉尔·德·莱斯在外祖父逝世后便大肆打造的豪奢战队的确令人叹为观止。大权旁落、罪孽深重为良知所折磨又在劫难逃的吉尔·德·莱斯在惨淡的现实面前尤其渴望表面的风光。日益挥金如土、纸醉金迷的背后是一地悲凉。

春天……出征勃艮第

失势后的拉特雷穆瓦耶仍有众多拥护者。虽然地位大不如前,但他对吉尔·德·莱斯之影响不容小觑。位于勃艮第的格朗西属于与拉特雷穆瓦耶私交甚好的波旁公爵的领地,却遭勃艮第公爵人马围攻。而拉特雷穆瓦耶当时有两军人马就在格朗西或格朗西周边。于是他想到让吉尔·德·莱斯元帅解格朗西之困。吉尔缺钱。拉特雷穆瓦耶便借他 1 万里亚尔,并保证事成之后查理七世有赏。吉尔在布列塔尼布足兵力遂尔前往图尔,于图尔领受国王之令——解放格朗西。查理七世不愿过去的宠臣拉特雷穆瓦耶继续过问国事,但在解

---

① A. 布尔多神父《尚多塞——吉尔·德·莱斯与布列塔尼诸公》,第 76 页。

放格朗西这等小事上他愿意给予支持。然而至少吉尔自己已然感觉到毫无意义:此事毫无盼头。于是做足了表面功夫之后,吉尔将军队交与年仅20岁的胞弟——拉苏斯的热内,自己则从图尔出发前往普瓦捷(正如我们之前所说,他并没有前往奥尔良)。

8 月 15 日
吉尔自封普瓦捷圣希莱尔天主堂议事司铎
8 月 15 日,格朗西落入菲利普·勒庞之手。

当日,受查理七世之命解放格朗西的吉尔·德·莱斯自封普瓦捷圣希莱尔天主堂议事司铎。弃格朗西于危难转而投身圣希莱尔盛典之举,标志着奇人法兰西元帅最终的人生走向。腥风血雨的沙场或许光彩,驰骋沙场的吉尔也确实威武,但豪奢与风光顷刻间占据了他日后的生活重心。西雷纪尧姆一役,他之所以受万人敬仰,凭的就是装备之豪奢。坐上法兰西元帅之位的那一刻他便在倾力打造自己的华丽军团。他富有,自 1432 年外祖父逝世后他更是坐拥金山银山,却也因而忘记了自己的身份。君王才是他所统领的护卫队的真正主人。于是这个十恶不赦的鸡奸犯转而沉迷于空前绝后的奢华宗教圣典。他沉浸在觥筹交错与圣歌绕梁的迷人氛围中无法自拔。从此不问战事只求圣事精彩绝伦。今时今日的表演形式也仍在汲取圣事的迷人特质。让·德·布尔迪涅在记述历史事件时便笔锋一转，描述起了查理七世居留昂热时昂热大天主堂内每日的圣事盛况，这位编年史作家写道，"仪式氛围之庄严、肃穆以及仪式规格之宏大，整个法国任何天主堂的圣歌、赞美诗等等一切，乃至最盛大的圣事都无法与之相比……"①吉尔·德·莱斯在常住地普瓦捷所经历的圣事自然可媲美昂热大天主堂的盛况，他沿袭了整套的圣事并沉迷其中，之后更是在里昂议事司铎面前大出风头。

无论如何，普瓦捷之旅成为吉尔·德·莱斯生活中浓墨重彩的一笔。从此以后他大部分精力都耗在了僧团的组建与管理上。从这一时期开始，但凡他出行，必有僧团策马殿后。自封议事司铎（非教会人士中历来仅阿基坦诸公受封过议事司铎一职）当日更是无限风光。此外，居留普瓦捷期间因着迷于两位风流少年的歌喉（一个是来自瓦纳的安德烈·比谢，此人至少将两名幼童送与吉尔·德·

---

① 让·德·布尔迪涅《安茹年鉴》，第 137 页反面。

莱斯;另一个是来自拉罗什的让·罗西尼奥尔),吉尔·德·莱斯更与两人共赴恶之泥沼。披上议事司铎装束的吉尔,当日就在圣希莱尔天主堂为两人专设了职位。

9月27日  奥尔良

元帅、议事司铎加身的吉尔·德·莱斯从普瓦捷转战奥尔良,他继续挥霍无度的作风,引得全城侧目。他最迟于9月27日抵达奥尔良,而且据我们所知,当天几位仆人还为他做了担保。接下来,入不敷出便成了吉尔·德·莱斯的常态。

奥尔良档案(已公证)中载有吉尔·德·莱斯漫天开销的详细记录,却不幸毁于1940年,但我们可以通过博萨尔神父的著述了解其中的部分信息。①

吉尔·德·莱斯此次居留奥尔良期间(或者说每次居留奥尔良期间)始终有僧团、军团相伴。吉尔独占了一家名为"金十字"的旅馆(私宅改造而

—————————

① E.博萨尔神父《法兰西元帅吉尔·德·莱斯》,第70—77页。

来)。按 1440 年起诉书所说,吉尔一行人等曾企图
在此召唤魔鬼(第 276 页)。吉尔胞弟拉苏斯的热
内入住"小鲑鱼"旅馆。僧团显贵入住吉约姆·安
特开设的"圣乔治盾"旅馆,"唱经班"入住让·福尼
耶开设的"剑牌"旅馆,军团以及吉尔·德·莱斯赐
名的"莱斯-传令官"入住阿涅斯·格罗斯维兰开设
的"代德努瓦"旅馆,外号路易诺的卫兵队长路易·
郎之万等人入住居约·德尼的"大鲑鱼"旅馆,其中
包括恶人吉尔·德·西雷、马蒂涅大人、福尔克·
布拉瑟姆大人、让·德·兰以及博莱等骑士同住
"圣玛丽-玛德莱娜"旅馆,让·德·蒙特克莱尔住
科兰·勒·戈德利耶、军械师埃克托尔·布鲁瓦塞
入住马塞·迪布瓦的"杯"旅馆,吉尔及其胞弟热内
的坐骑由泰弗农·于埃遗孀玛格丽特的"罗什布
莱"旅馆照管,其余人员的坐骑由外号星期四的
让·库蒂里耶开设的"抛光"旅馆照管,副本堂神
父、奥利奈、帕蒂·让、勒·布隆神父及剃须匠也入
住此地,让·德·维埃耶老爷、修会会长布瓦苏利
耶以及一个名叫乔治的小号手入住让奈特·拉皮
奥娜家,装饰画师托马斯入住玛格丽特的"爱神"旅
馆,其余人员分散在查理·德·阿洛的"白马"旅
馆、塞比耶·拉特拉西龙的"蛮人"旅馆以及福尔

克·戴斯特拉庞的"奥尔良盾"旅馆。[1]

**10 月**

牺牲了格朗西自己却逍遥快活的吉尔惹怒了拉特雷穆瓦耶，于是拉特雷穆瓦耶再次游说吉尔前往奥尔良，打算在波旁公爵的帮助下与吉尔一同离开。风光不再的拉特雷穆瓦耶应该还能震慑住这位法兰西元帅，于是两人一起抵达伊苏丹，然后从伊苏丹出发前往波旁内，因为查理七世的亲信与勃艮第人之争仍在波旁内持续。

博萨尔神父[2]引用奥尔良当地文献介绍了吉尔10月途经蒙吕松的经过。12月前他一直住在蒙吕松的"法国盾"，签了一笔总计810里亚尔金币的账单，离开时支付了495里亚尔金币，然后与军团继续旅程，仍有大批随从殿后。这时期吉尔·德·莱斯始终处于入不敷出的状态。当时与他同行的还有乔治·德·拉特雷穆瓦耶。

---

① E. 博萨尔神父《法兰西元帅吉尔·德·莱斯》，第70页。
② E. 博萨尔神父《法兰西元帅吉尔·德·莱斯》，第77—78页。

12 月 28 日　罗歇·德·布里克维尔获授权

12 月 28 日吉尔回到奥尔良,但不知确切居留时日。(1434 年)12 月 28 日,他签署了一份代理书。10 月他本人尚在蒙吕松,与拉特雷莫穆瓦耶在此小住。所以启程前往奥尔良应该是在 11 月,然后在此居留至 1 月。

12 月 28 日签署授权书一事相当蹊跷。吉尔·德·莱斯收留了一位诺曼底表亲,此人出自查理七世亲信之家,因英军之故家破人亡。1432—1433 年间马什库勒幼童失踪案的证言涉及这位名叫罗歇·德·布里克维尔的表亲。此人 1432 年投靠莱斯老爷,此后与西雷一同从旁指点吉尔,三人一道在恶之泥沼中翻滚。法兰西元帅供述表示吉尔·德·西雷加入秘密恶魔团后不久便迎来了罗歇·德·布里克维尔。1434 年 12 月 28 日,罗歇·德·布里克维尔让吉尔签署了一份极其不合理的授权书。从此以后布里克维尔能够堂而皇之地架着吉尔的名义为所欲为,只要他乐意他甚至可以出售吉尔位于布列塔尼的城堡与土地,更有甚者他还掌控着谈判权以及随时迎娶吉尔之女的权利! 当时吉尔之女玛丽尚不满 4 岁。布尔多神父以为或许是吉尔酒后不省人事时所为,也可能是杀人纵欲后兴奋得过了度，否则难以解释这一丑闻。再不然只能归咎于玛丽生不逢时（1429 年），出生前自己的母亲与父亲似乎早已断了联系……

### 1435 年

2 月初　讨伐卢森堡的约翰

这是吉尔最后一次为拉特雷穆瓦耶效劳，至少做足了表面功夫。两人同行抵达弗雷，此时查理七世与勃艮第公爵菲利普签署了和平协议。

查理七世久盼的和平终于平息了无畏的约翰蒙特罗桥遇刺后激烈的法国内战。一度罔顾人民疾苦一心只想报仇雪恨的菲利普公爵终于痛下决心宽恕了十七年前参与谋杀的查理七世。1435 年2 月 5 日至 6 日，双方于纳纬尔签署了和平协议。

上文已有交代，拉特雷穆瓦耶与吉尔当时就在福雷，决定一起赴朗格勒转战仍有硝烟的拉昂：勃艮第公爵菲利普的盟友——卢森堡公爵约翰拒绝承认和平协议，继续逼近拉昂。拉特雷穆瓦耶当然希望借机攻打卢森堡的约翰、救拉昂于水火，以便重拾查理七世的欢心。

倘若吉尔与拉特雷穆瓦耶率兵或许能够有所作为，但两人缺钱。或许是为了借机摆脱拉特雷穆瓦耶，吉尔答应到里昂向庄家借贷以作军饷，然后带着物资回到了朗格勒，却在前往拉昂的途中遭遇众将罢战的危机——钱不够分。一味挥霍的吉尔确实不会管账。"许多明眼人看来"拉特雷穆瓦耶错信了大肆挥霍的表亲吉尔，面对指责拉特雷穆瓦耶只是一笑而过，说"引他向恶是好事……"。

"查理七世旧臣此话虽玩世不恭，却足以反映当时众人如何器重莱斯元帅。"[①]这位莱斯元帅在朗格勒故伎重演，以筹措资金为由抛下手中未尽之事前往奥尔良，由胞弟热内带兵到拉昂。吉尔甚至在朗格勒签署了一份声明，表示如果吉尔本人及其胞弟死时无后，尚多塞城堡则归乔治·德·拉特雷穆瓦耶所有。[②] 但正如博萨尔神父所说，吉尔无意与乔治·德·拉特雷穆瓦耶牵扯更多瓜葛，声明所言纯属客套。此时的吉尔已经毅然决然要与拉特雷穆瓦耶分道扬镳。

---

① A. 布尔多神父《尚多塞——吉尔·德·莱斯与布列塔尼诸公》，第 78 页。

② A.布尔多神父《尚多塞——吉尔·德·莱斯及布列塔尼诸公》，第 79 页。

2月26日　二居奥尔良

吉尔在奥尔良出售或抵押了自己名下圣奥诺雷的产业①，表面上假装受拉特雷穆瓦耶所托，其实只是吉尔为自己挥金如土的糜烂生活揭幕，与他人无尤。

3月26日　创建马什库勒圣婴堂

吉尔·德·莱斯虽生活糜烂，却满怀虔诚的信仰。说到这就必然要说一说马什库勒圣婴堂。当时吉尔命两名奥尔良公证员让·卡索与让·德·雷科南起草文件核准天主堂的修建工作。马什库勒圣婴堂以圣事之盛大及人员之富裕媲美大天主堂，甚至比肩主教座堂。1440年之前这份文件原稿存于奥尔良。我想有必要在此展示一下博萨尔神父引用的部分。

因为这部分内容凸显了弑童犯一生最离奇也最令人费解的一面：既是尊贵的封建领主吉尔大人、莱斯老爷、布里耶纳伯爵，又是尚多塞以及普左日的领主、法兰西元帅，吉尔·德·莱斯竟然曾经

---

① E. 博萨尔神父《法兰西元帅吉尔·德·莱斯》，第78页。

为了向善、救赎自己的灵魂，为了主耶稣记住自己以及已逝父母、亲朋及亡故恩人，为了纪念圣婴，在位于布列塔尼公爵领地的马什库勒创建了天主堂；并在创建天主堂之时授封了一位副本堂神父、一位长老、一位主教代理、一位宝库管理员、几位议事司铎、教士会及圣职团，不仅如此还一并支付了年金、薪酬并提供了生活所需，以便在此地举行更多的圣事。这位老爷有心也决心维续这座天主堂，从始至终以实际行动回应自己的心愿：即便自己过世，自己以往支付的薪酬以及分配的资产仍然能够支持副本堂神父、长老、主教代理、宝库管理员、议事司铎、教士会以及圣职团维持现状、安稳度日而不受外界压迫。吉尔·德·莱斯将自己位于安茹公爵领地内的尚多塞城堡及领地转让给西西里国王及安茹公爵，其中并不包括圣婴天主堂所在地的收据及通行税；他还让与布列塔尼公爵半数的莱斯领地、男爵领地及土地，以防自己的妻子卡特琳·德·图阿尔女士、女儿玛丽·德·莱斯小姐或者其他亲友、继承人以及任何相关人等，以玛丽小姐的名义或者以其他任何名义任何形式出于任何原因破坏或损害其心血——圣婴堂。而出让领地等行为便可以保证西西里国王、安茹公爵、布列塔尼公爵继续支持并捍卫其心血……"①

但吉尔与他人定下的诸多条款实际上全无意义。他曾立下字据承诺转让尚多塞与拉特雷穆瓦耶（条件是吉尔逝世之时无继承人），但也曾提出在满足一定条件下将尚多塞赠与其弟热内。这就意味着吉尔无法兑现自己对两人的承诺。虽然承诺都是空头支票，却也透露出吉尔对这座铺垫了自己死亡的圣婴堂之眷恋。

之前提到马什库勒当地居民以及受害人的父母生怕自己的控诉传到"莱斯老爷僧团中人"耳中！圣婴堂竟是人犯窝！一个让·罗西尼奥尔，一个安德烈·比谢，天主堂中为圣婴献上圣歌的两人竟是弑童犯！

除 1435 年 3 月 26 日的记录外，当时也有一部文献详细描述了血腥圣殿。莱斯老爷逝世之后其继承人于陈情书中大书特书吉尔之挥霍无度，其中说道：

---

① E. 博萨尔神父《法兰西元帅吉尔·德·莱斯》，第 61、62 页。

吉尔于家宅内设僧团,包括幼童、管事神父、年轻教士在内共计 25 人或 30 人。吉尔与僧团往来甚密,甚至相伴出行,并为僧团中人配备了仆从、座驾,并以三倍的高价买入大量装饰用的金线布、丝绸、蜡烛、香炉、十字架托盘甚至多对管风琴,极尽奢华之势,出行时命六人一路抬着一对管风琴。僧团内设长老、唱经班、主教代理、副本堂神父、导师……与主教座堂一致,以上人员中一人为主教。部分人员薪酬为 4 埃居,其余人员为 300 埃居,所有开销由吉尔负责。至于人员装束,包括上等毛皮做的大红拖尾长袍以及内衬为精细毛皮的银光帽。至于宗教仪式,除了招摇就是虚华,既无祈祷又无章法可言。如果吉尔突然来了兴致要临幸唱经班的幼童及少年,除平日薪酬外还将赠与其本人(甚至其亲属)财产,吉尔就曾赏赐过来自拉罗什的罗西尼奥尔,还将马什库勒附近年息 200 里亚尔的拉里维耶尔的土地赠与了来自普瓦捷的唱经班少年,并赏赐其父母 200 埃居。①

---

① 《吉尔·德·莱斯继承人陈情表——挥霍的一生》,选自 H. 莫里斯修士《回忆录》,第二卷,第 1357—1358 页。

纸醉金迷的生活拖垮了吉尔。入不敷出成了吉尔的常态。旅居奥尔良期间吉尔·德·莱斯已典当了一些上等家具与房产换现周转。前文提过，吉尔于2月26日出售（或者典当）了一个银圣骨盒。

1435年4月16日，吉尔典当了"一件斗篷，一袭饰有绿色纹案及金色鹰隼并配有垂布及'巴黎'字样刺绣的大红华盖，一件祭披以及一件执事披风……"

4月30日 他典当了"两顶教士风帽（一顶绣有三位一体纹饰，另一顶绣有圣母像），一袭金线叠合绣的紫红天鹅绒、金呢绒混纺长袍，一件黑丝绒缎纹执事披风，一袭15.6米长的金线熏香华盖……"

5月8日 吉尔·德·莱斯 圣女贞德纪念日漫天开销引众议

1435年吉尔参加贞德纪念活动的具体事宜，档案中并无详细记载，但我们有理由相信吉尔一反常态地相当重视当年的纪念活动，这就解释了几月之内为何凭空蒸发了大批黄金。

首先，借由上文提到的后人陈情表（第144—145页）可以知道，吉尔的大量开销用于戏剧。这位法兰西元帅大肆挥霍请各种"戏班"上演"神秘剧"、"戏作"、"滑稽剧"、"摩尔剧"、"人物剧"、"道德剧"，并且要求演出必定盛大、壮观，"每一次演出按题材不同，均会命人做全新的戏服装束"。假若用一句话形容当时所谓的好戏及演出，那便是"纷繁华丽"。演出开销以及诸多方面都可以看出吉尔的挥霍无度。他无法抑制自己强大的表现欲，所以每每出资请"戏班"都会命人搭台布景，于台下备好美酒佳酿、丰盛菜肴款待来宾。

另外据我们所知，自1429年以来，每年的奥尔良解放日都有盛大游行。至于1435年的奥尔良解放日，市政账目上留下这么一笔：

"赏吉约姆·勒·沙朗与米什莱·菲耶尔，用于支付1435年5月8日游行队伍行至桥街时演出所用木板台制作费及其他费用。"

当日游行时演出的应该就是《奥尔良围城秘事》。这部包含了两万多行韵文需要近五百号演员的庞大戏文如今早已为人遗忘，当时根据珍藏于梵蒂冈图书馆的15世纪法文手稿（1562年邻近奥尔良的卢瓦尔河畔圣伯鲁瓦修道院遭洗劫一空，手稿也受牵连)得以出版。奥尔良解围战后不久,一位匿名奥尔良人创作了这一戏文,戏文中遍布各种演出标注,但仅于奥尔良上演,观众也仅限于奥尔良人。1439 年的一份账目显示 1439 年 5 月 8 日上演了类似剧目。1439 年账目:

"赏让·希莱尔,用于支付表演所用军旗及旌麾的费用(第七回,5 月 8 日,莱斯老爷大战英军夺取图列尔)……"

如果能确定这份记录所描述的演出地为奥尔良,那么 1435 年桥街上演的戏目应该也属于《奥尔良围城秘事》①。无论 1435 年桥街上演的剧目、1439 年上演的图列尔战役都与奥尔良解围战相关(因图列尔的桥头堡地理位置,图列尔战役为奥尔良解围战中决定性的一役),所以戏文应该都出自《奥尔良围城秘事》。但多次上演这一戏文并不意味着已完整演出了整部《奥尔良围城秘事》,但至少演绎了其中一段。

---

① 《奥尔良围城秘事》,根据梵蒂冈珍藏的手稿出版……此部庞大的戏文创作于奥尔良解围战后不久,描绘了其中大大小小的战役。

《奥尔良围城秘事》中吉尔·德·莱斯戏份很重。如果要凸显让他一战成名的图列尔战役，就必须使用其军旗及旌麾。所以1439年市政购买清单上就出现了这两笔款项。不知卖方何人，只知让·希莱尔的确买回了"莱斯老爷当初所用的军旗及旌麾"。

这一记录在一定程度上证实了吉尔·德·莱斯亲自参与了1435年奥尔良纪念贞德的演出，只不过"如何参与"、"参与的程度"就不得而知了。《继承人陈情表》有说，吉尔居留奥尔良期间（原本打算居留两月左右，之后久居不去——1434年9月直至1435年8月），花费总计8万埃居甚至10万埃居金币（折换成1959年的货币，应该价值几个亿，甚至十亿）。

另外总体说来，居留奥尔良之后吉尔的资产便见了底。对盛大演出的迷恋铺垫了他的绝路。所以若说吉尔支付了大笔节庆开销也合理。此后再无桥街战役的演出，所以1435年的绝演尤为特殊。

7月2日　查理七世下达禁令　吉尔变卖家产

当年，入不敷出的常态导致吉尔不得不变卖大量家产，此举惊动了整个家族。吉尔之弟热内及其表兄安德烈·德·拉瓦尔-洛埃亚克上请查理七世下达禁令，1435 年 7 月 2 日，本就认为法兰西元帅无药可救的查理七世于昂布瓦斯下达了禁令。吉尔被剥夺了变卖家产的权利，从此以后任何人与之交易均属无效。禁止吉尔·德·莱斯治产的禁令下达至吉尔常居地：奥尔良、图瓦、昂热、尚多塞、普左日、提弗日……

早在禁令下达之前——至少居留奥尔良期间，重要的家财早已悉数变卖，所以到了禁令下达时根本"无法统计这位潦倒老爷已经变卖的家财"。但可以肯定普瓦图地区再无其资产，仅存的资产属于吉尔·德·莱斯的妻子，他无权占有。曼恩与安茹的家产也遭他变卖一空，仅安格朗德与尚多塞仍有残余。仅布列塔尼一地的资产维持原状。[1]

7 月 7 日

清空了所有家当的吉尔走投无路于 7 月 7 日在奥尔良典当了金烛台，这批金烛台应该出自马什库

---

[1]  A. 布尔多神父《尚多塞 ——吉尔·德·莱斯及布列塔尼诸公》，第 86—87 页。

勒小天主堂。

8月25日

吉尔于"白马"旅馆老板处典当了一批贵重物件,包括一份瓦莱尔·马克西姆的手稿,圣奥古斯丁《天主之城》的拉丁文版及法文版,两袭长袍(其中一袭为锦缎)以及一袭黑缎祭披。折现为260里亚尔金币。

同日于让·布瓦洛处典当了第四份手稿——古罗马诗人奥维德的《变形记》,内页为羊皮纸,"红皮封面,配烫金银锁及皮钥匙"。这份手稿于两年后赎回。

居留奥尔良期间吉尔·德·莱斯甚至典当了诸多良驹乃至坐骑"黑卡斯"以及马车、马具。

8—9月

吉尔离开奥尔良后应该回到了莱斯地区的领地隐居。肆意挥霍的恶习再加上禁令让他信誉尽毁,不说穷途末路至少也是江河日下。身边一众寄生虫仍在吸食其鲜血苟活。

吉尔·德·莱斯之军谕　吉约姆·德·拉朱梅里哀最终弃吉尔·德·莱斯而去

据我们所知,旅居奥尔良期间仍在莱斯元帅麾下的老臣吉约姆·德·拉朱梅里哀(当时下榻"圣玛丽-玛德莱娜"旅馆,档案中"马蒂涅阁下"即拉朱梅里哀)最终也弃他而去。拉朱梅里哀这一走,说明误入歧途的吉尔再难收获他人的信赖。[1]

另外,吉尔·德·莱斯变卖家产及挥霍无度这是众所周知的事,这等丑闻吉约姆·德·拉朱梅里哀自然清楚,但他很可能还听说了吉尔杀人的残暴恶行。冰冻三尺非一日之寒,丑闻闹到街知巷闻的地步自然是一传十十传百逐渐累积的结果。贫苦百姓提及此事无不战战兢兢,所以不敢声张。而其他的领主之所以不作声有另外的考虑:与教会一样睁一只眼闭一只眼,掩盖过去,就算心里反对,嘴上仍旧不提。

年末

严格意义上来说,1435 年年末(吉尔从奥尔良

---

[1]　A.布尔多神父《尚多塞——吉尔·德·莱斯及布列塔尼诸公》,第 91、92、93 页。

归来)应该是第一批证言(下文有示)涉及的涉案时间。但应该说第一批证言意义不大。诉讼时公证员虽然采纳了这一批证言,却反倒削弱了指控的论点。虽然这些证言没有太大价值,却能互相补充组成较为完整的证言凭借细节之具体以及数量之庞大支撑指控的论点。

　　1440 年诉讼时,马什库勒居民吉约姆·伊莱雷,证实了起诉书中提到的第一起失踪案(第 384 页),称"之前见过一个不知名的莱斯地区的女人在马什库勒莱斯地区到处找寻自己失踪的孩子"。证人此后又说"大约发生在 5 年前",也就是说大致发生在 1435 年。但因为他根本不认识对方,证言也就失去了效力,而且时间节点也可能有问题(第 384 页)。无论如何,"一位母亲在苦苦寻找自己失踪的孩子"这样的记忆虽模糊,倒也贴合莱斯地区的整个氛围——森森营垒之主回来后蔓延各处的恐怖氛围。

## 1436 年

5 月　谋害米歇尔·德·丰特奈尔

　　1415 年 9 月 28 日吉尔·德·莱斯父亲临死之际在遗嘱上写明将吉尔托付给两位家庭教师。其中一位是来自昂热的神父米歇尔·德·丰特奈尔。身于尚多塞的米歇尔·德·丰特奈尔因与当地大学来往甚密，早已知晓查理七世下达禁令之事，与吉尔·德·莱斯发生了剧烈的争执。吉尔·德·莱斯在途经昂热时将其逮捕，这相当于公然的暴力越权之举。米歇尔·德·丰特奈尔不仅是教会人士还是显贵，因此莱斯老爷越权之举尤显猖狂。吉尔将其打入尚多塞大牢，后转移至马什库勒，如果没有他人介入，米歇尔·德·丰特奈尔的最终下场请参照1423年左右不幸去世的吉尔·梅斯金（第104—105页）。幸亏主教、官员及大学共同抗议，吉尔只能退一步释放了这位幼时的恩师。①

8月24、25日

家族方面（吉尔之弟、拉苏斯的热内及吉尔表兄安德烈·德·拉瓦尔-洛埃亚克为首）显然下了决心要阻止吉尔与布列塔尼约翰五世（公然罔顾查理七世下达的禁令）的不正当交易。为先一步驳斥热内与安德烈这两名臣子，约翰五世要求两人保证效忠自己。

---

① A.布尔多神父《尚多塞——吉尔·德·莱斯及布列塔尼诸公》，第95、96页。

9月5日

为防热内与安德烈两人耍诈,有所准备的约翰五世亲自奔赴马什库勒,命持有吉尔布列塔尼产业而且尚未交易的将领发誓效忠自己。其中包括吉尔·德·西雷之弟米歇尔·德·西雷,持有马什库勒产业的将领让·德·德雷内克,持有圣艾蒂安-德梅尔莫特产业的科南·德·维埃巳沙泰尔,持有波尔尼克产业的伊冯·德·凯尔萨里耶,持有卢鲁博特罗产业的瓦朗坦·德·莫特麦尔。若非如此,上述等人将更倾向于吉尔家族。

9月13日

约兰德·达拉贡幼子查理,代替其弟(西西里国王勒内,贤王勒内当时落入勃艮第公爵菲利普手中沦为阶下囚)安茹执政,同时为查理七世的第一要臣(1433年起)。9月13日,曼恩地区伯爵——安茹的查理在昂瑟尼的卢瓦尔河边会见布列塔尼约翰五世以及陆军统帅里什蒙。布列塔尼公爵领地内仍有尚未出售的吉尔·德·莱斯领地,前文提到过,布列塔尼公爵领地内仍有大量吉尔·德·莱斯的领地。而吉尔·德·莱斯位于安茹地区的安格朗德及尚多塞堡历来为布列塔尼约翰五世所觊舰的关键要塞，约翰五世愿意不惜一切代价夺得安格朗德及尚多塞，位于卢瓦尔湖畔的尚多塞对布列塔尼而言尤为重要。于是双方就尚多塞问题于昂瑟尼展开会谈。时任陆军统帅里什蒙中尉的吉尔之弟热内内以及维护吉尔家族利益的表兄安德烈·德·拉瓦尔-洛埃亚克都在场。杜诺瓦及让·德·比埃伊均参与了此次会谈。吉尔没落后，尚多塞成了各家争夺之地。或许约翰五世只想借会谈拖延时间。会谈间约翰五世如何缓和局势我们不得而知，只知他表示愿意与约兰德幼子交换盟约书，但实际无心遵守！双方结盟并互表忠心，却都无心兑现！

## 1437 年

*年初左右　吉尔·德·莱斯管事普瓦图与昂列*

艾蒂安·科里约，又名普瓦图，普左日人，不满20 岁。教会诉讼（第 346 页）时普瓦图作证称与吉尔同住后遭其猥亵，事后吉尔手持匕首想杀人灭口，因吉尔·德·西雷以普瓦图俊美为由劝阻，吉尔作罢。但俗世诉讼（第 414 页）时普瓦图作证称投奔吉尔 10 年后（1427 年左右）在其房内撞见了两具幼童尸体，于是吉尔想杀他灭口，却遭布里克维尔及西雷劝阻。当时早与普瓦图发生过肉体关系的吉尔命令普瓦图发誓绝不泄露当日及日后所见（第 346、414 页）。此后他亲眼看见了吉尔割喉杀害受害者的全过程，同时也为吉尔献上幼童。最后与吉尔共赴黄泉（第 226 页）。

此时另一管事、巴黎人昂列·布里亚尔已服侍吉尔三年，尚未进入吉尔的秘密圈。之后不久普瓦图便将其引入歧途。

### 谋杀卡特琳·蒂埃里之弟

1437 年年初刚过，家住南特的画师蒂埃里之妻卡特琳希望胞弟进入莱斯老爷的马什库勒僧团，于是将其托付给昂列。昂列供述称这是他第一次将幼童送至吉尔位于马什库勒的死亡屋。昂列似乎起初并不知情。于是主上吉尔命令他发誓绝不泄露之后所见。昂列声称后来自己得知卡特琳·蒂埃里之弟失踪时也非常震惊。当时普瓦图告诉他吉尔亲手杀了那个孩子。

昂列与普瓦图的证言一致，但昂列的证言声称此案发生于诉讼前三年，而普瓦图表示发生于四年前。就凭两人的证言也可知道：普瓦图先昂列一步成为吉尔同谋(第 345、356、409 页)。


2 月或者 3 月

落入勃艮第公爵菲利普手中的安茹公爵勒内于 1 月 28 日获释,然后马不停蹄赶往安茹。拉苏斯的热内及安德烈·德·洛埃亚克在勒内抵达安茹的第一时间请求勒内保证:如若吉尔有心变卖安格朗德或者尚多塞的产业便及时阻止,为此两人还细数了吉尔·德·莱斯杀伤掳掠的种种暴行,甚至提及安茹公爵之母遭吉尔手下洗劫一事。安茹的勒内宣称尚多塞为自己所有,随后从约翰五世处得到了附有其签名并封印的承诺书:绝不购买尚多塞产业,为此约翰五世甚至在"弥撒时以天主之名起誓"[1]。


但他一直在和吉尔·德·莱斯讨价还价!


按布列塔尼惯例,约翰五世无权购买封臣的土地。所以他必须假借自己儿子皮埃尔的名义才能最终以一万埃居的价格买下拉贝奈特的领地。约

---

① A.布尔多神父《尚多塞——吉尔·德·莱斯及布列塔尼诸公》,第 98 页。

翰五世支付了 60 里亚尔给负责此事的吉尔的传令官弗兰塞,但遭安娜·德·西雷反对:实际上,让·德·克拉翁生前就已经将自己名下这块土地作为遗产分配给了妻子安娜·德·西雷。

### 10 月  吉尔家族围攻尚多塞

获知约翰五世与吉尔·德·莱斯不正当交易的拉苏斯的热内以及安德烈·德·拉瓦尔-洛埃亚克决心做个了断,于是围攻尚多塞。如坐针毡的吉尔生怕马什库勒有变,于是命吉尔·德·西雷及罗宾·罗米拉清空城堡"底层附近塔底 40 或者 40 具左右的幼童骸骨"并焚烧殆尽。之后普瓦图的证言称,吉尔·德·西雷对他及昂列说,"罗歇·德·布里克维尔难不成是个叛徒? 不然怎么在我和罗宾·罗米拉清理骸骨时让雅维尔夫人和托曼·达拉冈从缝里看?"(第 347—348 页)布里克维尔的贵妇朋友或许有种病态的好奇心。这肯定不是编出来的故事,因为很符合当时的情形,莱斯老爷的罪行的确在封建领主中引发了争议,没人知道其中内情但都在热议,即便大家都不愿意承认,但莱斯老爷的事情的确引发了混乱。在吉尔·德·莱斯看来,随随便便就能伙同众人一起犯罪说明杀人虐童并不可怕(仅仅对他而言):充其量就是一个大领主杀了一群可怜的孩子。之所以后来有了司法的介入也的确因为牵涉另一桩纷争,否则出于政治的考量司法只会选择视而不见。

11月　吉尔家族控制马什库勒　发现两具幼童尸骸

拉苏斯的热内及洛埃亚克抵达马什库勒城堡前15天或3个星期前,骸骨全付之一炬(第347页)。11月吉尔其弟及表兄攻下马什库勒。虽然吉尔·德·西雷及罗宾·罗米拉已经清理出40具左右的尸骸,塔底仍然发现了两具幼童尸骸。占领马什库勒城堡的一名将领问普瓦图及昂列是否知情。两个管事之后作证称当时回答"不知情",此时吉尔"没有透露任何秘密"。这自然是谎话。如果按两人所说吉尔家族控制马什库勒城堡后两人才知晓了吉尔杀人的秘密,那么按理说转移尚多塞城堡内尸骸时两人应该同时知晓了内情,但上文已经说过,普瓦图先昂列一步知道秘密。

发现骸骨的消息一出,似旋风般席卷各地。众封建领主也都听到了消息,这一次不仅是受害者的家属,就连吉尔的宿敌也都收到了风声。

11 月 2 日

收到风声的约翰五世担心安茹向布列塔尼开战。让·德·比埃伊随时可能从萨布莱出击布列塔尼。于是约翰五世召集公爵领地内所有封臣至瓦纳，包括罗昂、夏多布里昂、马勒斯特鲁瓦以及莱斯地区的各大领主。约翰五世与吉尔交换了两军互助友好协定，然后假借犒劳新战友为由撤销了妻弟安德烈·德·拉瓦尔-洛埃亚克的中将一职，实为担心拉瓦尔设计陷害自己······

约翰五世要求正与英军周旋的阿蒂尔·德·里什蒙站在自己这一边对付拉瓦尔-洛埃亚克，并表示尚多塞他势在必得。

12 月 25 日

吉尔居留约翰五世宫廷所在地瓦纳。觊觎吉尔家财的贪婪封建主成了吉尔唯一的避风港。引火自焚的吉尔不久将葬送在约翰五世惺惺作态的情谊里，被押送至南特受审。但即便在这样的时刻，吉尔仍要僧团做伴在圣诞节时为公爵献上弥撒。

吉尔与约翰终于谈妥了条件：让出尚多塞。作为交换吉尔将十万埃居金币收入囊中,囊中羞涩的吉尔终于迎来了自己的救命稻草。但吉尔首先必须从胞弟热内手中重夺尚多塞。为此吉尔兄弟两人暗中勾结。与安茹的勒内达成共识的法兰西王室准备从拉苏斯的热内手中夺下尚多塞,不想吉尔兄弟两人私下串通以热内坚守城堡为障眼法,实际吉尔以七千埃居金币及拉模特-阿沙尔的代价收回了尚多塞堡。

## 1438 年

### 2—3 月　吉约姆·德利被杀案

吉约姆·德利,纪伯莱·德利之子,经常出入拉苏斯公馆帮莱斯老爷的厨师谢尔皮做饭。吉约姆之母让娜称,公馆内一个名叫让·白里安的内侍似乎曾对谢尔皮说不能让一个孩子做饭。之后她就再也没有见过自己的孩子也无任何孩子的音讯。

此事发生在 1438 年 2 月或者 3 月,1440 年诉讼记录如下:(诉讼前一年,即上一年的封斋节)三四个月之后(5 月左右),让娜向让·白里安的妻子抱怨。言谈间让娜表示听说莱斯老爷抓杀幼童一事。说话的当会儿突然闯进吉尔的手下,让娜称不知来者姓名。让·白里安的妻子与来者说了几句,并表示让娜·德利声称莱斯老爷残杀幼童,并斥责让娜不该说些给自己惹祸的话。

为此,可怜的让娜苦苦哀求吉尔手下原谅。(第398页)

6月左右　吉尔·德·莱斯夺回尚多塞,下令将装有幼童尸骸的三只箱子送至马什库勒

具体时间难以确定,拉苏斯的热内将自己与吉尔的交易告知妻子,随后假装将尚多塞交与妻子。吉尔手下20名将士由波尔尼克上尉伊夫·凯尔萨吕带队演了一出好戏拿下了尚多塞。当然后来南特主教兼布列塔尼掌玺大臣的让·德·马勒斯特鲁瓦(后来审讯吉尔之人),以约翰五世的名义占据了尚多塞。但这之前,吉尔命吉尔·德·西雷、伊凯特·德布雷蒙、罗宾·罗米拉以及两名管事昂列、普瓦图到城堡塔内清理出四十具幼童尸骸。五人将所有骸骨装在三只箱子内,一路想方设法掩人耳目运往马什库勒,有时走水路。抵达马什库勒后,吉尔僧团内的两名歌者让·罗西尼奥尔及安德烈·比谢(早前我们已经提及此二人,第135—136页)接替了伊凯特、布雷蒙及罗宾·罗米拉。然后众人于马什库勒将幼童尸骸付之一炬:之所以不能

在尚多塞动手,因为城堡必须准时让与布列塔尼公爵。昂列与普瓦图的证言称"因为时间太久,尸骸已成干尸……"。无法确定幼童被害的具体时间,只能推定发生于 1432 年秋季之后,也就是让·德·克拉翁去世之后(第 122—123 页)。

此时吉尔谎称要向布列塔尼公爵收钱,于是前往瓦纳,可以想见此时的吉尔已是山穷水尽。当时为了筹钱他已经抵押了自己仅剩的位于布列塔尼的产业,到手的预付款似乎足够买下一个尚多塞堡。然而应该就在此时,前文提及的莱斯老爷僧团中人安德烈·比谢通过拉乌莱特认识了一名 9 岁的年轻侍从并将其从瓦纳送至马什库勒。按理应该夺回尚多塞后才能完成与布列塔尼公爵的交易(第 346、353、411 页),不过昂列的证言称安德烈·比谢将孩子送至马什库勒时,吉尔收到了公爵购买尚多塞堡的款项,但也有可能是吉尔说谎。

6 月 16 日左右　让·让弗莱之子被杀案

让·让弗莱及其妻声称自己 9 岁的儿子失踪不见。受害人为小学生,经常出入拉苏斯公馆。案发时(诉讼前两年圣让瞻礼前 6 天,1438 年 6 月 16 日左右)莱斯老爷人在南特拉苏斯公馆。让·让弗莱住埃唐普大人(属于布列塔尼公爵胞弟埃唐普伯爵家族)家中。

最臭名昭著的"幼童供应商"佩里纳·马丁被捕后(之后死于南特监狱)承认将让·让弗莱之子送至马什库勒。普瓦图证实在此之前已于拉苏斯公馆杀害让·让弗莱之子。那么佩里纳·马丁当时送去的应该只是一具尸体。南特圣十字教区 4 名证人称认识该少年,曾听少年双亲哭诉其失踪一事,然后再无任何音讯(第 394、395、417 页)。

6 月 24 日左右　让娜·德格皮之子让被杀案

南特圣母教区已故勒尼奥·多奈特的遗孀让娜·德格皮之子让,12 岁,正上小学,临近圣让瞻礼时该少年也失踪不见(1438 年 6 月 24 日)。孩子偶尔会到当时吉尔入住的拉苏斯公馆。当日吉尔·德·莱斯吩咐佩里纳·马丁将孩子送至马什库勒,于是佩里纳·马丁听从吉尔之令将孩子带至马什库勒城堡门房处。孩子母亲以及同一教区的 6 位证人都证实了孩子失踪一事(第 251—252、257—258、397—399、405—406 页)。

6 月 26 日左右　让·于贝尔之子被杀案

按证言来看,让与妮科尔·于贝尔之子让(父子同名)在拉苏斯公馆遭吉尔·德·莱斯杀害。从证言看,吉尔·德·莱斯连环弑童案诸多受害者中,14岁的让·于贝尔受害前后的信息最为详细,所以我们能够了解得透彻一些。1438年春,让·于贝尔仍与父母让和妮科尔住在南特圣伦纳德教区,后来两夫妻搬到了圣文森教区,就将孩子托付给一个叫曼吉的人,让孩子住在对方家中,至少此时孩子仍常去学校。但曼吉一死,让就回到了自己家中,此时应该是圣让瞻礼前后(1438年6月24日)。

吉尔随从中名为皮埃尔·雅凯(人称普兰塞)之人,当时住在南特,为军队传令官。

皮埃尔·雅凯的外号应该与其籍贯有关,小村"普兰塞"(或者"普兰赛")临近谢梅雷,莱斯老爷名下一城堡便位于谢梅雷,不时也上此地小住。

6月17日左右,普兰塞用一纸"雇佣合同"带走了"俊俏"的小让·于贝尔,信誓旦旦说孩子会成为自己的年轻侍从,到时不仅孩子就连孩子的双亲也能得到不少好处。

孩子对父母说自己的主子普兰塞怕马不敢上马,生怕被马踢死……

8天后圣让瞻礼时"雇佣合同"终止。普兰塞并未兑现之前的承诺,本想为孩子谋条出路的父母大失所望,非常希望孩子重回学校。但实际上,普兰塞已将孩子交与吉尔的管事昂列·格里亚尔,此人又将孩子送至拉苏斯公馆。孩子于拉苏斯公馆结识了一位苏格兰绅士,此人应为吉尔军团中人。据孩子父母所知,孩子口中的这位"好绅士"名叫斯帕迪内(应该就是施帕尔丁)。

"斯帕迪内"应该给了孩子一些好处,随后便带其远走。可以想见,正如前文所述,之后孩子便杳无踪影……对一个想方设法讨主子欢心的仆从斯帕迪内来说,这孩子应该很符合主子口味,于是便诱拐了少年。昂列曾说要将该少年培养成吉尔的管事,接替即将隐退还乡的普瓦图。但花言巧语之人绝不在乎承诺,他们心里清楚,只有死人最省事……

无论如何,斯帕迪内最终蒙蔽孩子父母(在这起案件中,斯帕迪内既是共犯又是凶手,但起诉书之所以重点提及此人，是因为此人的拒捕嫌疑）。

　　6月18日，小让与斯帕迪内相约于拉苏斯。17日仍与普兰塞一起的小让听信了斯帕迪内的承诺，离开了普兰塞，当晚返回父母宅中征求父母同意，然后便在家中歇下，第二天一早便到了拉苏斯公馆，8天后惨死于元帅的双刃短剑。

　　小让临死前七天，父母时不时仍能见到孩子……这几天恰逢吉尔"外出四五日"，拉苏斯公馆内留有部分人员。大领主归来，便吩咐小让进屋打扫，并表现得十分友好，赏了他一杯白葡萄酒后又给了他一块面包（吉尔专享面包）。孩子将面包带回家后给了母亲，表示斯帕迪内想"与自己同住，以便随同莱斯老爷策马出行"，母亲听后表示支持。当天，孩子与母亲依依惜别，实际上他"此刻一走"再无音讯。1438年6月26日，圣让瞻礼后的星期四，孩子与父母离别，不想却成诀别。

　　6月26日之后又发生了什么，我们再看孩子双亲证言。此时莱斯老爷已入住南特公馆十五日，斯帕迪内派人向孩子父亲打探孩子近况。当初将孩子托与斯帕迪内的父亲大惊之下向"这位好绅士"

讨要自己的孩子。倒打一耙的斯帕迪内栽赃孩子父亲弄丢了自己的孩子。孩子双亲多次向莱斯老爷手下哭诉孩子失踪之事。对方声称一位非常赏识孩子的苏格兰骑士（斯帕迪内）带走了孩子,谎称大家都以为斯帕迪内离开时顺便带走了孩子！连续碰壁的孩子父亲又将矛头指向普兰塞,认为失责的普兰塞"根本没有好好照管、看护孩子"。普兰塞只能表示无奈,"当时孩子偶然遇见了一位好绅士,对方表示会照顾好孩子"。

熟识孩子双亲的南特居民也纷纷证明 1438 年圣让瞻礼前还在孩子双亲家中见过孩子,之后便听孩子双亲哭诉孩子失踪一事,此后也再不见孩子踪影。

吉尔供述时也承认十八个月前（大概 1440 年春左右）亲手或指使他人杀害两名年轻侍从,其中一人为皮埃尔·雅凯（人称普兰塞）的年轻侍从。

吉尔的两名管事均证实了这一事实。普瓦图表示的确将一少年送与吉尔以便接替自己的"管事"一职。昂列的证言更具体,称吉尔"为满足自己有违天理的淫欲,无耻地猥亵了少年",事后亲手将其杀害（第 253、257—259、309、345、357—358、

396—397、398—400、404、405 页)。

8 月

南特附近圣多纳廷教区居民让·富热尔之子，俊俏非常，年约 12 岁，1438 年 8 月失踪，无人知孩子下落及境遇，也无任何证据证明吉尔为罪魁祸首。我们甚至无法确定当时吉尔是否在南特（第399 页）。

9 月　佩罗纳·勒萨尔之子被杀案

结束瓦纳之行的莱斯老爷准备前往马什库勒，途经拉罗什-贝尔纳并入住让·科兰家中。普瓦图说服佩罗纳·勒萨尔将 10 岁的孩子托付给自己。这个当地最俊俏的孩子还在上学。普瓦图向佩罗纳保证会继续供这个好学的孩子上学，还会给可怜的孩子"很多好处"，还说一定会"视孩子如己出"，并且答应给佩罗纳 100 苏买条裙子。但稍后普瓦图给了她 4 里亚尔，佩罗纳说还少 1 里亚尔，100 苏相当于 5 里亚尔，普瓦图不承认，表示自己从未答应支付 5 里亚尔。之后普瓦图便将小勒萨尔带到了让·科兰家，然后又带着孩子到了马什库勒，当场看着孩子断喉而亡。

送走孩子的第二天,作为母亲的佩罗纳眼见儿子与莱斯老爷一起走出让·科兰家,便想上前嘱托大老爷关照自己的孩子,无意搭理的吉尔转向一旁的普瓦图,说"这孩子挑得不错","美得像天使"。少年"旋即"骑上"普瓦图从让·科兰处买下的小马驹"尾随凶手而去。

诉讼时让·科兰及其妻作证,证实1438年9月时吉尔·德·莱斯从瓦纳出发中途留宿自己家中,普瓦图说服佩罗纳·勒萨尔将孩子交托给了他。科兰以69苏的价格将一匹小马驹(也就是孩子离开时所乘坐骑)卖与普瓦图。两三个月后,科兰见小马驹换了主人。凡有女人来告说丢了孩子,莱斯老爷的手下要么回说在提弗日,要么说已经死了。他们总说孩子过南特桥时被风刮到河里淹死了,实在瞒不过去便谎称普瓦图已离开至雷东(第376—378页)。

9月左右

库埃龙附近河湾右岸的洛奈港镇上已故让·贝尔纳之子,年约12岁,1438年9月左右到马什库勒讨布施。洛奈港4位证人在为此案作证时都说到"当时物价太高"。实际上洛奈港离南特只有15

公里,过了卢瓦尔河便是。但从洛奈港到马什库勒却有 40 多公里路程。这充分说明当时无人不知马什库勒大老爷的阔绰挥霍。让·贝尔纳之子此去再无音信。与他一起到马什库勒讨布施的孩子在两人约定的地点等了三个多小时仍不见其踪影。此后再无人见过这个孩子,诉讼期间忙于收割葡萄的孩子母亲无法出庭,但诸位证人证实当时听到孩子母亲"疾声痛诉"(第 380 页)。

### 10 月　佩罗·达加耶之死

南特城外圣克莱芒教区的屠夫埃奥内·达加耶之子佩罗·达加耶,年约 10 岁,孩子的舅舅名叫埃奥内·勒·沙尔庞捷。1438 年 10 月孩子失踪。同一教区两名证人证实当时孩子母亲四处寻觅孩子无果,自此以后无人见过这个孩子。埃奥内·勒·沙尔庞捷之妻蒂费娜表示"大约两年前外甥佩罗·达加耶失踪后再无音讯,直到外号叫作佩里索纳的佩里纳·马丁被捕入狱"(第 400—401 页)。

### 1437—1438 年

早前马什库勒的艾默里·埃德兰的遗孀让娜之子已失踪(第 385 页),让娜称大约两三年前自己住在马什库勒时见过一个叫奥兰的人从圣梅姆附

近来,凄惨地哭诉自家孩子失踪一事,在马什库勒
逢人便打听自己孩子的消息,据让娜所知,后来仍
然没有孩子的音讯(第 386 页)。

年末左右

当年胞弟热内让出尚多塞时吉尔曾许诺让出
拉模特-阿沙尔,此时吉尔反悔并以武力夺回了
1434 年拱手相让的圣艾蒂安-德梅尔莫特城堡。

**1439 年**

1 月 15 日

1438 年圣艾蒂安-德梅尔莫特事件后对薄公堂
的两兄弟于南特达成和解。吉尔果断让出拉模特-
阿沙尔,但仍然坚守圣艾蒂安不放。

4 月 12 日

莱斯新堡附近村庄圣希尔-昂莱斯的米绍与吉
耶麦特·布埃之子,年 8 岁,1439 年复活瞻礼后的
第一个星期日(4 月 12 日)到马什库勒讨布施,之后
再也没有回来也无任何音讯,孩子父亲"到多地寻
觅未果"。孩子母亲吉耶麦特所说并无多大意义,
她说:"第二天,马什库勒为追悼已故马埃·勒·布
勒东行布施,当时她在看牲畜,一个全身黑衣的陌

生高大男子走向她,同她搭话,问大人都得看牲畜的话孩子怎么办,她回说孩子到马什库勒讨布施去了,之后来人便离去。"孩子母亲所言倒更像当时流传的神秘失踪故事,根本不能据此推断莱斯老爷为罪魁祸首。

年末,弗雷奈镇的吉约姆·阿莫兰之妻伊沙波的两个孩子也失踪不见(第 389 页)。伊沙波于 1439 年 12 月 16 日听说米绍与吉耶麦特之子失踪一事,案发应该为 1439 年复活瞻礼后第一个星期日,而非 1440 年(第 390—391 页)。

照理说此时吉尔应在提弗日,所以这起失踪案有疑点。

4 月末　弗朗索瓦·普雷拉提抵达法国
普雷拉提与布朗谢同行抵达卢瓦尔河左岸的旧圣弗洛朗。收到布朗谢消息后的吉尔派两位骑士侍从及昂列、普瓦图将两人迎至提弗日(第 321—322、330—331 页)。

5 月 14 日　普雷拉提抵达提弗日
普雷拉提于耶稣升天瞻礼(1439 年 5 月 14 日)

时抵达提弗日，布朗谢一干人等同行。收到布朗谢消息后的吉尔·德·莱斯大悦。

普雷拉提与布朗谢在城堡中安顿下来。与两人同住一屋的包括一个叫作让·帕蒂的巴黎金匠兼炼金术师以及一个叫作佩罗特的老妇。只要到了城堡内，四人就只能同住一屋，因为邻近房里（后面的房间）总有阴风（第332页）。

### 5月左右

马什库勒圣十字教区内临近马什库勒的小村拉布卡蒂埃尔生活着吉约姆·塞尔让一家，1439年（5月24日）圣神降临瞻礼时，夫妻俩到田里翻地种麻，回来却不见留在家中照看18个月大的妹妹的8岁儿子。寻遍了整个教区乃至其他教区，仍无任何音讯（第382页）。当时吉尔在提弗日，所以此案证言无太大价值。

### 6月29日

南特圣萨蒂尔南教区的让与让娜·达雷尔之子，七八岁大，于圣皮埃尔瞻礼当天失踪，当时孩子与外婆走到集市街或者圣萨蒂尔南天主堂时孩子便消失在人群中。当天生病在家的父亲听说孩子失踪后找遍了很多地方就是没有任何消息,孩子母亲与外婆也都这么说。家住南特集市街的让·布雷曼的妻子埃奥内特表示认识这个孩子,自从孩子父母声称孩子失踪后,自己再也没有见过这孩子(第402—403页)。

当时吉尔应该仍在提弗日,因此以上两份证言均无多大意义。

### 6月左右 吉尔·德·莱斯麾下的假贞德

1439年某日,事发具体时日难以断定,但应该已经过了春天,吉尔接待了一位假冒贞德之人,此人与贞德外形相似,自1436年以来便想方设法让人相信自己躲过了鲁昂的火刑,的的确确就是"圣女"[1]真身。假贞德与真贞德一样善于骑射及领兵,吉尔便将部分军力调与她以解勒芒之困。但1439年时,想要再会贞德的查理七世似乎揭穿了此人的真面目。当时查理七世问了一个只有两人才知的秘密。结了婚冠上夫姓阿穆瓦斯的假贞德跪倒在查理七世面前承认自己说了谎。[2] 收到风声的吉尔

---

[1] J. 吉舍拉《贞德案》,第五卷,第319页。
[2] J. 吉舍拉《贞德案》,第五卷,第281页。

任命加斯科上尉让·德·西甘维尔接替假贞德之位，并命对方等候自己抵达，然后看情况再夺勒芒不迟。可惜这位法兰西元帅根本无心与新任将领会合，于是直至 1448 年勒芒始终深陷英军包围之中。

6、7 月左右　提弗日城堡底屋召唤魔鬼

吉尔·德·莱斯、弗朗索瓦·普雷拉提两人在吉尔·德·西雷、厄斯塔什·布朗谢、昂列以及普瓦图等四人的协助下准备在提弗日城堡地下大厅召唤魔鬼。晚饭后将近午夜之时，上述人员用佩剑在地上画了几个圈，在圈内刻上十字、字符及"纹章式符号"。随后厄斯塔什·布朗谢及昂列抱来香烛、没药香料、芦荟树脂、磁铁一块、炭盆，以火炬、火把及蜡烛点燃炭盆，同时带来了写有魔鬼姓名、密文及咒语的书。吉尔及弗朗索瓦将以上器具摆放妥当后，弗朗索瓦添写了一些符号，随后命人打开大厅内四个朝向的四扇窗户。

厄斯塔什·布朗谢、昂列及普瓦图随后被请出了大厅于莱斯老爷房中等待。此时房内只剩吉尔及弗朗索瓦，两人时而站立时而席地而坐时而跪倒祈请魔鬼降临，期间诵读书上文字。然而魔鬼并未现身，两个小时之后，两人回到吉尔房中与一干人等会合。此时已过午夜一点（第 275—276、331—332、334、349—350、361—362 页）。

在这次召唤过程中，吉尔应该备有一份附有自己签名的"契约"献给魔鬼。魔鬼的缺席导致契约并没有派上用场（第 307 页）。契约的内容如何我们不得而知，但应该与第二天普雷拉提准备献给魔鬼巴隆的契约大致相同。（我们手中握有第二份契约，之后会附上）第二天契约仍然没有派上用场，但吉尔招供时声称曾有一次为魔鬼献上了契约（第 301—302 页），那只能说明普雷拉提当时对吉尔撒了谎：谎称 10 次或者 12 次召唤后终于有一次得见魔鬼现身，于是将吉尔的契约献了上去（第 301—302、327 页）。

### 雨夜的草地召唤

第二天夜里，天色已晚，受吉尔之令的普雷拉提及普瓦图行至提弗日一公里外蒙泰涅方向一处荒废的老房旁。两人手持香烛、磁石及书，用一把刀在书上划了一个圈和一些符号，又在地上划了一个圈然后两人跨入圈内。普瓦图不顾弗朗索瓦事先的警告偷偷在胸前划了十字。普雷拉提口中念念有词,普瓦图听到普雷拉提多次大喊"巴隆"。大约半小时之后,仍然什么都没有出现。

两人跨入圈内时,瓢泼大雨忽至,狂风大作,伸手不见五指,导致事后两人回程步履维艰(第307、324、351页)。

普雷拉提的证言表示事前曾收到吉尔亲笔签名的法文信(与魔鬼的契约书),原文如下:请满足我的愿望,得之必有重谢,除灵魂及寿命外必献上一切表示感谢。魔鬼未现身,当天弗朗索瓦将契约交还吉尔。

吉尔与弗朗索瓦想过用其他方式作法召唤,但因为缺少某种石头作罢(第323页)。普雷拉提进行过多次尝试,吉尔不再参与。有必要在此强调一点:普雷拉提表示吉尔不在场时魔鬼现了身。召唤形式不变,召唤地点仍然位于提弗日地下大厅,"直到第10次或者第12次""名叫'巴隆'的魔鬼"终于"以25岁美男子的形象现身"(第326页)。

5—11月　普雷拉提遭魔鬼暴打

此间,普雷拉提再次召唤魔鬼,赤裸裸的一场骗局却永远地瞒过了吉尔。事发时间应该为 1439 年(当时布朗谢也在提弗日城堡内),耶稣升天瞻礼与诸圣瞻礼之间,吉尔突然召见出门在外的布朗谢,匆忙赶来的布朗谢看到了眼前崩溃的吉尔!吉尔以为普雷拉提此次必死无疑!就在这之前,吉尔房内传来巨大的声响,伴着痛苦的呻吟及打斗之声,"似乎有人在床上打斗"。可怕的魔鬼吓坏了吉尔,他不敢跨进房门一步,怯生生地让布朗谢进门看看。同样吓得浑身发抖的布朗谢最终鼓起勇气爬到了高处的窗户边,探头往里看。他喊了普雷拉提几声,不吭一声的普雷拉提只是不断地呻吟。当普雷拉提终于跨出房门时,悲惨地讲述了可怕的魔鬼暴打自己的经过。受了伤的普雷拉提病了一个星期。吉尔亲自照料他,不让任何人跨进房内,并为他安排了告解,普雷拉提表示自己身上的伤为动怒的恶灵所为,自己召唤低级恶灵时惊动了顶级恶灵,所以必须尝试着去弥补,普雷拉提表示自己曾经听说过恶灵源于圣母玛利亚孕育的某种物质(第339页)。

这出闹剧凸显了吉尔盲信他人的特点。还有一点:泛滥的同情与感情导致盲信。年轻 11 岁的普雷拉提正值 22 岁的大好年华,无论其故乡意大

利之魅力还是普雷拉提本身的风流偶傥都令吉尔
心醉神迷，崇拜魔鬼的吉尔同样崇拜召唤魔鬼之
人。况且巧舌如簧的普雷拉提自有过人的风采。
吉尔招供时用"机敏"形容普雷拉提，夸他一口优雅
的拉丁语十分讨人喜欢，尽忠职守又全情投入（第
309 页）。

两人之融洽还因为臭味相投：肆无忌惮又残
暴。普雷拉提之残暴在对待佩里纳·龙多（第 196
页）时表现得淋漓尽致，他再优雅再风流偶傥充其
量只能算个市井流氓。吉尔案开审后，普雷拉提躲
过了死刑被判终身监禁，最后还因为安茹的勒内重
获自由，事实上他理应被绞死（第 236—237 页）。
两人诡异的一生中唯一的人性闪光竟然是诉讼时
最后的诀别，面对诸位法官，吉尔的诀别之言有别
于其一贯残暴的作风的确有几分感人。

7—8 月　布尔日之旅
弗朗索瓦·普雷拉提证言中说到有一年吉
尔·德·莱斯旅居布尔日。

吉尔·德·莱斯自然不可能全年都在布尔日。
1439 年 5 月普雷拉提抵达提弗日为吉尔·德·莱

斯效命,1440 年 9 月 13 日被捕,吉尔应该就在这一期间某一时段旅居布尔日。首先自然会想到吉尔·德·莱斯为了参加 1440 年 2 月 15 日在布尔日召开的三级会议前往此地,因为这是当时布尔日唯一的大事。但预计召开的三级会议最终并未召开,查理七世因为王储(未来的路易十一)与波旁公爵(布拉格里)主导的亲王暴乱未能出行。当时部分权贵的确应邀前往布尔日。但 1440 年落魄的吉尔绝不可能在受邀之列。另一方面,吉尔是从提弗日出发前往布尔日,然后再从布尔日返回提弗日。1439 年耶稣升天瞻礼至年末,他人在提弗日城堡,但之后就去了马什库勒。1439 年 12 月 25 日,普雷拉提在马什库勒,很显然吉尔与他一起,基本上此后两人一直住在马什库勒直至被捕之时,所以 1440 年 2 月吉尔人在马什库勒,而非提弗日。所以吉尔居留布尔日的时间应该就在 1439 年。但吉尔到了布尔日,之后普雷拉提才到了马什库勒。那么吉尔前往布尔讷夫小住前就住在布尔日,也就是 7 月或者 8 月初。也可能在 10 月或者 11 月,但这应该是吉尔将幼童残肢献祭给魔鬼的时期,而献祭不可能发生在布尔日。吉尔更不可能来回各地奔波(第324—325 页)。

## 8月　一条蛇

无论如何,吉尔·德·莱斯旅居布尔日期间普雷拉提留在了提弗日,继续召唤魔鬼。在此期间,普雷拉提与吉尔始终以暗语保持联系。就在吉尔旅居布尔日的这段时间,魔鬼巴隆在普雷拉提面前现了身并给了他"黑色的板岩屑"让他转交给他的主子。这份地狱之礼也确实送到了布尔日,吉尔收到后将其装入一只银盒连续多日佩戴在颈间。之后吉尔取了下来,"感觉根本不起作用"(第308、327—328页)。吉尔从布尔日回到提弗日后,普雷拉提再次作法召唤,这次巴隆现以人形。为吉尔求财的普雷拉提突然看见一间房,房里"堆满了金砖"。普雷拉提先是谎称"金砖碰不得",待吉尔说想亲眼看看成堆的金子时,两人一同往那间房走去。刚跨入门槛的弗朗索瓦便大喊"看见一条粗如犬类的大绿蛇",大喊着不让吉尔往前! 吉尔掉头就跑……回来时怀抱着以真十字碎片打造的耶稣受难十字架。全副武装的吉尔站在房门口。弗朗索瓦斥责他不该将"真十字架"带来。弗朗索瓦极力劝阻带着真十字的吉尔入内,吉尔再三坚持最后总算接近了所谓的金砖,但据吉尔说,眼前无非"假金箔之类"毫不值钱的东西,他碰都不想碰(第308、328页)。

召唤就这样不了了之。普雷拉提与吉尔同时参与的召唤总共三次，这是其中一次。第一次在提弗日地下大厅，声势浩大，时间为 6 月或者 7 月。这是提弗日城堡内最大的一次召唤活动。第二次就是上文"蛇"这一段，吉尔忘了事发地点。第三次在布尔讷夫，应该在 8 月末（第 308、329 页）。

8 月左右　吉约姆·阿夫里尔之子被杀案

吉约姆·阿夫里尔之子科兰，叔叔为南特圣母院教区织布工德尼·德·勒米庸，该少年于"1439 年 8 月或 8 月左右"失踪。"小个子，白净"，外形上有个特征，耳朵上有个"小耳朵"胎记。莱斯老爷一名手下曾求科兰的叔母（德尼·德·勒米庸之妻）阿加特让孩子带路，到"梅莱主教代理的官邸"，并答应事成之后赏孩子一个大圆面包。阿加特第一天还与孩子在一起，第二天科兰便到了平时常去的拉苏斯公馆说去要面包，然后再也没有回来，从此以后再无音讯。阿加特证实当时莱斯老爷就住在拉苏斯公馆。昂列供述时承认送了一个姓勒米庸的孩子给自己主子，吉尔与孩子"发生关系"后将其"杀死焚尸"（第 251—252、257、395、397—398 页）。

8 月　约翰五世与吉尔·德·莱斯于布尔讷夫
会晤

吉尔到布尔讷夫的莱斯新堡求见途经此处的
约翰五世。有求于约翰五世的吉尔希望借此博得
其欢心。其实吉尔心里应该清楚,对他完全失去兴
趣的约翰五世无意与他周旋,他也该知道约翰五世
心口不一的无情本性。他应该知道关于自己的各
种传闻,心里清楚身无分文的自己非常不堪一击。
他曾经想过求魔鬼给自己万贯的家财,最后也只能
退而求其次期寄于魔鬼帮自己讨君王欢心。卑微
的吉尔只能让普雷拉提当着自己的面召唤从不肯向
他现身的巴隆。他想再一次直面可怕的魔鬼,却再
一次落荒而逃。狡诈的普雷拉提自然知道该怎么吓跑一
个吉尔·德·莱斯(第 276、328 页)。

8 月 25 日左右　贝尔纳·勒加缪被杀案

多次因魔鬼碰壁的吉尔再次投身犯罪。他与
约翰五世的会面似乎毫无进展……手下将一名 15
岁左右"俊俏又机灵"的小男孩带到他入住的修道
院房内。这名原籍布雷斯特的小男孩住在原籍盖
朗德的吉约姆·罗迪格家中,小男孩名叫贝尔纳·
勒加缪,从布列塔尼(保存布列塔尼语言及文化习
惯的地区)来到布尔讷夫学法语。所有证言将嫌疑

指向普瓦图,罗迪格的证言还涉及了布朗谢。与普瓦图聊了几句后孩子便离开罗迪格家走进了吉尔·德·莱斯的房门。时间为 8 月 25 日夜里 10 点左右(圣巴瑟米瞻礼前夜)。离开时孩子知会了女仆玛格丽特·索兰。当时普瓦图当着女仆的面与孩子小声嘀咕。女仆问孩子普瓦图说了什么。孩子回答说没说什么。孩子留下自己的长袍、鞋与风帽便离开了,并未透露自己的去向。吉尔、昂列以及普瓦图的供词表示孩子已经死亡。吉尔承认自己与昂列合手杀死了孩子。昂列想撇清嫌疑。但三人都承认焚尸地点为马什库勒(第 278、309、345、357、410、418 页)。

彻底沉沦后耽于肉欲的吉尔只有死路一条。内心无比强烈的负罪感让他吐露悔改之意。厄斯塔什·布朗谢证明“某段时间”无论在马什库勒还是莱斯新堡都曾多次听吉尔“主动提及要改邪归正,到耶路撒冷的圣墓朝圣,以洗清自己的罪孽”。

所谓的改邪归正根本只是空谈,于是负罪感不时来袭(第 201、280、312、329、338 页)。

8 月 28 日

1439 年 8 月 28 日圣艾蒂安-德蒙吕克的让·

图布朗将一个 13 岁的男孩留在家中,回来时却不见孩子踪影。从那之后到"上一年圣朱利安瞻礼,有一年的时间"孩子毫无音讯(第 399 页)。

所有凶案证言中这一证言最缺理据,圣艾蒂安-德蒙吕克离提弗日太远。

秋

雷恩附近的圣露小镇居民罗宾·帕沃有两个 9 岁左右的孩子,经常到莱斯地区的集市上运送衣物。同镇的缝纫店老板向南特法官证明自 1439 年 10 月(或者 10 月左右,平常此时总能见到他们)后再也没有见过这两个孩子。不见孩子回家的父母千辛万苦地寻觅仍旧不见孩子踪影。两个孩子的一位兄长甚至"四处奔波打探"仍是一筹莫展(第 402 页)。

兄弟两人失踪是否与吉尔·德·莱斯有关?存疑。

11 月 1 日

普雷拉提声称魔鬼巴隆现身时指定吉尔于"一年之内三大节庆期间以他的名义赏三个穷人饭

食"。1439年诸圣瞻礼时吉尔照做了一次，然后就
没了下文。普雷拉提声称这就是"巴隆不肯向吉尔
现身的原因"（第279、329页）。

1439年诸圣瞻礼时，厄斯塔什·布朗谢离开了
提弗日，离开前似乎因为召唤之事与吉尔的亲戚兼
共犯罗宾·罗米拉特发生了争执。之后布朗谢抵
达摩尔塔涅，住在布沙尔·梅纳尔家中达七周之久
（第332页）。

11月2日

10月奥尔良三级会议一过，国王查理七世颁布
了重要的1439年法令。虽然依法约束专制与暴行
的道路崎岖，但该法令表现出了继续开拓的恒心，
志在根除皇室的心头大患——"杀伤掳掠与暴行"。
第一要务：打造讲纪律、等级森严的正规军以取代
土匪将领及大领主指挥的流氓团伙。理性的法令
打开了新世界的大门，一个新的资产阶级的世界容
不下滥杀无辜的吉尔·德·莱斯之流。[1]

---

① G. 杜弗伦·德·博库尔《查理七世》，第三卷，巴黎，1885
年，第402页。

此时吉尔·德·莱斯状况如何？

### 1439 年的吉尔·德·莱斯

1439 年吉尔·德·莱斯空有法兰西元帅的头衔，手无实权。1439 年法令下新建的常备军一反过去凌驾于法律之上纸醉金迷的嗜血狂欢，于是无人挂记亦无人问津的吉尔·德·莱斯无用武之地，在军事上毫无建树，手下军士无异于祸害当地的野路军（分别受雇于倒王派及保王派）。1439 年，带着一帮土匪强盗的吉尔·德·莱斯本身就是一个暴徒，虽不似强盗头子般现实、阴险，却无耻，其可怕程度有过之而无不及。

我们清楚，6 月左右吉尔手下让·德·西甘维尔换下假贞德替吉尔·德·莱斯出兵作战。而上位的此人无异于土匪头子，当时听命于好战分子的将领与土匪头子毫无二致，成日搜刮民脂、杀伤抢掠，甚至杀人放火动用酷刑。年末未至，王储亲赴提弗日命人逮捕让·德·西甘维尔押入蒙泰居城堡大牢。此人于绞刑前侥幸逃脱。①

---

① J. 吉舍拉《贞德案》，第 5 卷，第 334 页。

西甘维尔的行事作风折射出吉尔好战的最后时光:与邻近蒙泰居堡的让·德·阿尔普代纳①及帕吕欧守将交战(第309、329页)。但因为事发年代久远,当时封建领主之战究竟是何情况,真相已不得而知。

12月初左右　满城风雨

永河畔拉罗什领主让·梅谢尔途经摩尔塔涅,住在布朗谢的房东家中,布朗谢向让·梅谢尔打听南特与克利松的情况。布朗谢称当时梅谢尔说,整个南特与克利松都在传吉尔·德·莱斯亲手或指使他人残杀大量幼童……以幼童之鲜血写了血书之事,相传书成之后吉尔·德·莱斯定将拿下一切目标城堡……睥睨天下(第332页)。

第二天,吉尔·德·莱斯的密使、金匠让·帕蒂(当时与普雷拉提同在提弗日共事)抵达摩尔塔涅河区,受令带回厄斯塔什·布朗谢,却遭布朗谢一口回绝。布朗谢让其带话给吉尔及普雷拉提:现在闹得已是满城风雨,不能再做作奸犯科之事。布

---

① 　A. 布尔多神父《尚多塞——吉尔·德·莱斯与布列塔尼诸公》,第108页。

朗谢称回到提弗日的金匠立即被吉尔打入圣艾蒂安-德梅尔模特城堡大牢监禁多年……（第332页）。

年末左右

应该就在此时，召唤一再碰壁的吉尔·德·莱斯郁郁寡欢地迈向绝路。为何献祭了幼童残肢仍旧无法平息魔鬼之怒火？魔鬼为何一再沉默、敌意相向？吉尔心如死灰。而之前当着昂列及普瓦图的面建议吉尔献祭幼童手、脚或其他部位的正是前后矛盾、怯懦又反复无常的厄斯塔什·布朗谢（第346—347、359页）。

吉尔日渐焦躁，急于要见魔鬼一面。按普雷拉提之后的供述，当时他声称如果想要魔鬼现身并开口说话，必须献上一只公鸡、一只母鸡、一只鸽子或者一只雄鸽……如果求魔心切，就必须献上幼童肢体（第325页）。

当时布朗谢绝对是将普雷拉提的原话又重复了一遍。吉尔的供述称，普雷拉提说过献祭幼童肢体之事。

实际上普雷拉提说过在提弗日召唤魔鬼的大

厅地板上见过一具幼童尸体。吉尔也在场,普雷拉提认为当时吉尔刚动手杀死幼童(第 325 页)。

供述前一年也就是 1439 年 10 月 16 日左右,普雷拉提见过这个孩子。但供述时普雷拉提并未提及是否将该幼童当祭品。吉尔可不可能短时间内堕落至此?的确,他再不堪,听到献祭幼童时绝对吓得颤抖。可以这么说,普雷拉提提出献祭幼童手、心脏、眼睛之事,要的就是吉尔恐惧。普雷拉提不可能忘了吉尔的焦虑。对普雷拉提而言,利用吉尔的焦虑或许能为自己争取时间。

所以,最终答应献祭的杀人犯吉尔·德·莱斯绝对胆战心惊!

### 献祭幼童手及心脏

某日,吉尔在自己房内当着普瓦图的面用上等布料将一个孩子的一只手(普瓦图不确定是左手还是右手)及心脏包好放在一只杯子里,然后将杯子放到自己大如口袋的衣袖里(当时的袖口大而长),就这样往普雷拉提的房间走去。或许杯里还有孩子的血和眼睛。这次献祭为唯一一次的献祭。关于这次献祭,各有各的表述,但细节上没有太大出入。弗朗索瓦·普雷拉提召唤魔鬼，然后将可怕的祭品献上，魔鬼却没有现身，稍后他自己将这些人体残肢埋到城堡小天主堂附近祝圣过的土里（第278—279、307、325、362—363、416页）。

12月

查理七世之子，未来的路易十一受命到普瓦图"整治当地抢掠之风，驱逐一切作战分子"。执行任务期间巡视了吉尔·德·莱斯派兵驻守的普左日及提弗日堡垒。时为提弗日领主的吉尔·德·莱斯手下一员大将让·德·西甘维尔（前文已提及此人，第189页）掠杀成性，此人正是王储打击目标，被捕后打入蒙泰居城堡（当时的王储驻地）大牢。预感到绞刑将至，西甘维尔越狱之后千方百计求得了赦免书。保存至今的赦免书记载了这一事件。①

王储的提弗日之行引发了"地震"。吉尔匆忙之中捣毁城堡的炼金炉（第287页）。王储走后，心有余悸的吉尔决定离开王室领地定居布列塔尼，吉尔错信了布列塔尼公爵约翰五世表面的友好。吉

---

① J. 吉舍拉《贞德案》，第五卷，第332—334页。

尔·德·莱斯抵达马什库勒时至少已是 12 月末。吉尔·德·莱斯离不开普雷拉提,所以但凡召唤师普雷拉提出没于城堡周围(第 195 页),就意味着主上吉尔·德·莱斯人在城堡内。

### 12 月 10 日左右

圣诞前两周,圣莱热的厄斯塔什·德鲁埃之妻让娜特让 7 岁大的小儿子及 10 岁大的大儿子到马什库勒讨布施,因为"听说莱斯老爷在行布施,当地人都去了"。多人证实之后几天见过两个孩子,但当让娜特抵达马什库勒后,再也不见两个孩子的踪影,即便夫妻两人多次寻觅仍旧毫无线索。当时吉尔的确有可能已经回到了马什库勒,但不确定(第 393—394 页)。

### 12 月 20 日左右

吉尔清楚厄斯塔什·布朗谢的为人,此人不可能仅仅只是口头上出言不逊,甚至对自己怀有敌意,于是生怕布朗谢失控的吉尔·德·莱斯命吉尔·德·西雷、普瓦图及昂列在内的一队人马前往摩尔塔涅强行带回厄斯塔什·布朗谢。一干人等抵达摩尔塔涅,押解布朗谢至罗什塞维耶尔,途经马什库勒。抵达罗什塞维耶尔后将其打入圣艾蒂安-德梅尔莫特城堡大牢。深陷牢狱之灾的布朗谢惊恐地以为要遭吉尔毒手（实际上吉尔只打算吓唬他），于是各种赌咒发誓，终于说动了吉尔·德·西雷一干人等将其带回马什库勒以自由身的身份生活，直至 1440 年 9 月 13 日被捕（第 333 页）。

无论如何，布朗谢事件提供了一个线索：此时莱斯老爷已经重新夺回了自己的宅邸。

12 月 25 日左右　两幼童被杀案

弗雷奈镇的居民吉约姆·阿莫兰之妻伊沙波，让两个儿子（一个 15 岁，一个 7 岁）到马什库勒买面包。两个孩子却再也没有回来，从此以后杳无音讯。孩子失踪第二日，弗朗索瓦·普雷拉提及切瓦侯爵来到伊沙波家中，伊沙波称熟悉这两人，并且知道此二人与吉尔·德·莱斯同住。侯爵的问题十分诡异，问伊沙波家中的男孩与女孩是否为她所生，问有无其他子女。伊沙波回答说"有"，但不敢提及孩子失踪之事。两人离开时，伊沙波听到侯爵对弗朗索瓦说就是这家的两个孩子。

弗雷奈当地有 8 人证实，两个孩子的确失踪不见。

两个孩子失踪前 8 日，伊沙波听说了米绍·布埃（第 390—391 页）之子失踪一事，8 个月前米绍·布埃之子从圣希尔到马什库勒讨布施。

12 月底　普雷拉提之残暴

马什库勒的克莱芒·龙多，临死前正接受临终涂油礼，他哀号的妻子佩里纳夜里到普雷拉提及切瓦侯爵位于城堡高层的房中休整，用完晚饭的普雷拉提及切瓦侯爵回房后见状，勃然大怒，两人一前一后将佩里纳扔至楼梯口，随后普雷拉提一脚踢上佩里纳腰部，关键时刻幸有佩里纳乳母相助，抓住了佩里纳的裙裾（第 387 页）。

## 1440 年

1—2 月

厄斯塔什·布朗谢入住马什库勒期间，切瓦侯爵将一个"据说出自迪耶普正经人家的俊俏少年"作为年轻侍从送给了普雷拉提。十五六岁的少年与普雷拉提相处 15 天后不见踪影。普雷拉提的女房东向他问起孩子的状况，普雷拉提称孩子偷了自己的 2 埃居后跑了。

昂列称孩子惨遭割喉而亡。昂列首次供述称
"在马什库勒时让人弄死了这个少年"；第二次供述
表示案发时自己并不在现场，因此不清楚具体是谁
杀死了少年，但他知道吉尔同以往一样玷污了这个
少年（第 333、345、357、388、410、418 页）。

一位名叫多西之人身边也有个年轻侍从，与普
雷拉提的侍从年纪相仿，同样死在了马什库勒，案
发时间应该为 1440 年初或稍晚一些，当时布朗谢
人在马什库勒（第 309、333 页），所以之后供述时也
提及了此案。吉尔·德·莱斯口中的"小侍从"，既
指普雷拉提的这个年轻侍从，也指 1438 年 6 月 26
日左右遇害的小让·于贝尔（第 166、168 页）。

圣伯努瓦的谢梅雷修院院长让·德·朗泰嘱
托名叫塔巴尔之人教授自己侄子读写。修院院长
侄子与普雷拉提、多西的侍从年纪相仿，年约十四
五岁，同样于布朗谢入住马什库勒期间（第 417 页）
死于马什库勒。

教会诉讼时，让·德·朗泰、切瓦侯爵、贝特
朗·普朗、让·卢梭及教师吉尔·埃奥姆作为证人
同时被传唤出庭（第 291 页）。马什库勒的鞋匠安

德烈·巴布称"8个月前在马什库勒三位一体天主堂听到一个陌生人在打探自己失踪不见的7岁大孩子的消息",时间应该为1440年1月(第382页)。基本上,这一证言可疑。

3月

王储、阿朗松伯爵及迪努瓦三人于尼奥尔会晤;波旁公爵、旺多姆伯爵及拉特雷穆瓦耶三人于布鲁瓦会晤。双方都想造反。布列塔尼公爵约翰五世支持造反,但陆军统帅里什蒙出面缓和了局势,7月17日动乱彻底平息。

2月

1440年3月左右,图瓦贫民马特兰·图阿尔痛苦地哭诉自己12岁孩子失踪一事,孩子失踪后音讯全无。当地有4位证人证实听说过孩子失踪一事。但这样的证言显然无法提供任何有价值的信息(第384—385页)。

失去了利用价值的法兰西元帅吉尔·德·莱斯门庭冷落。

3月27日前　吉约姆·勒巴尔比耶被杀案

复活节(3月27日)前一日,布朗谢看见普瓦图与糕点师若尔热·勒巴尔比耶之子同行抵达马什库勒城堡。若尔热·勒巴尔比耶的住所位于城堡门前,不满 16 岁的儿子吉约姆·勒巴尔比耶住在莱斯太太的裁缝处,此人同时负责莱斯老爷手下的衣物。孩子与裁缝师傅经常出入城堡用餐。一直守口如瓶的布朗谢后来供述称孩子死于城堡。

孩子父亲称圣巴拿波瞻礼(6 月 11 日)后孩子失踪。但据我们所知,身为失踪孩子父亲的此人自身就有问题,而且有两位证人证实复活瞻礼前后就再无孩子音讯(第 333、381、382—383、418 页)。

3 月 27 日　吉尔·德·莱斯告解并谦卑地领了圣体

复活瞻礼当天(3 月 27 日),厄斯塔什·布朗谢在马什库勒三位一体天主堂内看见奥利维耶·戴费里埃神父听吉尔·德·莱斯告解。之后法兰西元帅与贫苦百姓共领圣体,贫苦百姓见法兰西元帅在场便纷纷散开,吉尔·德·莱斯却让大家留下照常领圣体(第 335 页)。

3 月 27 日到 5 月 15 日(复活瞻礼与诸圣瞻礼期间)

1440 年复活瞻礼与耶稣升天瞻礼期间,南特圣
十字当地的泥瓦匠伊冯·凯尔盖的遗孀,应莱斯老
爷手下普瓦图之请,将自己年约 15 岁的儿子托付
给对方,希望孩子成为莱斯老爷的仆从,却再也没
有见过自己的孩子(第 251、259 页)。1440 年 5 月
15 日左右,圣佩尔港贫民托马·埃塞及妻子让年约
10 岁的儿子到马什库勒讨布施,当时莱斯老爷就在
马什库勒。一个小女孩对自己母亲说当时都是女
孩先领布施,然后便听到城堡里的人让小埃塞进去
拿肉,随后便将小埃塞领进了城堡。自此之后,小
埃塞的母亲再也没有孩子的消息(第 393、210 页)。

### 5 月 15 日　圣艾蒂安-德梅尔莫特丑闻

吉尔·德·莱斯率六十人左右的武装埋伏于
圣艾蒂安-德梅尔莫特天主堂附近的林中。大弥撒
即将结束时,看准时机的吉尔手舞双刃剑(也就是
我们所说的"长勾刀",双刃斧加长矛)冲进天主堂,
破口大骂圣艾蒂安-德梅尔莫特买主兼布列塔尼财
务官的若弗鲁瓦·勒费龙之弟让·勒费龙,只听他
大骂:"好啊,淫僧,打了我的人还勒索! 滚出天主
堂! 否则我要了你的命!"可怜这位受了剃发礼的
教士让·勒费龙,受兄长之托看管城堡却被逼拱手
相让。吉尔人马拿下城堡的当下立即将其打入城

堡大牢(第 363—366 页)。吉尔不但侵犯了教会特权,并且冲撞了主上布列塔尼公爵。

不久后,公爵及其掌玺大臣让·德·马勒斯特鲁瓦(作为南特主教,让·德·马勒斯特鲁瓦拥有圣艾蒂安所属教区的教会司法权)用实际行动将吉尔送上了绞刑架。袭击让·勒费龙一事充分暴露出吉尔的幼稚、失控及昏庸。腹背受敌又四处乱撞如无头苍蝇般的吉尔·德·莱斯自此无所依附,孤立无援。悔恨啃噬着他,他心心念念要到圣地去,希望改邪归正为自己赎罪。

上一年他便已经表露过这一想法(第 186 页)。至少在突袭圣艾蒂安之前,他又说过一次(10 月 16日供述前,他说过不下 4 次)。

因为远游的希望与笃信,吉尔·德·莱斯振作了精神(第 280、312、329、338 页)。但显然为时已晚,积习难改的吉尔·德·莱斯只能垂死挣扎。

6 月

吉尔企图躲避布列塔尼公爵及其 5 万埃居金币的罚金(庞大的数目,再加一倍便能买下安格朗德及尚多塞两处城堡），于是将让·勒费龙押送至王室领地——普瓦图的提弗日。

### 6月24日之后

包括一名教士在内的圣艾蒂安-德蒙吕克的7名证人，认识该教区可怜人吉约姆·布里斯之子达3年之久，1439年2月左右吉约姆·布里斯去世，1440年圣让瞻礼（6月24日）之后诸位证人再也没有见过这个叫作雅梅的9岁俊俏孩子（第378—379页）。这起卢瓦尔河北部圣艾蒂安-德蒙吕克的幼童失踪案，显然与吉尔·德·莱斯无必然关系。但至少从7月起，吉尔·德·莱斯的确又重拾起屠刀。

### 7月

吉尔面前似乎还有唯一的一条出路：向约翰五世求情。就以往的经验看，但凡有利可图约翰五世必以礼相待。只要吉尔尚未穷途末路，公爵应该仍然愿意加以利用。

吉尔·德·莱斯没有看清形势：一个毫无利用价值的法兰西元帅如何博得约翰五世的垂怜？

他必须清楚：自己这个法兰西元帅彻底完了。国王绝对不会出手相助。逃？非他所愿。他的人格不允许他逃之夭夭。况且如此瞩目的一个人物又能逃到何处？

他决心直面风暴，于是到若斯兰拜见公爵想要为自己辩解，自然也考虑过可能存在的风险。出发前他并无把握能全身而退，便在马什库勒嘱咐普雷拉提求魔鬼告知此次若斯兰之行是否安全，能否全身而退……

魔鬼说能！

从马什库勒出发后，一路上无时无刻不在提心吊胆的吉尔一再询问普雷拉提，到了南特之后仍然纠结于这个问题，于是抵达若斯兰之后便请求普雷拉提作法召唤。吉尔没有参与普雷拉提在草地上的召唤，但当时据普雷拉提所说，魔鬼巴隆身穿紫罗兰丝质大衣现身，再三保证此次出行安全，表示吉尔·德·莱斯能够安然回到马什库勒（第327页）。

虚妄而血腥的若斯兰之行

约翰五世接见吉尔的情况乃至接待细节我们

一概不知。只知普雷拉提在草地上作法召唤魔鬼，而昂列将3名幼童带至草地后杀害。当时普瓦图因病未到场。以上为我们掌握的若斯兰之行的仅有的信息。

吉尔向仆从表示自己为讨要房屋买卖款项而来。但仆从都清楚，此时的主上无非装腔作势。

### 瓦纳命案

可以想见若斯兰一行并不愉快，所以吉尔急于前往瓦纳与自己宠幸的年轻歌者相会。吉尔最迟于1434年将这位名叫安德烈·比谢的年轻歌者纳入自己的僧团。吉尔相当期待这次相会。抵达瓦纳后吉尔入住城外主教宅邸附近拉蒙德的勒穆瓦纳家中。或许当时安德烈·比谢已是布列塔尼公爵的僧团中人（公爵常住瓦纳，吉尔·德·莱斯案立案后几个星期，安德烈·比谢仍然属于公爵的僧团中人）。比谢将附近居民让·拉瓦里年约10岁的儿子介绍给吉尔。因为勒穆瓦纳家中无隐秘地点，于是孩子被带至隔壁的博埃丹家中，然后在吉尔房内遭砍头焚尸，随后尸身遭皮带捆缚拖至博埃丹家中茅房，此时病愈的普瓦图钻到茅坑内将尸体推进深处，不留一点痕迹。随后昂列及比谢帮助普瓦图从茅坑出来。

普瓦图坚称比谢（诉讼时属于公爵僧团中人）知情。吉尔自己也表明比谢知晓一切弑童内幕（第351—352页）。

7月29日 南特主教秘密侦查的结果

圣艾蒂安-德梅尔莫特袭击案事发后，南特主教兼布列塔尼掌玺大臣的让·德·马勒斯特鲁瓦，紧接着公开了秘密侦查的结果，确定涉案嫌疑人吉尔·德·莱斯猥亵并残杀多名幼童及召唤魔鬼并出卖灵魂的犯罪事实。一时间吉尔·德·莱斯受千夫所指。

8月15日左右 最后的命案

南特裁缝拉乌莱·德·洛奈，为埃奥内·德·维勒布朗什之子缝制了一件紧身短上衣。当时这一离家的少年与普瓦图同住。普瓦图支付了拉乌莱20苏。普瓦图供述时承认马塞（孩子母亲）让孩子留在自己身边做年轻侍从，他还亲自为孩子添置了衣物。普瓦图表示孩子惨死后遭焚尸。拉乌莱·德·洛奈表示之后再也没有见过这个孩子。这便是吉尔·德·莱斯犯下的最后一起命案。案发时间应该为 7 月 29 日公布调查结果后(第 400 页)。

　　**8 月 24 日　万劫不复:里什蒙攻占提弗日**

　　往常的约翰五世面对吉尔·德·莱斯绝对只会睁一只眼闭一只眼,但此刻的约翰五世心意已决:灭了吉尔·德·莱斯。当时掌玺大臣让·德·马勒斯特鲁瓦要说服约翰五世动手处置吉尔·德·莱斯并非难事:吉尔·德·莱斯多行不义早已激发民愤,再加上圣艾蒂安-德梅尔莫特事件中他所表现出的恣行无忌,无不将他逼上万劫不复的境地。

　　但公爵坚持要国王表态,即便只是默许。约翰五世清楚查理七世早已丧失了对这位法兰西元帅的兴趣,但曾参与布拉格里叛乱的约翰五世如今没有必要因为吉尔·德·莱斯之事再留下"干涉朝政"的话柄。于是约翰五世尤其需要宫廷要员、身为法兰西陆军统帅的胞弟阿蒂尔·德·里什蒙参与其中。

　　阿蒂尔也心甘情愿助兄长一臂之力。极度厌恶巫术的阿蒂尔也不太可能喜欢作为劲敌拉特雷穆瓦耶心腹的法兰西元帅。而且出兵相助的报酬将是两块封地（虽然公爵尚未支付款项）。其中吉尔名下位于布列塔尼的莱斯新堡的封地尤其诱人。尚未等到吉尔落网而亡各方已在交易、分赃。①

8 月 24 日，约翰五世与里什蒙兄弟两人于瓦纳商议。吉尔妄图避开公爵权势范围，控制圣艾蒂安-德梅尔莫特擒来的囚犯让·勒费龙，而唯一能够名正言顺攻占普瓦图提弗日城堡的只有王廷要员里什蒙，于是里什蒙快马加鞭赶往提弗日，局势瞬息大变：让·勒费龙重获自由，吉尔再无人质。此刻吉尔应该预感到了自己的命运：孤立无援无所依附。陆军统帅挺进提弗日后，听到风声的吉尔·德·西雷及罗歇·布里克维尔决意逃之夭夭。早有准备的两人早已积累了大笔财富……原地困守的都是想逃逃不了的，比如意大利人普雷拉提、神父布朗谢以及做尽坏事的管事昂列及普瓦图。吉尔本人倒有机会逃跑，但他盲目自信，仍旧幼稚地以为没人要难为自己。

9 月 15 日前

俗世司法也开始介入，展开调查，听取了同一

---

① E. 科斯诺《阿蒂尔·德·里什蒙》，第 309 页。

批原告（与教会调查一致）的证言（第 371—372 页）。最终决定并正式批捕吉尔·德·莱斯。

9 月 13 日　吉尔被控残杀幼童，召唤魔鬼

南特教会法庭传唤吉尔出庭，控告其残杀幼童罪、鸡奸罪、召唤魔鬼罪、亵渎神灵罪、异端罪。

9 月 15 日　逮捕

布列塔尼公爵麾下将领让·拉贝率兵与公证员（兼任主教-掌玺大臣让·德·马勒斯特鲁瓦的代表）罗宾·吉约姆一行直抵马什库勒。

莱斯元帅被捕

弗朗索瓦·普雷拉提、厄斯塔什·布朗谢、昂列及普瓦图同时被捕。

押送至南特监狱的途中，惊恐万状的厄斯塔什企图割喉自尽（第 408 页）。

9 月 15 日之后

南特俗世法庭，吉尔·德·莱斯出庭受审，就残杀幼童及圣艾蒂安-德梅尔莫特案（袭击并监禁

让·勒费龙,强占卖与布列塔尼财政官若弗鲁瓦·勒费龙的圣埃蒂安城堡)两项主要指控做出回应。仅我们所掌握的非官方庭审记录可知,吉尔仅就圣艾蒂安案的指控做出回应,并没有回应残杀幼童的指控。假设当时检察官提出了残杀幼童的指控,10月8日教会审判时面对圣艾蒂安案的指控,依照吉尔的性格他不可能表现得如此配合。很显然,俗世法官也有同样的顾虑,所以审判之初故意避重就轻。即便庭审记录执笔者意识到有所遗漏,也不敢私自增补。

### 9 月 18 日　死者亲属哭诉

布列塔尼庭长皮埃尔·德·洛皮塔尔[1]掌控整个俗世审判进程,负责调查取证的官员让·德·图什隆德在听取了拉罗什-贝纳尔当地佩罗纳·勒萨尔之子被杀案以及洛奈港当地雅梅·布里斯之子被杀案的证言后旋即开始了调查工作(第375—379页)。

---

① 　"布列塔尼庭长"(或"布列塔尼大法官")为南特俗世法院及公爵领地内最高法院的负责人,与布列塔尼掌玺大臣让·德·马勒斯特鲁瓦及财务总管若弗鲁瓦·勒费龙(圣艾蒂安案受害者让·勒费龙的兄长)同属布列塔尼政权高层。迪泰勒·德·圣-索弗尔在《布列塔尼通史》中表示"布列塔尼庭长"为"布列塔尼司法机构的头号人物",第 4 版,第一卷,第 331 页。

**9 月 19 日**

吉尔·德·莱斯案法庭辩论于南特拉图诺瓦城堡内的高层大厅展开(第 255 页)。被告吉尔·德·莱斯出庭,南特主教让·德·马勒斯特鲁瓦主持。吉尔听取了"检察官"(负责起诉论告之人)吉约姆·沙佩永对其沾染"异端教义"的指控。面对南特主教及南特市区、教区宗教裁判所法官代理人让·布卢昂,吉尔须就这一指控当庭回应。9 月 28 日的审判仍然为南特主教及宗教裁判所法官代理人主持,吉尔一出庭便表示服从两位的审判。对吉尔而言,回应"异端"的指控相对轻松。

**9 月 27 日**

让·德·图什隆德继续俗世调查,听取了让·贝尔纳及洛奈港两起失踪案的相关证言(第 380 页)。

**9 月 28 日**

主教让·德·马勒斯特鲁瓦及宗教裁判所法官代理人、多明我会的让·布卢昂,于主教宅邸听取了 10 位原告(死者父母或亲属)对吉尔·德·莱斯无耻奸杀幼童的指控(第 256—260 页)。原告控诉时无不"声泪俱下"。本该出庭的吉尔·德·莱斯当日并未现身。

9 月 28—30 日

让·德·图什隆德继续调查,听取了若尔热·勒巴尔比耶之子、让(或吉约姆)·热东之子、让诺·鲁森之子、亚历山大·沙特利耶之子、吉约姆·塞尔让之子、马特兰·图阿尔之子、让娜·埃德兰之子、马塞·索兰之子、奥兰、托马·埃塞之子、吉约姆·阿莫兰之子、米绍·布埃之子、贝尔纳·勒加缪之子、让内特·德鲁埃之子失踪案的相关证言。另外还听取了克莱芒·龙多妻子佩里纳对普雷拉提的指控(第 381—394 页)。

10 月 2 日

经让·德·图什隆德调查,失踪人员包括勒尼奥·多奈特之子、让·于贝尔之子、让·让弗莱之子、科兰·阿夫里尔之子、纪伯莱·德利之子、让·图布朗、让·富热尔、埃奥内·德·维勒布朗什之子(第 394—400 页)。

10 月 6 日

调查继续中,发现又一失踪人员佩罗·达加耶(第 400—401 页)。

10 月 8 日

调查继续中，罗宾·帕沃二子、奥利维耶·达雷尔二子、让·于贝尔二子、勒尼奥之子、L.多奈特之子也在失踪人员中（第 401—406 页）。

拉图诺瓦城堡底层大厅内，继上次出庭后，10 名原告再次面对"主教以及宗教裁判所法官代理人""声泪俱下地控诉"吉尔罪状（第 260 页）。除谋杀罪及鸡奸罪外，吉尔涉嫌"召唤魔鬼"罪及"诸多违反教会司法的罪行"受到检察官的指控。

当日于拉图诺瓦城堡"高层大厅"内再次开庭审理此案，吉尔·德·莱斯及"检察官"出庭，主教与宗教裁判所法官代理人主持。检察官就被告涉嫌的事实及犯罪进行口头起诉（后文我们将看到涉及 49 项的"起诉书"）。吉尔当即做出回应，提出抗诉，但因无理被当庭驳回。于是他破口大骂诸位法官。尽管法庭四次警告并威胁开除其教籍，吉尔仍然拒绝宣誓。

当天当庭宣读了起诉书全文，开启了真正意义上的审判。此案俗世审判负责人皮埃尔·德·洛皮塔尔首次出席教会审判的法庭辩论（第 262 页），之后除决定动刑的 10 月 20 日及预备动刑的 10 月 21 日外，凡此案教会审判的法庭辩论都有其身影（10 月 21 日，与圣布里厄克主教让·普雷让共同参与了"审判外"的审讯环节）。值得注意的是：10 月 15 日，吉尔·德·莱斯希望皮埃尔·德·洛皮塔尔理解自己的愤愤不平是向对方陈述一番，随后于 10 月 20 日要求教会法官回避"审判外"的审讯，提出由皮埃尔·德·洛皮塔尔（让·普雷让也在内）主持。

### 10 月 11 日

主教与宗教裁判所法官代理人推迟开庭，于原定日期的两日后传唤检察官与被告。地点位于城堡底层大厅。原告第三次声泪俱下地控诉吉尔之罪行并请求法官"一定要还大家一个公道"（第 263 页）。

### 10 月 13 日 起诉书及 40 项

早 9 点，拉图诺瓦城堡高层大厅，检察官面对主教、宗教裁判所法官代理人以及南特一众名流，依照拟定成文的起诉书对被告提出指控。之后此份涉及 49 项内容的起诉书按法定程序得以宣读。

前 14 项（起诉书全文见第 263—284 页）为首部，旨在证明南特宗教法庭、主教及宗教裁判所法官代理人的审判资格。15 项至 49 项详细阐述了被告吉尔·德·莱斯之罪行。起诉书之内容虽无序而含糊，却相当完整，所提供的信息也与其他资料大体一致。（但起诉书推定连环弑童案的犯罪起始日期为 1426 年，与被告供述有出入，应该说起诉书提供的时间并不可靠，比如大量可靠信息明确发生于 1440 年 5 月 15 日的圣艾蒂安-德梅尔莫特案在起诉书中的案发时间为 1438 年）。起诉书明确了三大罪状：第一，弑童罪；第二，异端罪，主要涉及召唤魔鬼、施巫术、召唤师及参与者的魔鬼崇拜嫌疑；第三，侵犯教会豁免权罪。

起诉书表明几近 14 年间（也就是从 1426 年开始），140 名男女幼童成了吉尔·德·莱斯及其同伙的刀下亡魂。涉嫌参与谋杀的几位主要共犯及专门为吉尔·德·莱斯寻觅幼童的男女，以服侍吉尔·德·莱斯为由利诱幼童及其父母。实际上中计的幼童无不惨遭割喉杀害，"受尽侮辱与折磨"，并惨遭吉尔鸡奸。吉尔时而趁幼童尚有一息气息，时而趁其断气之时，时而趁其垂死之际对其实施鸡奸。吉尔·德·莱斯并不喜欢女孩的"生殖器"。

最终惨死的幼童都遭肢解、焚尸。

起诉书仅明确了两位受害者:莱斯新堡居民罗迪格家中的学徒以及瓦纳让·拉瓦里之子。

起诉书提及尚多塞 45 具骸骨转移至马什库勒被焚一事。

美酒佳酿、流光溢彩以及觥筹交错都是助兴的前戏,为了"轻轻松松飘飘然纵享"淫乐。

起诉书也提及罪犯稍纵即逝的愧疚与悔改之意,想要痛改前非到圣墓朝圣的罪犯并没有落实行动,而是"积习难改"地一错再错。

起诉书明确了以下犯罪地点:尚多塞城堡、位于南特的拉苏斯公馆、马什库勒城堡、提弗日城堡、莱斯新堡米纳尔"小兄弟会之家"、瓦纳勒穆瓦纳家中。

起诉书基于审查结果确定吉尔·德·莱斯的异端罪行始于 1426 年,以吉尔·德·莱斯涉嫌与异端分子往来、接受异端教义并研读异端书籍罪追究其责任。起诉书指出嫌疑人吉尔·德·莱斯将占卜师及召唤师的谬论当信条，不仅信奉明令禁止的占卜、召唤等歪门邪道并亲身参与，更公开肯定自以为信条的罪行。

起诉书不仅写明了罪犯的异端思想及言语，更细数其异端行径（主要涉及召唤魔鬼）。吉尔·德·莱斯曾在不同场所召唤或指使他人召唤魔鬼，包括奥尔良（金十字教区）、马什库勒城堡、提弗日城堡、莱斯新堡、小兄弟会之家以及布列塔尼公爵城堡附近的若斯兰。起诉书提及吉尔·德·莱斯于提弗日以杯装幼童手、眼睛及心脏献祭魔鬼之事。为与魔鬼缔结契约，被告准备了一纸盟约并在盟约书上写明除灵魂及寿命外愿倾囊相授。另外起诉书提及五年间（尤其每逢诸圣瞻礼节）的豪奢盛况及重大节日被告为穷人布施之事。

第三条罪状：侵犯教会豁免权，这正是吉尔·德·莱斯出现在教会法庭被告席的原因。主要事端为圣艾蒂安-德梅尔莫特事件。起诉书详述了吉尔·德·莱斯"大怒之下"手握攻击性武器"贸然闯进"天主堂，以死威胁神职人员让·勒费龙，随后捆以手镣、脚镣将其投入圣艾蒂安-德梅尔莫特城堡

大牢，之后转移至提弗日城堡。被告"无耻至极，严
重侵犯了主教的司法权"。

四十九项之后，检察官请求主教及宗教裁判所
法官代理人就起诉书陈述的事实及罪行依法追究
被告责任，"开除其教籍并剥夺其他权利"，必须"依
法依教规严加惩处以正视听"。

审讯时吉尔拒绝回应并辱骂法官

应检察官所求，主教及宗教裁判所法官代理人
问及诉讼书中各项（第263页），吉尔拒不承认两人
之权威，拒绝承认其审判资格，视对方为"亵渎圣职
的神棍"及"淫僧"，表示"宁可受绞刑也绝不回应这
样的教士与法官"。几番警告无效后，法庭宣布开
除其教籍。吉尔要求上诉，但被告知"鉴于涉案事
实及滔天罪行之恶劣"上诉无效。

随后当庭宣读了法兰西王室宗教裁判所法官
吉约姆·梅里奇授权副法官让·布卢昂的授
权书。

10月15日　供述开始

同样的大厅，同样的人员，审判却迎来了决定

性的翻转(第 285—286 页):吉尔·德·莱斯认可主教及宗教裁判所法官代理人的审判资格,承认自己"极其恶劣地犯下了"指控的罪行,"谦卑、虔敬又声泪俱下"地恳请法官原谅他"口出狂言""话里带刺句句见血"。法官看在天主的份上随即宽恕了他。被告承认第 1 条至第 4 条内容以及第 8 条至第 14 条内容(吉尔拒不承认涉及让·布卢昂的第 5 条到第 7 条,但接受第 8 条并认可让·布卢昂的资格)。

当日,吉尔·德·莱斯仍然否定召唤魔鬼的指控,他始终拒绝承认这一指控,仅承认了部分无关紧要的事实,甚至主动提出愿意接受"火刑试谎的考验"。

检察官与被告手按圣经起誓,随后检察官传唤证人出庭:管事昂列、普瓦图、炼金术师普雷拉提、神父布朗谢、蒂费娜、罗宾·布朗许之遗孀以及"供应幼童"的佩里纳·马丁,以上证人也一一起誓。(接下来几日昂列、普瓦图及普雷拉提出庭作证,以上证言均有存稿,唯缺蒂费娜、佩里纳·马丁的证言。)(第 288 页)

10 月 16 日　普雷拉提作证

1439 年 5 月至 1440 年 9 月 15 日期间为吉尔·德·莱斯召唤师的意大利籍炼金术师弗朗索瓦·普雷拉提于 1440 年 10 月 16 日出庭作证（第 320 页）。听取证言的地点不明。

10 月 17 日　听取布朗谢、昂列及普瓦图三人证言

多年来始终追随吉尔·德·莱斯直至被捕之日的神父厄斯塔什·布朗谢以及两位管事昂列·格里亚尔、原名艾蒂安·科里约的普瓦图三人作证（第 330、339、352 页）。

听取三人证言的时间应该为早晨，因为出席下午晚课时设于高层大厅审判的有：检察官、吉尔·德·莱斯，包括切瓦侯爵勒纳诺、贝特朗·普朗、让·卢梭、吉尔·埃奥姆以及让·德·朗泰（针对侵犯教会豁免权罪）在内的即将作证的 50 名证人，以上证人一一宣誓（第 291—292、363 页）。

10 月 19 日

上午 9 时，高层大厅，检察官及吉尔·德·莱斯出庭，15 位新证人出庭并宣誓（第 293—294、

365—366 页）。

### 10 月 20 日　法官考虑用刑

仍然为上午 9 时的高层大厅，检察官及吉尔·德·莱斯出庭，主教及宗教裁判所法官代理人主持（第 295 页），两人应检察官之求，询问吉尔·德·莱斯是否有话要说、有无异议，被告表示无话可说，同意即刻将新听取的证言整理成文予以公开。不过检察官以"充分探求、阐明真相"为由仍然要求法官启动刑讯，在听取了列席"专家"的建议后法官决定对吉尔"刑讯"。

### 10 月 21 日

上午 9 时拉图诺瓦城堡底层大厅，法官传唤被告决定施以酷刑（第 297 页）。吉尔谦卑地哀求推迟刑讯，没有酷刑之忧他便可以畅所欲言，如此一来便再无"刑讯"的必要。他提出另择一地（不在拟定的刑讯点）由圣布里厄克主教、教会法庭代表让·普雷让及俗世审判代表兼布列塔尼庭长皮埃尔·德·洛皮塔尔主持审讯。法官同意并推迟刑讯。

下午 2 点，主教与宗教裁判所法官代理人于拉图诺瓦底层大厅等候（第 298 页），由让·普雷让主教与皮埃尔·德·洛皮塔尔庭长听取吉尔·德·莱斯供述，地点为被告当时暂住的城堡高层房内（当时被告仍旧享有体面的居住环境）。

"审判"外第一次供述

教会法庭公证员让·帕蒂、布列塔尼公爵麾下将领让·拉贝（当时让·拉贝命马什库勒见习骑士伊冯·德·罗切逮捕了同在马什库勒的吉尔·德·莱斯）以及俗世审判调查员让·德·图什隆德出席审讯。

在这样的背景下，吉尔·德·莱斯第一次供述，之所以称此次供述为"审判外的供述"（第 298—302 页），因独立于教会与俗世诉讼程序。而且注明此次供述在吉尔"自愿、自由、沉痛的状态下"完成。

被告第一次供述便明确了犯罪初始时间，"外祖父、拉苏斯领主逝世"当年，即 1432 年。尽管皮埃尔·德·洛皮塔尔一再质询其犯罪动机，吉尔·德·莱斯坚称"无人煽风点火，纯粹自己随性随意所为，单纯寻欢作乐，完全没有其他企图及目的"。

两名执达员将意大利籍炼金术师弗朗索瓦·普雷拉提带上法庭,于是吉尔与普雷拉提两人详细描述了普雷拉提追随吉尔后进行的召唤活动,尤其献祭幼童手、眼睛及心脏一事,两人声称当时献祭并未成功。随后两人诀别。

此番审讯结束后,两位执达员返回城堡底层大厅,向法官报告审讯内容(第 299 页),对审讯结果相当满意的法官自此之后再也没有提及刑讯之事。

10 月 22 日　全盘招供("审判时招供")

晚课时,吉尔·德·莱斯及检察官再次出庭,主教及宗教裁判所法官代理人主持(第 302 页)(应该在城堡高层大厅)。

法官询问被告有无补充、对刚才所说是否持有异议。被告表示无话可说也无异议,但随即面对法官主动交代了"审判"外的供述。当庭记录表示被告"当下真诚流露,表现出极大悔意及沉痛之情"。被告基于第一次供述内容加以补充、纠错、完善,首先便意味深长地强调自己幼年无人管教的状况,随后要求以通用语公开其供述内容,以便"大部分不识拉丁文的列席人员"也能理解其供述内容,并劝诚为人父、为人母、为人友的必须严厉管教孩子……被告详细描述了自己及同谋折磨受害者的各种手段,提及挑选最美死童头颅及笑看幼童身亡的细节。

除谋杀外,被告补充交代了召唤魔鬼时的细节以及自己与普雷拉提的关系。其中特别提到了布尔讷夫港案、让·于贝尔案及另一年轻侍从被杀案。最后说及瓦纳案,被告表示命人将断头的幼童尸体弃置粪坑。

被告详细描述了普雷拉提尚未加入前(即1438年之前)其他炼金术师的召唤细节,也提及自己曾有心改过一心想往耶路撒冷朝圣。

最后他劝诫"大家"(特别是出席审判的"众多神职人员")一定要对教会怀有崇敬之心,为人父要看管好自家孩子,不能"过于打扮"更不能"放纵"孩子。被告严词抨击钟鸣鼎食的生活,表示"终日无所事事、穷奢极欲、美酒佳肴使得亢奋的自己犯下如此滔天罪行"。

他哀求天主宽恕,祈求"惨死"的幼童亲人、友人原谅,请求所有信徒以及耶稣基督的信奉者为他虔诚地祈祷,拯救他于水火。

此次供述耗时良久(我们所掌握的当庭记录具有唯一决定意义),之后检察官要求择日宣读"判决书"。让·普雷让、皮埃尔·德·洛皮塔尔出席了此次庭审。

10 月 23 日

俗世法庭在听取了吉尔·德·莱斯手下两名管事昂列及普瓦图的证言后(与两人教会法庭上的证言基本一致,有所增补,第 407—418 页),判处两人死刑,与吉尔·德·莱斯同一天行刑(于吉尔·德·莱斯后执行)。

10 月 25 日　教会法庭判决

上午 9 时,拉图诺瓦城堡高层大厅,主教让·德·马勒斯特鲁瓦、宗教裁判所法官代理人让·布卢昂神父主持庭审,检察官请两位结案并宣读判决书,吉尔·德·莱斯"听取并理解了以上发言,表示无任何异议"(第 315 页)。教会法庭宣读了两项判决,其一,被告"召唤魔鬼,情节恶劣,犯异端、叛教罪",其二,被告"有违天理、罪大恶极猥亵男女幼童,犯鸡奸罪"(第 318—319 页),判处开除其教籍并剥夺一切权利。教会法庭要求俗世法庭当日即刻做出判决。

宣读判决后,法官当场提出让吉尔·德·莱斯重新入教,于是吉尔·德·莱斯"虔诚地双膝跪地,连连叹息,呜咽着"苦苦哀求重新入教。重新入教的吉尔请求法官允许自己告解,法官随即安排加尔默罗会修士让·茹弗内尔私下听吉尔告解。

宗教审判结束。

俗世法庭判决

随后吉尔·德·莱斯被转移至附近的布菲城堡,此次俗世审判由布列塔尼庭长皮埃尔·德·洛皮塔尔主持。吉尔·德·莱斯供述了圣艾蒂安-德梅尔莫特事件。皮埃尔·德·洛皮塔尔在征询多位列席人员意见后宣布,判处被告遵照之前的决定向布列塔尼公爵支付 5 万埃居金币,以其他罪行判处被告绞刑及火刑,于第二天早上 11 点执行(第419—421 页)。

吉尔·德·莱斯担心如果先处决昂列及普瓦

图两人,两人定以为身为罪魁祸首的吉尔躲过了刑罚,于是吉尔·德·莱斯请求先于两人行刑。皮埃尔·德·洛皮塔尔恩准,并同意火刑后将吉尔尸身葬于吉尔选定的天主堂。最后吉尔·德·莱斯请求法官说服主教第二天一早为他安排"一场盛大的游行,敬请天主始终为自己及自己的仆从留有一线救赎的希望"。皮埃尔·德·洛皮塔尔一并应允。

10 月 26 日 死刑

盛大的游行后,依次执行绞刑及火刑,随后及时从火堆中移出吉尔·德·莱斯尸身,由"四五位贵妇、小姐"装殓。

经绞刑后昂列及普瓦图的尸身再经火刑焚烧殆尽。吉尔·德·莱斯的遗体被送至南特圣母隐修院,于圣事后落葬。自此吉尔·德·莱斯与其他贵胄长眠于此。如今不复存在的南特圣母隐修院在法国大革命时期经历了一场可怕的浩劫。

## 2. 诸多问题与史料

A. 受害人数、年龄及性别。B. 吉尔·德·莱斯遗产继承人。C. 吉尔·德·莱斯死后罗歇·德·布里克维尔的境遇。D. 吉尔·德·莱斯死后弗朗索瓦·普雷拉提的境遇。E. 萨洛蒙·雷纳克的吉尔·德·莱斯无罪说。F. 两版英国蓝胡子传奇(吉尔·德·莱斯为原型)。

### A. 受害人数、年龄及性别

吉尔·德·莱斯案受害人数始终不明。

在这点上,俗世诉讼的表述应该比较合理(第372 页):

"莱斯老爷亲自或指使他人诱拐的幼童人数不是十个二十个的问题,而是 30、40、50、60、100、200甚至更多,无以准确计数。"

教会审判起诉书第 27 条论及受害人数时表述比较模糊:吉尔亲手或指使他人杀害的男女幼童人数达"140 人甚至更多"(第 276 页)。

起诉书其余表述也不见得具体,有说普瓦图及昂列两人诱拐的幼童人数应该达 60 人以上,有时又说仅 40 人。具体人数成疑……有说昂列亲手杀害的幼童人数应该达 12 人以上,有时又说仅拉苏斯公馆一处死于昂列之手的幼童人数就达 11、12人……

应该说教会庭审时昂列的证言(第 358 页)更

有价值。昂列证言称"吉尔喜欢看砍下来的头颅，并将刚砍下的头颅及之前砍下的头颅摆在一起让昂列及艾蒂安·科里约看后选出最美的一个……"①。这一细节描述并非证言最惊悚的部分，但基本上一天之内同一桌上同时出现3个幼童头颅的事实至少从侧面印证了一点：受害人数庞大。

看似再可靠再具体的证言也无法确定受害者人数。但可以凭逻辑推导一个底数：至少35名受害人死于吉尔·德·莱斯案，当然事实上远不止35人……

关于受害者年龄的问题，就我所掌握的详细信息看，2名7岁幼童，4名8岁幼童，3名9岁，2名10岁，2名12岁，1名14岁，2名15岁，1名18岁，1名20岁。

受害人分男女。毫无疑问，吉尔更好男童，但没有男童的情况下便找女童。我们只能说就证言来看，并未提及女童受害者。但"幼童"一词本来既可以指男童，也可以指女童。当然也可以认为莱斯老爷残杀女童纯属例外，因为仅发生在男童缺失的情况下。

俗世审判时，昂列的供词极其详细地描述了吉

---

① 我们标注了这句证言。

尔猥亵女童之行(第 413 页):"……有时莱斯老爷也选用女童,同样横跨其腹部,与对付男童的方式一致,莱斯老爷表示比起真正意义上的性行为这种方式更省力却更刺激,最终也将女童杀害灭口。"

**B. 吉尔·德·莱斯遗产继承人**

1. 吉尔·德·莱斯之妻,卡特琳·德·图阿尔。

我们对吉尔·德·莱斯之妻完全一无所知,布尔多神父在提及卡特琳·德·图阿尔及其女(据称为卡特琳·德·图阿尔及莱斯之女)玛丽·德·莱斯时也有过同样的表述,"完全没有此二人零星半点的记录更遑论事迹,我们完全无法把握此二人特征更无法确知其心性"[1]。就卡特琳·德·图阿尔而言,我们仅了解一点:遭吉尔·德·莱斯绑架逼婚、夺家产时卡特琳·德·图阿尔没有反抗。但显然成婚不久卡特琳·德·图阿尔便遭吉尔·德·莱斯始乱终弃,备受冷落。即便如此,1440 年立案前她绝对不可能完全不知吉尔·德·莱斯的

---

[1]　A. 布尔多神父《尚多塞——吉尔·德·莱斯与布列塔尼诸公》,第 148 页。

罪行。①

吉尔·德·莱斯刚死,卡特琳·德·图阿尔旋即再婚,嫁与沙特尔主教代理官(1441年起任布列塔尼公爵内侍)让·德·旺多姆。

卡特琳·德·图阿尔基本上守住了原本属于自己的所有财产,包括普左日及提弗日,并于1440年获玛丽的监护权。但卡特琳·德·图阿尔人微言轻,再加上其夫让·德·旺多姆一心为布列塔尼公爵约翰五世效力无暇顾及其他,所以吉尔·德·莱斯第一继承人的玛丽·德·莱斯的监护权很快便落入他人之手。

2. 吉尔·德·莱斯之女,玛丽·德·莱斯,与奎蒂维岛普雷让元帅(1442—1450年)订婚后成婚。

吉尔·德·莱斯离世时其女10岁。吉尔·德·莱斯死后,妻子卡特琳·德·图阿尔收回了原属于自己的财产,玛丽·德·莱斯则继承了父亲所有遗产。贪婪的约翰五世因觊觎其权益便立即宣布:充公。但约翰五世所谓的"充公"根本无法动摇无辜继承人的继承权。吉尔家族以及始终与约翰

① 此为布尔多神父的观点(《尚多塞——吉尔·德·莱斯与布列塔尼诸公》,第148页)。

五世不睦的法国王室考虑将所有权益（重大权益）
交由最受查理七世器重、最显赫也最位高权重的奎
蒂维·普雷让元帅。随后法兰西国王宣布亲自为
玛丽·德·莱斯与元帅指婚。[①] 一场政治联姻。来
自布列塔尼的奎蒂维元帅是个贪得无厌又不讲情
面之人。作为拉特雷穆瓦耶的宿敌（1434 年参与谋
害拉特雷穆瓦耶），奎蒂维元帅自然也曾视吉尔·
德·莱斯为敌。1442 年春，奎蒂维元帅与玛丽·
德·莱斯履行婚约，无婚礼仪式。

自此这位海军元帅一副商人姿态，利用自己身
份将利益最大化，完全不顾体面与否肆意而为（或
许正因为这一点选择了他：毕竟结婚对象为死囚之
女）。

原想以一纸材料证明吉尔·德·莱斯之清白
为其平反的海军元帅于 1443 年放弃了这个打算，
也不再愿意履行之前的承诺——维持吉尔的军队。
很显然，他原以为有可能为吉尔·德·莱斯平反甚
至证明其清白，毕竟凡有损布列塔尼公爵名誉之事
法国王室应该都愿意一试。但到了 1443 年，无人
再作他想，毕竟此时吉尔·德·莱斯事件毫无疑问
已经尽人皆知。

① A. 布尔多，出处同上，第 114 页，注释 2。

真正的权益之争围绕着尚多塞及安格朗德城堡。1443 年 3 月 25 日,奎蒂维从安茹的勒内处争取到了尚多塞及安格朗德两处重要领地,然后宣布两处领地属于查理七世管辖范围。尚多塞及安格朗德原属于约翰五世之子、与英国结盟的布列塔尼的吉尔,事实证明奎蒂维背叛了布列塔尼的吉尔,所以在获得两处领地的同时宣布由查理七世管辖。

一年后,奎蒂维迎娶当时年仅 14 岁的玛丽。

如此一来,承荫查理七世的奎蒂维在这一局中维护了法方的权益,但首先维护了自己的个人利益,贪婪的奎蒂维利用权谋算计终于得到了弑童犯之女。世间少了一个罪大恶极的吉尔·德·莱斯,却充斥着足够龌龊、卑劣的大多数。

不过,凶犯法兰西元帅的遗产并没有为奎蒂维带来好运。就在奎蒂维向友人炫耀自己正式成为尚多塞领主的当日,身处沦陷之地瑟堡(直至 1450 年 7 月 20 日始终为英军围困)的奎蒂维遭一枪毙命。


3. 玛丽·德·莱斯,再婚嫁与堂兄安德烈·德·拉瓦尔-洛埃亚克(1451—1457 年)。

无论对奎蒂维还是玛丽·德·莱斯将来的夫婿而言,玛丽·德·莱斯都是一张王牌。曾与之后坐拥莱斯及拉苏斯两地的热内共同捍卫拉瓦尔家族权益抵制吉尔·德·莱斯之挥霍的安德烈·德·拉瓦尔-洛埃亚克(第150页,本书多次提及)成为玛丽·德·莱斯的第二任夫婿。1451年2月两人于维特雷举办婚礼。布尔多神父特别强调:同日成婚的还有安德烈兄长——拉瓦尔的居伊十四世,居伊十四世迎娶布列塔尼吉尔(遭弗朗索瓦二世公爵谋害,死于淹水的地牢)的遗孀弗朗索瓦丝·德·迪南。布尔多写道:拉瓦尔城庄严地迎来了两位夫人。①

玛丽·德·莱斯再婚之后始终官司缠身。奎蒂维家族仍然以婚约为由誓要讨回尚多塞。

1457年11月1日,37岁②的玛丽·德·莱斯逝世,"落葬于维特雷圣母院祭坛,至今仍有母亲告诉自己的孩子那是蓝胡子女儿的坟墓"③。

4. 吉尔·德·莱斯之弟,热内(1457—1473年)。

玛丽一死,吉尔·德·莱斯的遗产落入拉苏斯

①　A. 布尔多神父《尚多塞——吉尔·德·莱斯与布列塔尼诸公》,第135页。

②　应为27岁,当是作者笔误。——译注

③　A. 布尔多神父《尚多赛——吉尔·德·莱斯与布列塔尼诸公》,第137页。

的热内手中,热内成为莱斯的男爵。

为了证明自己索要尚多塞有理(最终也确实得到了尚多塞),热内·德·莱斯站出来指证兄长的挥霍无度,这之后才有了吉尔·德·莱斯继承人陈情表。

机关算尽的热内始终不得志,1473 年逝世,仅留下唯一的女儿让娜——弗朗索瓦·肖维尼之妻。1481 年让娜逝世,留下一儿一女,一儿一女均无子嗣。

热内·德·莱斯在世时,尚多塞的官司仍旧没完没了,奎蒂维家族始终索要尚多塞作为赔偿。直至路易十一统治时期尚多塞之归属才有了眉目。路易十一发兵攻打布列塔尼时将半个尚多塞夷为平地,随后与安茹的勒内几番交手最终将尚多塞占为己有。

1483 年尚多塞易主,布列塔尼公爵夺回城堡后转赠自己的私生子。1429 年吉尔·德·莱斯正是从这一城堡出发前往希农再赴奥尔良,也正是在这座城堡内,1432 年吉尔·德·莱斯割断了第一名受害者的喉咙。

### C. 吉尔·德·莱斯死后罗歇·德·布里克维尔的境遇

吉尔·德·莱斯即日被捕肯定已成定局,此

时,吉尔·德·莱斯的心腹(时而为同谋)吉尔·德·西雷以及罗歇·德·布里克维尔逃之夭夭。西雷之后的境况不明,布里克维尔投奔奎蒂维,借由布里克维尔,奎蒂维显然对自己岳父其人其事心知肚明。

布里克维尔遭英军驱逐出诺曼底的父亲出身名门望族,为吉尔的亲戚,布里克维尔自然也是玛丽·德·莱斯的亲戚,所以奎蒂维之后收留并庇护他。玛丽·德·莱斯甚至将布里克维尔的几个孩子留在自己身边。但布里克维尔始终担心奎蒂维追究他之前的罪行。奎蒂维必定十分赏识卑躬屈膝又可悲的布里克维尔所以为他争取到了特赦书。作为让·德·马勒斯特鲁瓦及约翰五世主导的诉讼外唯一一份官方文件,这份特赦书提及布里克维尔作为从犯参与的弑童案,因此具有一定价值。虽为特赦书,却描述了吉尔身边这位贵族仆从的犯罪事实:靠主上"养活","身为年轻见习骑士却无主见",不过提及主上"命他杀害"幼童之事,布里克维尔声称自己身不由己才会为吉尔供应幼童。诉讼卷宗显示布里克维尔曾亲手杀害幼童,但特赦书为其推卸了部分责任。布里克维尔声称一开始并不了解弑童之事,之后有所怀疑便在莱斯一伙落入法网的 5 年前"彻底疏远了这个圈子也不再为莱斯老爷效力"。前文(第 139 页)我们已经见识过布里克维尔的卑鄙无耻与无法无天,没必要纠结于他否认了什么,我们倒看他供述了什么,竟让原本一心要为岳父平冤昭雪的奎蒂维认定了吉尔有罪,不仅如此,原本承诺维持吉尔军队的奎蒂维拒绝兑现之前的承诺。1446 年 5 月从希农附近萨奇利发出的特赦书已经白纸黑字表明了奎蒂维的态度。

### D. 吉尔死后弗朗索瓦·普雷拉提的境遇 (1440—1445 年)

萨洛蒙·雷纳克在自己的论著中表示巫师普雷拉提并未受到法律制裁。这一表述有误。检察官呼判普雷拉提终身监禁。[1] 布尔多神父认为,"莱斯一案,普雷拉提并未涉及杀人罪行,仅能判其终身监禁"。身陷囹圄的普雷拉提靠着装神弄鬼的伎俩巧妙地躲过了牢狱之灾,甚至博得了安茹勒内的宠幸,同吉尔·德·莱斯一样,勒内深信这个意大利人能打造黄金。"好国王"勒内甚至任命普雷拉提为永河畔拉罗什的守将。当时永河畔拉罗什城

---

[1] 布尔多神父借存档让我们了解到吉尔·德·莱斯死后巫师普雷拉提的境遇(《尚多塞——吉尔·德·莱斯与布列塔尼诸公》,第 128—130 页)。

内与普雷拉提共事的,还有普雷拉提的老相识——神父艾蒂安·布朗谢以及"莱斯老爷原先的一大班手下"(布尔多神父语)。对 1440 年 9 月 15 日被捕一事始终耿耿于怀的普雷拉提在若弗鲁瓦·勒费龙途经拉罗什时将其逮捕。然而,出了牢笼旋即飞黄腾达的若弗鲁瓦·勒费龙下令绞死了普雷拉提。

10 月 21 日,穷其一生坑蒙拐骗的投机分子普雷拉提死于绞刑(第 301—302 页),应该说死有余辜。落入若弗鲁瓦·勒费龙之手却又逃过牢狱之灾的普雷拉提蒙骗了太多达官贵人[1],终于葬送了自己的人生。

**E. 萨洛蒙·雷纳克:吉尔·德·莱斯无罪说**

总有人认为吉尔·德·莱斯无罪。伏尔泰[2]表达过类似的观点:"布列塔尼以所谓的行巫罪及割喉残杀幼童并以幼童鲜血行巫的罪行处死莱斯元帅。"同一时期其他作家也持类似观点,但二十世纪前,凡基于档案(虽然浅显,但实事求是)的研究都不会出现如此论断。直到 1902 年,萨洛蒙·雷纳

---

[1] A. 布尔多神父《尚多塞——吉尔·德·莱斯与布列塔尼诸公》,第 130 页。

[2] 《风俗论》第 80 章。

克严肃认真地质疑吉尔·德·莱斯案……

老实说，萨洛蒙·雷纳克的论断[1]无法让人严肃对待[2]，至少总体情况如此。无人或者说几乎无人继承其观点。包括他图腾崇拜的观点至今也无人提及……至于他关于塞西亚黄金冠及格罗泽废墟[3]的观点，名气虽大却并非好事……

萨洛蒙·雷纳克毋庸置疑是个真学者，幼稚的真学者，所以才会轻易得出吉尔·德·莱斯案为捏造的论断。

---

[1]　萨洛蒙·雷纳克《崇拜、深化与宗教——吉尔·德·莱斯》，巴黎，1912年，第4卷，第267—299页。

[2]　倒有一特例，笔名罗多维科·费尔南德斯博士的费尔南·弗勒雷在名为《吉尔·德·莱斯教会审判》（巴黎，1922年）的序言中为吉尔·德·莱斯平反，序言后面紧跟着一篇错漏百出的拉丁译文。这位作者仅限于重提萨洛蒙·雷纳克的论断。相反，做过深入研究的埃米勒·加博里（《吉尔·德·莱斯之生死》，巴黎，1930年）以及布尔多神父（《尚多塞——吉尔·德·莱斯与布列塔尼诸公》，雷恩，1924年）从卷宗档案出发，并不质疑吉尔·德·莱斯案的真实性。尤其是掌握了详尽事实的布尔多神父。也正是他注意到逮捕吉尔·德·莱斯的让·拉贝直到1467年终于领到佣金的细节，如果吉尔·德·莱斯案纯属捏造，不可能出现如此详细的细节描述。

[3]　他错以为能够借助自身权威坐实自己的观点，但吉尔·德·莱斯案纯属捏造的论断完全不合逻辑。

1902 年，德雷福斯事件①持续发酵，萨洛蒙·雷纳克自然怀疑起吉尔·德·莱斯案的真实性，在圣女贞德死于火刑的十年后贞德之战友吉尔·德·莱斯同样面对宗教审判，的确让他感到蹊跷。

可惜这位图腾崇拜的理论家在驳斥此案前根本没有深入研究此案，抛开俗世诉讼而仅限于 1902 年才公开的教会诉讼记录。所以之后诺埃尔·瓦卢瓦才会摆出俗世诉讼中具体的证言反驳萨洛蒙·雷纳克。这个时候他本该意识到自己观点上的问题，但人就是很难做到实事求是，又或者当时他的确走不出误区。另外我们也得承认，像查理-维克多·朗格鲁瓦②这样权威的历史学家在吉尔·德·莱斯案这个问题上也诸多犹疑，的确会助长他的误判。但萨洛蒙·雷纳克绝不曾深入了解档案卷宗。我看实在没必要继续深究争论。任何人看了此案证言与供述很难无动于衷，这是任何捏造的事实难以达到的效果。各种有血有肉的细节简直触目惊心、震撼且压迫神经……当然，最初谁都会

---

①　1894 年法国陆军参谋部犹太籍军官德雷福斯被诬陷犯有叛国罪，被革职并处终身流放。真相大白之后法国政府仍拒绝承认错误，直至 1906 年改判其无罪。

②　查理-维克多·朗格鲁瓦，前法国档案馆馆长。

怀疑此案的真实性,绝不可能立下决断。但至少从此刻开始,我们的读者大可以凭借档案卷宗做出自己的判断,如果说这样的证言都是捏造的,那只能说明捏造者实在了不起。总之一句话,萨洛蒙·雷纳克的观点经不住时间考验,肤浅经不住考量。对档案卷宗进行细致分析原本就在意料之中,塞西亚黄金冠的理论家提出的无罪说才会完全地为人忽视并遗忘。

在此我仅举一例。萨洛蒙·雷纳克论述第 241页提出卷宗令人费解的一点:"昂列及普瓦图两人的证言最具决定意义,但在时隔多年、涉及罪行极其复杂的情况下两人的证言却在细微之处惊人地一致,完全没有大的出入,更无意料中情有可原的疏漏。"

借这段文字表明自己态度的萨洛蒙·雷纳克因为罔顾俗世诉讼卷宗或许没有认清这一事实:仅看普瓦图一人证言就可以发现,俗世诉讼证言与教会诉讼证言即便不是一字不差但也相差无几。虽然的确怪异得令人讶异,但如果不作深入探讨就此得出吉尔·德·莱斯案纯属捏造的结论是否太过轻率? 不也存在俗世诉讼时审讯官采用不当的审讯方式(基于教会诉讼得出的结论——昂列及普瓦图两人同时同地作案——印证教会诉讼结论)审讯两人的可能吗? 也可能是俗世法官为了加快进度照搬了教会诉讼时普瓦图的证言。萨洛蒙·雷纳克不仅拿教会诉讼时昂列及普瓦图的证言（10月17日，第339—363页）做文章，尤其纠结于10月22日吉尔的供述（第305页），吉尔供述称自己横跨垂死的受害人腹部兴奋地看其死亡。看到这样的证言一个法官很难再重复这一问题，这属于人之常情，同时也解释了为何俗世法官采用了近似于教会诉讼证言的表述，显然不能直接照搬教会诉讼的证言，但可以在被告确认之前证言无误的情况下重新组织语言，无须再找不同的表述。虽然被告供述时自然而然以法语脱口而出，带有自己的风格印记，但整理成拉丁版卷宗档案必然需要二次加工，所以萨洛蒙·雷纳克将前后两版证言惊人的一致性当充分证据写道："……如此一来，诸多疑点证实了捏造之实……！"

萨洛蒙·雷纳克之轻率着实惊人，首先他的第一论据就经不住推敲。所谓"时隔多年"并不符合事实。分析卷宗可知：1435至1440年期间昂列与普瓦图频繁作案直至吉尔被抓前一天！

萨洛蒙·雷纳克其余错误及可疑点随处可见。

我以为没必要纠结于此。

但决定吉尔·德·莱斯案真实性的关键因素有必要在此说明。

上文我已经说过,捏造卷宗档案的可行性为零,这是由其严密性决定的,倒有可能出现无伤大雅的瑕疵。试问如此错综复杂的大部头档案又怎会不出半点逻辑问题?何况此案卷宗档案的瑕疵也极少,总体而言极其严谨。试问知识水平远不及当今也没有萨德、弗洛伊德的十五世纪,谁又能严丝合缝地还原如此骇人听闻的屠杀?

事实上,正因为知识水平有限,所以面对如此骇人的屠杀,萨洛蒙·雷纳克才会以为纯粹是中世纪致某人于死地(比如圣殿骑士、犹太人、异端分子)而捏造罪名的经典桥段,绝不会想到人心险恶会导致丧心病狂。吉尔·德·莱斯之恶已经完全超出了他的认知。他对吉尔·德·莱斯案的否定与他对精神分析学的践踏如出一辙。萨洛蒙·雷纳克还在底端,而他身处的时代已经站到了高处学会了全方位的考量,就算了解到雌性吉尔·德·莱斯[①]存在的

---

① 所以说吉尔·德·莱斯之恶并非不可解释的谜团。至于出身匈牙利王室的血腥女爵伊丽莎白·巴托里,瓦伦丁·潘洛斯有具体研究(法文版由水星出版社出版)。现实中伊丽莎白·巴托里从未杀害幼童,而是折磨、杀害少女,她与吉尔·德·莱斯唯一的共同点:城堡中杀人无数。封建秩序下森森营垒中极有可能充斥着骇人悲剧,一个等级森严的封建社会不可能及时逮捕一位皇亲国戚。至少吉尔·德·莱斯生活的十五世纪上半叶的法国如此,伊丽莎白·巴托里生活的十六世纪末期匈牙利也如此。

事实也毫不讶异,因为这个时代的知识水平告诉我们:弑童与性欲有关,所以很不幸,发生的频次很高。

### F. 两版英国蓝胡子传奇(吉尔·德·莱斯为原型)

此书开篇我坚持大段引用博萨尔神父针对蓝胡子传奇与吉尔·德·莱斯事件两者联系走访当地的调查(第 11—15 页),调查之后博萨尔神父引用了皮埃尔·德·拉鲁斯 19 世纪大辞典里的两段文字。① 我认为有必要在此重现这两段文字。尤其第一段,虽然提供的信息并不明确,但不无生动地展示了骇人命案何以成为传奇。接下来我们将要看到的这段非常久远的布列塔尼故事最初为布列塔尼语,随后由阿梅佐伊伯爵翻译后收录在一本故事集中。②

老人:"年轻的普雷厄尔姑娘,为何不言不语?为何不再歌舞升平?"

---

① E. 博萨尔神父《法兰西元帅吉尔·德·莱斯》,第一版,1885 年,第 393—397 页。

② 第 2 卷,巴黎,1867 年,第 214—215 页。

年轻的姑娘："您还不如问问我们为何林中鸟儿不再欢唱，为何再也没有懒猴与灰雀婉转的啼鸣。"

老人："请恕我冒昧，年轻的姑娘，我并非当地人，我从远过特雷吉耶、莱昂之地远道而来，不知为何人人面上透着凄苦之色。"

年轻的姑娘："我们为最美最惹人怜爱的格文诺拉而哭。"

老人："格文诺拉怎么了？……你们一个个不言不语，年轻的姑娘！……到底发生了什么？"

年轻的姑娘："啊！天呐！无耻的蓝胡子杀死了亲爱的格文诺拉！他杀光了自己的妻子！"

老人，惊恐大呼："蓝胡子就在附近？啊！快跑，快跑啊，孩子们！凶残的狼不及无耻狂徒，恶熊凶不过恶棍莱斯男爵。"

年轻的姑娘："逃不了啊，我们身是莱斯的奴，心也为蓝胡子所困。"

老人："我会让你们自由的，我，让·德·马勒斯特鲁瓦，堂堂南特主教，发誓绝对保护各位周全。"

年轻的姑娘："吉尔·德·拉瓦尔不信天主！"

老人："他不得好死！我以天主之名起誓！……"

故事最后：

今时今日普雷厄尔的姑娘终于倾情歌唱，欢聚一堂为节日与救赎翩翩起舞。林中莺声婉转，懒猴与灰雀啾啾。大自然重新披上节日的盛装，吉尔·德·拉瓦尔不再！蓝胡子死了！

看得出这一传奇试图综合吉尔·德·莱斯事件以及拥有七任妻子的蓝胡子故事，但真实历史中的吉尔·德·莱斯并无七任妻子，也非杀妻狂魔，死于他手的男孩远胜女孩。当然他也确实杀害过女孩，历史上也确实由南特主教让·德·马勒斯特鲁瓦主持审判。

博萨尔引用的拉鲁斯大辞典第二段文字并无出处，请看下文：

终日与英军周旋的吉尔·德·莱斯老爷厌倦了战事，退隐埃尔万与凯斯唐贝尔间的莱斯城堡。"成日寻欢作乐夜夜笙歌"。一天夜里，一位骑士——科里万等地领主奥东·德·特雷莫克伯爵与美丽的未婚妻布朗什·德·莱尔米妮欲策马至莫尔莱。途中，吉尔·德·莱斯邀两人小歇片刻，共饮一杯葡萄美酒。耐不住吉尔·德·莱斯言辞恳切又殷勤,直至夜深两人仍无去意。突然城堡主人示意弓箭手将奥东·德·特雷莫克伯爵团团围住押入幽幽地牢。吉尔便让妙龄少女委身自己。布朗什泪如雨下,却见天主堂掩映在千千烛光中,欢快的钟声也荡起,婚礼已经开始。被人带到祭坛前的布朗什苍白如美丽的百合,浑身战栗。莱斯老爷盛装出场,他有最漂亮的红胡子,他来到她身旁,说:"神父快为我俩主婚。"布朗什·德·莱尔米妮大喊:"我不愿嫁给莱斯老爷!"莱斯老爷回说:"我愿意。"妙龄少女泪如泉涌:"千万不要啊,神父。"神父说:"答应了吧,我为两位祝福。"布朗什转身要跑,吉尔·德·莱斯抓她入怀,说:"我会给你最华丽的衣裳。"布朗什说:"放开我!"莱斯老爷坚持:"我的城堡、森林、田地、牧场全都是你的!"布朗什仍喊:"放开我!"莱斯老爷大呼:"我的人和灵魂都给你!……"此时,大老爷眼前的布朗什突然变作长着天蓝色胡子的魔鬼,说:"我接受了!我接受了!听见没,吉尔·德·莱斯?我接受了,从此以后你就是我的。"吉尔·德·莱斯破口大骂:"见鬼!"魔鬼阴险地一笑:"吉尔·德·莱斯,你罪孽深重,天主已经放弃了你,如今你属于地狱,从今天开始你就多了一个标记。"就在这时,吉尔·德·莱斯原本红红的胡子变成了深深的蓝色。这还没完，魔鬼继续说道："从今往后你再也不是吉尔·德·莱斯，你是蓝胡子，世间极恶之人，孩子眼中可怕的怪物。人世永远唾弃你的名字，要你死后挫骨扬灰，你肮脏的灵魂将被打入无间地狱。"吉尔哭喊自己知道错了。魔鬼口念一个个受害亡灵的名字，也包括躺在城堡地下墓穴的七位吉尔的亡妻。魔鬼又说："我以布朗什·德·莱尔米妮之身与奥东·德特雷莫克伯爵同来，此刻他正与勒东地区所有善人义士驰骋于埃尔万的路上。"吉尔·德·莱斯大骇："他们要做什么？""为你刀下亡灵复仇。"吉尔颓然："我就这么完了？""不至于，时候未到。""谁能阻止他们？""当然是我，我需要你帮扶，好骑士。""你会救我？""当然，我会救你，活人远比死人有用。好了，后会有期，吉尔·德·莱斯，记住，你的人以及你的灵魂都是我的。"魔鬼说到做到，阻止了勒东地区所有的善人义士。但从这一刻开始，吉尔就成了众人眼中的蓝胡子。

虽然这一传奇的写书人在吉尔·德·莱斯身后事上并未遵照史实（行刑后莱斯老爷的尸身并未遭挫骨扬灰），但对史实有着更为详尽的认知。行文透露出写书人非常了解吉尔·德·莱斯与魔鬼结盟的细节：虽然吉尔·德·莱斯不愿出卖自己的灵魂及肉身（准确说应该是"他的寿命及灵魂"），却中了魔鬼诡计。

吉尔·德·莱斯案档案

第一部分　教会审判

# I 预备阶段文书

1440 年 7 月 29 日,南特主教令,交代教会秘密调查事宜以及吉尔·德·莱斯劣行。

承蒙天主与教廷恩典,鄙人让——南特主教谨以耶稣之名向诸位致敬,敬请诸位相信信中内容属实。

希望借由此信交待事由:南特圣玛丽教区为下文即将提到的吉尔·德·莱斯所属教区、常住地——人们常说的拉苏斯公馆所在地,吾等探访圣玛丽教区及区内各堂时,常听坊间众说纷纭,另有老实本分之人控诉、陈情,如德尼·德·勒米庸之妻阿加特、圣母院教区已故勒尼奥·多奈特遗孀、圣德尼教区纪伯莱·德利遗孀、圣文森教区让·于贝尔及其妻、南特圣十字教区伊冯·凯尔盖遗孀玛尔特、南特附近圣西米连教区让·达雷尔之妻让娜、南特郊外圣克莱芒教区埃奥内·勒·沙尔庞捷之妻蒂费娜,以上证人均为上述教区会议中人,为人审慎、沉稳、可靠。

在探访辖区内上述各堂期间,吾等认真考察上述证人并借其证言了解到诸多情况,确定本教区子民、嫌疑人——该地领主,尊敬的男爵骑士吉尔·德·莱斯老爷,伙同一干手下割喉残杀众多无辜幼童,情节恶劣,并对受害者行淫乱之事,违背天理地犯下了鸡奸罪,多次亲自或指使他人召唤魔鬼,献祭并将自己出卖于魔鬼,犯下累累滔天大罪,严重触犯了教会司法。据特派调查员及检察官的调查取证,案发地包括本教区多地。

鉴于仍有部分位高权重的体面人士以为所谓的不法行为是对吉尔·德·莱斯的污蔑。为了消除疑虑,吾等献上此信并加盖官印。

南特,1440 年 7 月 29 日

南特主教训谕

(执笔人签名:)让·帕蒂

1440 年 9 月 13 日,南特主教令,传唤吉尔·德·莱斯出席教会审判。

承蒙天主与教廷恩典,鄙人让——南特主教谨以耶稣之名向南特市及教区主堂本堂神父、副本堂神父、小堂本堂神父、神父、教士、书记员、公证员、公证文书书记员等诸位致敬，敬请诸位严格遵照此令。

诸位应该知道，近来吾等通过对南特市及教区尤其是圣母院、圣德尼、圣尼古拉、圣文森、圣十字教区主堂以及南特附近圣西米连、南特郊外圣克莱芒、莱斯圣希尔教区主堂的走访调查发现，当地怨声载道，多为谨慎、善良的教徒及可靠的审慎人士的严辞控诉，吾等已命公证员、书记员整理以上证人证言然后纳入走访调查记录，再者，甚嚣尘上的坊间传闻及之前的告发一概指向该教区大领主，尊贵的吉尔·德·莱斯男爵，控诉其惨无人道地割喉残杀众多无辜幼童，并恶劣地对受害者犯下有违天理的鸡奸罪，手段之繁复、情节之恶劣简直闻所未闻，当下三言两语无以描述其残暴，之后将以拉丁文择地择期宣告。嫌疑人多次参与并促成可怕的召唤恶行、献祭魔鬼更出卖自己的灵魂，除此之外还犯下诸多违法之恶行，明目张胆地鼓吹异端学说、辱没神威，损害并扭曲神圣信仰，荼毒他人。

为防止此等罪行及病态异端思想如病毒传播，必须立即行动根除并尽快做出妥当弥补措施，而非故意掩盖、沉默或者有意疏忽，在此敬请诸位切不可相互推诿，吾等将立即下令，于光荣十字圣架瞻礼后的星期一,9月19日,即刻传唤子民、嫌疑人、尊贵的领主吉尔·德·莱斯骑士出庭,届时嫌疑人将向吾等及负责此案的检察官就背教及违法事实做出回应,自证清白,还望诸位严格遵循。

公元1440年,9月13日,星期二。[①]

主教训谕

(执笔人签名:)让·吉奥莱

1440年9月13日下达

鄙人罗宾·吉约姆,南特教区书记员兼公证员,授命按文件传达的精神于1440年9月14日按要求下达针对吉尔·德·莱斯男爵、骑士的以上文件。

---

① 如下文所述,此为第二天整理而成的抄送件。

# II 庭审记录

1440 年 9 月 19 日当天

吉尔·德·莱斯首次出庭。

光荣十字圣架瞻礼后的星期一,南特拉图诺瓦城堡大厅内,尊敬的南特主教阁下亲临审判主持正义,尊敬的此案检察官吉约姆·沙佩永阁下再次宣读了上述文件中的传唤书,被告男爵、骑士吉尔·德·莱斯出庭。

检察官以多项罪名(主要关于异端学说)指控男爵、骑士吉尔·德·莱斯,吉尔·德·莱斯表示愿意亲自向尊敬的南特主教大人乃至任何教会法官以及宗教裁判所法官洗清自己的冤屈。尊敬的主教大人同意男爵吉尔·德·莱斯骑士的请求,定于本月 28 日传唤吉尔·德·莱斯出庭向诸位宗教人士,包括王室宗教裁判所法官代理人让·布卢昂神父回应检察官提出的指控,配合尊敬的主教大人、宗教裁判所法官代理人及检察官的此案（关于背教、违法以及检察官提出的各项指控）庭审工作。

出席人员包括来自布福隆的审慎人士奥利维耶·索利德阁下、南特教区主堂本堂神父、来自布兰的让·迪朗以及指定出席的证人。

（空白处署名）：让·德·洛奈，公证员让·帕蒂以及 G. 莱内

1440 年 9 月 28 日

吉尔·德·莱斯缺席庭审，10 月 8 日吉尔·德·莱斯第二次出庭。

以主之名，阿门。

1440 年 9 月 28 日星期三，第十任大祭司——神圣教宗欧仁四世在位年，巴塞尔大公会议期间，尊敬的南特主教让·德·马勒斯特鲁瓦阁下，承蒙天主与教廷恩典，与诸位教会人士包括教廷任命的王室宗教审判所法官、神学教授、修士吉约姆·梅里奇大人指定的代理人兼南特市及教区宗教裁判所法官、圣经业士让·布卢昂于主教宅邸的小堂中，命吾等（此案公证员、书记员：让·德·洛奈①、让·帕蒂、尼古拉·热罗、吉约姆·莱内）在场听取

---

① 拉丁语：de Almetis。

以下出庭证人证言,如实抄录涉案事实并按公文样式整理成文。此次出庭的诸位证人声泪俱下地向在场的主教大人及宗教裁判所法官代理人控诉痛失幼子、侄子的事实,表示自己的幼子、侄子或亲属遭吉尔·德·莱斯及手下同谋、好事之徒、追随者及亲属设计诱拐并残忍杀害,并遭有违天理的可耻罪犯鸡奸,证人表示罪犯多次召唤并崇敬魔鬼、触犯教会司法犯下累累罪行,情节之恶劣简直闻所未闻。原告谦恭地祈求尊敬的南特主教大人及宗教裁判所法官代理人让·布卢昂神父俯允,及时并公道地主持正义。

南特圣母院教区德尼·德·勒米庸之妻阿加特,表示年约 20 岁的侄儿科兰为吉约姆·阿夫里尔之子,小个子,白净,证人表示受害人其中一只耳朵有个小耳朵一样的印迹,1439 年 8 月某日早晨或相近某日,受害人前往位于南特圣母院附近的拉苏斯公馆。该公馆属于莱斯老爷。自此之后,证人表示再也没有见过侄儿科兰,也没有任何消息,直到外号叫作拉梅弗莱耶的佩里纳·马丁被捕随后被俗世法庭打入大牢,才有传言说众多幼童遭莱斯老爷诱拐并残杀。证人表示不知其中缘由。

同样,南特圣母院教区已故勒尼奥·多奈特的遗孀表示幼子让经常出入拉苏斯公馆,但 1438 年圣让瞻礼后再也没有孩子音讯，直到外号叫作拉梅弗莱耶的佩里纳·马丁被捕然后如上文所说被判入狱后，才听说此人招认将孩子送给了莱斯老爷的手下。

南特圣德尼教区纪伯莱·德利之妻，同样表示上一年诸圣瞻礼的第一个星期，幼子吉约姆经常出入拉苏斯公馆。让·白里安向证人表示之后七八天见其幼子出入拉苏斯公馆，之后再无其踪影，怀疑其失踪点正是拉苏斯公馆。

南特圣文森教区让·于贝尔及其妻，控诉说上一年的圣让瞻礼时家中年约14岁的儿子让前往拉苏斯公馆后回到家中，向母亲表示自己在拉苏斯公馆为莱斯老爷打扫了房间，老爷赏了自己一块面包。他将面包带回家中给了自己母亲，还说老爷十分优待他，给他喝了白葡萄酒，稍后孩子便重回拉苏斯公馆，便再也没有音讯。

南特附近圣西米连教区的让·达雷尔之妻让娜，控诉说上一年的圣皮埃尔及圣保罗节、瞻礼时自己从南特圣母院回家，当时正值晚祷，同她一路的还有她年约9岁的儿子，证人抵达南特的圣萨蒂尔南附近时，回头一看却不见与自己同路的儿子，此后再无孩子音讯。

南特圣十字教区石匠伊冯·凯尔盖遗孀，控诉说复活瞻礼与耶稣升天瞻礼期间自己将幼子托付给莱斯老爷的仆从普瓦图,此人保证让孩子成为莱斯老爷的仆从,之后证人再也没有见过自己年约11岁的孩子。

南特附近圣克莱芒教区屠夫埃奥内·勒·沙尔庞捷之妻蒂费娜,控诉说两年前自己年约10岁的侄儿、埃奥内·达加耶之子皮埃尔失踪后再无音讯,直到别名拉佩里索纳的佩里纳·马丁招供(与上文一致)将孩子送给了莱斯老爷的手下。

皮埃尔·库伯里之妻同样控诉说自己两个孩子(一个8岁,一个9岁)失踪不见。

让·马涅控诉说自己幼子失踪不见。以上原告怀疑并亲口表示怀疑莱斯老爷及其同谋蓄意诱拐并残杀以上幼童。

尊敬的南特主教大人及宗教裁判所法官代理人让·布卢昂修士获悉以上事实后,不愿坐视不理,于是当机立断下令敬告所有神职人员:于10月8日传唤吉尔·德·莱斯,向南特主教大人、宗教裁判所法官代理人大人及检察官大人就涉案事实做出回应并自证清白。

教宗任期,大公会议期间,9月28日。

出席人员包括受人敬仰的审慎人士、法律博士、南特官员雅克·德·庞科埃蒂,法律业士、南特教区教士让·布朗谢以及特定出席的证人。

（执笔人签名:）让·德·洛奈,让·帕蒂,G.菜内

1440 年 10 月 8 日

吉尔·德·莱斯第二次出庭,"证讼（litis contestatio）"笔录

随后,教宗任期,大公会议期间,10 月 8 日,南特拉图诺瓦城堡底层大厅内,上述原告再一次声泪俱下地向主教及宗教裁判所法官代理人大人疾声控诉痛失幼子的事实,明确表示（与上文一致）自己的孩子落入莱斯老爷及其同谋、同伙的手中,遭无耻狂徒鸡奸,原告表示罪犯召唤并崇敬魔鬼,触犯教会司法犯下累累罪行;诸位原告谦恭地祈求南特主教及宗教裁判所法官代理人让·布卢昂大人俯允,主持正义、依法追究被告的法律责任。

教宗任期,巴塞尔大公会议期间,10 月 8 日星期六早晨 9 点,南特拉图诺瓦城堡高层大厅内,尊敬的南特主教让·德·马勒斯特鲁瓦阁下,圣经业士、宗教裁判所法官代理人让·布卢昂大人坐镇法庭主持公道,希望尽快解决事端并做出判决。出席此次审判的包括吾等此案公证员、书记员（让·德·洛奈、让·帕蒂、尼古拉·热罗、吉约姆·菜

内），以及主教及宗教裁判所法官代理人指定的教会法庭检察官、尊敬的吉约姆·沙佩永阁下，被告、当地领主、男爵吉尔·德·莱斯骑士。10月8日，审慎之士、教士罗宾·吉约姆即刻传唤被告吉尔·德·莱斯出庭，随后口头通报主教、宗教裁判所法官代理人及吾等已按要求传唤在押人员、被告吉尔·德·莱斯，此案检察官也已就位。随后检察官口述了尊敬的主教及宗教裁判所法官代理人下达的传唤令并表示已按规定严格履行。

检察官以口头形式提出对吉尔·德·莱斯的各项指控，也愿意择日择地将以上指控整理成文。发起人以口头形式提出、宣读并证实了对吉尔·德·莱斯的各项指控。被告吉尔口头（非书面形式）表示要上诉，但被主教大人及代理人大人以涉案罪行之恶劣及上诉要求的口头形式为由当场驳回了上诉要求，主教及代理人大人表示并无恶意，绝非有意非难，然后宣布继续庭审。

此时被告吉尔否认指控的真实性，否认自己涉案的嫌疑，表示接受了洗礼圣事、无心魔鬼与虚华的自己自始至终都是一名真正的信徒；在被告拒不承认指控后，检察官起誓表明自己绝无虚言、忠于事实，并坚持要求被告吉尔也起誓证明。在主教大人及代理人大人再三要求、质询甚至警告依法开除吉尔教籍的情况下,被告吉尔仍然张口否认。

虽然如此,应检察官一再坚持及请求,主教大人与宗教裁判所法官代理人仍指定星期二再次开庭,被告吉尔·德·莱斯以及检察官同时出庭听取陈述,届时将对所有指控进行逐条阐述,敦促被告吉尔·德·莱斯一一做出回应,以便进入下一法定程序。

为此,检察官要求吾等公证员及书记员起草公文。

出席此次庭审的包括圣布里厄克主教让·普雷让,尊敬的审慎之士、法律学士、布列塔尼庭长皮埃尔·德·洛皮塔尔,法律学士、罗伯特·德·拉里维埃,莱昂教区坎佩尔司法总管埃尔韦·莱维,南特有产者让·肖万,南特圣母院掌管祭台、香火、宝库的议事司铎若弗鲁瓦·皮佩耶,加蒂安·吕泽,法律学士吉约姆·格鲁瓦涅,奥利维耶·索利德,南特天主堂议事司铎让·德·沙托吉隆,司法总管罗伯特·皮佩耶,南特特邀人员让·吉奥莱,南特法庭特邀让·德·拉格朗吉耶以及特别传唤列席的众多证人。

(执笔人签名:)让·德·洛奈,让·帕蒂,G.莱内

1440 年 10 月 11 日

吉尔·德·莱斯延迟至下星期四出庭

南特主教及宗教裁判所法官代理人让·布卢昂大人对所述涉案事实确定无疑,故未开庭审理,而是将本周二的庭审推迟至周四,要求被告吉尔·德·莱斯与检察官届时出庭,继续下一法定程序及涉案事实的确认。

10 月 11 日,拉图诺瓦城堡底层大厅内,一众男女原告再一次声泪俱下地向南特主教及宗教裁判所法官代理人控诉痛失幼子的事实(上文有详细陈述),祈求诸位法官及时、公正地做出判决。

1440 年 10 月 13 日

提出指控后按法定程序通读诉讼书,被告因拒绝回应并辱骂法官,法庭认为其抗传并判处开除其教籍,驳回其上诉的要求。

10 月 13 日星期四,南特主教及宗教裁判所法官代理人于上午 9 时坐镇高层大厅开庭,检察官吉约姆·沙佩永大人及被告吉尔出庭,宗教裁判所法官代理人让·布卢昂大人在职权范围内依法审理此案,下文有述。

检察官以书面形式(下文有述)提出并逐条阐述所有对吉尔·德·莱斯的指控并表明立场,请求由南特主教及宗教裁判所法官代理人俯允审慎人士、尊敬的南特宗教裁判官、法律博士雅克·德·庞科埃蒂按法定程序为被告吉尔逐条陈述，以便被告起誓后就指控内容以法语进行清晰的逐条回应，加以补充或提出抗议，主教及宗教裁判所法官代理人以适当方式对指控内容做出确认后，要求被告吉尔就指控即刻做出回应，质询吉尔诉讼内容是否属实。

当时应检察官一再坚持及请求，主教大人及宗教裁判所法官代理人质询被告吉尔有何回应、有无异议。被告以桀骜不驯高高在上的姿态表示不作任何回应，明确表示主教大人及宗教裁判所法官代理人从始至终都不具备审判自己的资格，提出上诉，遂尔大不敬地出言不逊。被告吉尔表示南特主教大人、宗教裁判所法官代理人让·布卢昂以及其余一众教士均为亵渎圣灵的罪人、淫僧，宁愿绞死也不愿意回应此等教士、法官，更无法忍受与之面对面。上文提及的南特宗教裁判官，南特圣母院掌管祭台、香火及宝库的议事司铎，审慎之士若弗鲁瓦·皮佩耶受主教及宗教裁判所法官代理人委托，代替检察官用法语向被告陈述了部分指控及证言，被告吉尔无礼地断然否定其真实性，随后以法语回应南特主教大人,"我不会让您得逞,所谓的南特主教"①。

随后应检察官一再要求,南特主教及宗教裁判所法官代理人让·布卢昂大人质询被告吉尔是否需要口头或书面形式补充或提出异议,表示允许被告在合适的期限内考虑是否对指控提出异议。被告吉尔表示无话可说。

应检察官一再坚持及请求,主教大人及宗教裁判所法官代理人敦促、勒令并质询被告吉尔,多次劝告甚至以开除教籍为警告要求被告对既已借法语通读、阐述的指控及立场做出相应的回应,被告吉尔拒绝,表示自己深知天主教的信仰也了解对其提出指控之人,吉尔自认也是一名真正意义上的好教徒,如果自己确实如指控所说犯下了累累罪行,他大可直接做出违背信仰的不法行为背弃自己的信仰,所以就这点而言吉尔表示自己不可能装无辜。吉尔表示自己根本没有享受教会特权的想法,自己也很惊讶布列塔尼庭长皮埃尔·德·洛皮塔尔大人竟然会允许在座诸位教会高层受理针对他本人的案件,做出如此可恨之事。

---

① 拉丁原文中为古法语的形式:Je ne feroyer rien pour vous comme evesque de Nantes.

应检察官一再请求,尊敬的南特主教及宗教裁判所法官代理人宣布:虽依法敦促被告吉尔做出回应但被告仍然拒绝,显然为抗传之行。随后两位大人以明文判处吉尔被开除教籍,并口头诵读并公开了开除教籍的决定,应检察官要求,随后将依法立即执行。

对于主教大人及宗教裁判所法官代理人下达的教谕,被告吉尔单纯以口头形式(无书面形式)要求上诉。鉴于此案案情重大情节恶劣,在判断上诉无效的情况下主教大人及宗教裁判所法官代理人表示两人无权也不该受理,遂驳回被告上诉的要求。主教及宗教裁判所法官代理人允许吉尔查阅指控,也同意检察官传唤此案证人,同意被告吉尔见证证人出庭、起誓的全过程,但相应地,吉尔必须以口头或书面形式对指控做出回应或提出抗议,以便进入下一法定程序,主教及代理人大人确定并同意被告吉尔及检察官在指定的期限内做好准备于星期六再审。

随后,宗教裁判所法官代理人让·布卢昂修士依法出示了教廷特派员、神学教授、法兰西王室宗教裁判所法官、宗教人士吉约姆·梅里奇修士的公文,羊皮纸公文末尾盖有修士红蜡火漆,主教及宗教裁判所法官代理人向吉尔公开宣读了公文。出示并宣读公文后,南特主教及宗教裁判所法官代理人让·布卢昂大人质询吉尔对公文有无口头或书面形式的回应、有无异议,吉尔傲慢地表示无话可说。值得信赖的诸位证人当着被告吉尔对公文字迹、签名、印章、火漆进行确认,主教及宗教裁判所法官代理人表示公文充分有效。

应检察官要求,吾等公证员及书记员整理并起草了公文。

出席此次庭审的包括圣布里厄克主教让·普雷让阁下,布列塔尼庭长皮埃尔·德·洛皮塔尔阁下,罗伯特·德·拉里维埃以及尊贵的见习骑士吉约姆·德·格朗布瓦,南特有产者让·肖万、法律学士及雷恩教区教士勒诺·戈德兰,南特俗世法庭律师吉约姆·德·蒙蒂涅以及特别传唤列席的证人。

(执笔人签名:)让·德·洛奈,让·帕蒂,吉约姆·莱内

## 1440 年 10 月 13 日宣读的公文

一、起诉书

起诉书抄送件首部:此公文含指控及立场、宗教裁判所法官代理人此案审判资格公文(上文有述、展示),如下:

尊敬的南特主教让·德·马勒斯特鲁瓦阁下,圣经业士、南特修士、宗教裁判所法官代理人让·布卢昂阁下,著名的杰出人士、神学教授、教廷特派员、法兰西王室宗教裁判所法官兼南特市及教区宗教裁判所法官吉约姆·梅里奇修士,尊敬的南特圣尼古拉教区本堂神父、此案特派员、检察官吉约姆·沙佩永神父已向诸位提出对子民、嫌疑人、莱斯地区领主、男爵、骑士吉尔·德·莱斯的指控。此起诉书中指控内容及证言已经通过口头形式按序逐条宣读,检察官要求被告吉尔起誓后对指控进行逐条、充分回应;检察官表示如若被告否认指控还请诸位要求被告一一证明;检察官表示除被告抗议时提出的新证据,其余一切证据需符合法定程序。

1. 首先,检察官表示如果有必要可以证明十年、二十年、三十年、四十年、五十年、六十年、七十年、八十年、九十年乃至一百多年,图尔省南特市从未出现过如此空前绝后壮观、宏达的天主堂(一般称为南特天主堂),堂内以主教为首下设长老一位、议事司铎多名(教士会议与会者)及其余必需之人员(按既定的天主堂人员设置安排)。理应如此事实上也如实。

2. 此外，省与省之间有着严格的权责划分，南特主教管辖区历来也与图尔省内其余主教管辖区有着具体的权责划分，权责分离、互不干涉；从整体看，一个教区拥有多个教区堂，不同教区堂各自管辖教区内居民，可对各自教区内的子民行使审判权，众所周知历来如此。

3. 此外，尊敬的南特主教二十年来甚至更久以来始终如一，在自己职权范围内抚育辖区内子民之灵魂，管理、治理着南特主教辖区，历来此为众所周知显然之事实。

4. 此外，历来南特历任主教拥有、也有权就南特市及教区内发生的违规作乱、罪恶之事以及任何形式的轻罪要求行为人矫正、受罚、洗心革面，有权对违法犯罪、刑事案件进行预审及裁定工作，尊敬的现任南特主教同样拥有以上权利；尊敬的现任南特主教历来享有处罚、矫正、再造辖区内所有无耻作乱之徒并依法惩处罪犯的权利，不论嫌疑人原籍及出处，仅论嫌疑人是否于南特市及教区内违法作乱，如若违法作乱之事发生于辖区内，主教大人有权依据案情审判并公开审判结果，有权审核、开除行为人教籍并做出其余处罚，有权判刑、责令行为人赎罪并根据案情需要交由俗世法庭审判，众所周知历来如此。

5. 此外,不久前,教廷允许法兰西王室及图尔省宗教裁判所法官吉约姆·梅里奇指定一位或多位同级修士作为代表,确有其事。

6. 此外,教廷下达任命之前,吉约姆·梅里奇修士年40岁,为圣经教授,众所周知有能力履行这一职责。情况如上所述,属实。

7. 此外,南特市及教区历来制定了诸多法律条文、教规,拥有自己的惯习、风俗,至今为当地人严格遵循,尊敬的南特主教及该市、教区的宗教裁判所法官有权共同或分别就异端学说、巫术、叛教、偶像崇拜、占卜、迷信等违法作乱之事,尤其是该市及教区博学之士异端学说、叛教、偶像崇拜的违法作乱之事进行预审、裁定及惩处的工作,历来如此。

8. 此外,法兰西王国尤其南特市及教区历来指定了诸多法律条纹、戒律,拥有自己的惯习及习俗,严格实施、保存至今也为众人严格遵循,教廷特许多明我会修士吉约姆·梅里奇于辖区内指定一位或多位同级修士为代表的权利及派遣权,历来如此,属实。

9. 此外,被告吉尔·德·莱斯,历来为南特马什库勒三圣一体堂教区子民,众所周知始终如此。

10. 此外,被告吉尔·德·莱斯,自幼年及青年时代至今始终为南特主教及宗教裁判所法官代理人尤其是主教大人辖区内子民,因上文所述指控接受司法审判,历来如此。

11. 此外,马什库勒及圣艾蒂安-德梅尔莫特教区天主堂、城堡历来属于南特教区。教区内子民均属南特主教精神及司法管辖,如辖区内子民犯上文及下文所述违法作乱之事同样受宗教裁判所法官代理人管辖,众所周知历来如此。

12. 此外,1426 年 7 月 26 日以来就任南特宗教裁判所法官的吉约姆·梅里奇修士指定、派遣、安排多明我会修士让·布卢昂于南特市及教区代行职权,有文书为证,检察官援引了文书内容,参阅指控及证言后文详细记录,情况属实。

13. 此外,代理人授权书下达前,让·布卢昂修士历来为南特多明我会修士,年 40 岁,忠于信仰,有能力胜任代理人一职,众所周知历来如此,情况属实。

14. 此外,上文所述为众所周知的情况。

15. 此外,鉴于坊间传言四起,尊敬的南特主教大人在南特市及教区内组织秘密调查工作,教廷特派专员以及南特教会法庭检察官也走访了当地,就下文所述犯罪事实、罪行及触犯宗教司法的不法行为进行调查;鉴于先前南特市及教区男女众人声泪俱下反复控诉、指证被告吉尔·德·莱斯及其亲信吉尔·德·西雷、罗歇·德·布里克维尔、昂列·德·格里亚尔、又名普瓦图的艾蒂安·科里约、安德烈·比谢、让·罗西尼奥尔、罗宾·罗米拉、名叫斯帕迪内之人、伊凯特·德·布雷蒙诱拐并残忍割喉杀害诸多幼童后肢解、焚尸并可耻地百般折磨受害幼童；据多人指证，被告吉尔·德·莱斯召唤魔鬼、恶灵，并以极其可恶的手段将幼童残肢当作祭品献给魔鬼、恶灵；厌恶与女童发生实质性行为的被告吉尔卑鄙无耻地鸡奸、猥亵受害幼童（男女皆有，有时受害幼童尚存一息，有时已经死亡，有时处于垂死状态）。检察官表示如若需要能够提供充分证据证明几近 14 年以来（历经上任教宗马丁五世，现任教宗欧仁四世，现任图尔省大主教菲利普大人，现任南特主教让大人，显赫的布列塔尼公爵让大人以及诸位历任长官、大人），被告吉尔之思想时刻为恶灵腐蚀，不再关心灵魂是否得救，而是亲自或指使吉尔·德·西雷、昂列·格里亚尔、又名普瓦图的艾蒂安·科里约诱拐、割喉残杀众多男女幼童、焚尸后抛至偏远的秘密地点，被告有违天理，无耻地鸡奸、猥亵受害幼童，上下文所述案件案发地点较多，具体内容下文有述。

16. 此外，为阐明之前所提各项指控，检察官表示(也能够证明)信奉基督、希望升入天堂之人不能耽于淫欲,自洗礼、立志信奉天主之后便永远献身于主,双眼及灵魂再也不能向着世间虚妄与疯狂,而应将希望寄托于主耶稣,全心全意凝视主之面容,不作他想,先知大卫有言:"寄希望于天主而不止于世间虚妄与疯狂之人最幸福!"大卫也疾声劝谏:"天主之子的人类啊,难道要一生将虚妄与谎言珍视?"然而吉尔·德·莱斯,虽已受洗礼圣事以真正基督徒身份受坚信礼并由此弃绝了恶魔及恶魔之虚华、恶之业,但最终仍旧堕入歧途。几近 5年来,吉尔·德·莱斯于妻子名下马耶塞教区的提弗日城堡底层大厅内借由意大利籍弗朗索瓦·普雷拉提等自称土占专家之流描画诸多符号、图形及字符,又在毗邻提弗日城堡的树林里命安托南·德·帕莱纳、隆巴尔以及名叫路易之人及其他术士及魔鬼召唤师在让·德·拉里维埃的土地上画下同样的符号,命一干人等念咒、占卜,亲自或指使他人召唤魔鬼如巴隆、奥里安、贝尔泽布、贝里亚尔,期间用到火、香、没药、芦荟树脂及其他香料,底层大厅的窗户、天窗大敞,一干人等屈膝以求恶灵回应,向恶灵献祭、上供并表忠心,被告吉尔计划与恶灵、魔鬼交易以求恶灵、魔鬼相助获得、重拾技能、权势及财富。历来如此,情况属实。

17. 此外,被告吉尔·德·莱斯一纸契约将灵魂出卖于恶灵,愿按恶灵意愿行事。被告愿借此求得恶灵相助,得技能、财富及权势,情况如上所述,属实。

18. 此外,与此同时,另有一次,弗朗索瓦①(圣马洛教区神父厄斯塔什·布朗谢为吉尔到意大利招揽魔鬼召唤师,结识弗朗索瓦后与其同往法国)于提弗日城堡四分之一古里外的草地上召唤魔鬼,期间用到火并在地上画了一个圆,又名普瓦图的艾蒂安·科里约也在场,吉尔·德·莱斯命此二人共同负责此事。在此之前,被告已将亲手写就的决心书交于弗朗索瓦及艾蒂安②,以便于恶灵巴隆现身时以吉尔之名出示并交于恶灵巴隆,决心书上表示如若巴隆允被告吉尔重拾技能、权势及财富,被告吉尔愿奉献一切给巴隆,除了自己的灵魂及寿命。情况如上述,属实。

19. 此外,与此同时,另有一次,吉尔·德·莱斯与弗朗索瓦·普雷拉提于毗邻若斯兰市区及城堡的周边某处草地上召唤恶灵并进行其他迷信活动。情况如上述,属实。

---

① 弗朗索瓦·普雷拉提。
② 艾蒂安·科里约,又名普瓦图。

20. 此外，与此同时，另有一次，差不多一年前，被告吉尔一行（包括弗朗索瓦）最后一次拜谒布列塔尼公爵时途经南特教区的布尔讷夫，下榻小兄弟会之家。吉尔命弗朗索瓦多次召唤恶灵、念咒甚至亲自召唤魔鬼，希望也企图得恶灵相助博公爵大人欢心。情况如上所述，属实。

21. 此外，与此同时，来自瓦纳的安德烈·比谢将瓦纳市集居民让·拉瓦里之子、年约 10 岁的让带至吉尔·德·莱斯下榻的让·勒穆瓦纳家中，此处毗邻瓦纳主教公馆，位于瓦纳城墙外不远处，被告吉尔对其实施鸡奸之行后将其杀害。在受害人濒死之时，被告丧尽天良、无耻地猥亵受害人，随后在隔壁博埃丹家中将其残忍杀害，砍下并保存其头颅，将受尽凌辱的尸身抛至博埃丹家中茅坑内。情况如上所述，属实。

22. 此外，被告吉尔亲手写就契约书打算与恶灵巴隆交易，并于契约书中写明了条件。情况如上所述，属实。

23. 此外，以上均为众所周知公开之情况。

24. 此外，几近 14 年间，被告吉尔·德·莱斯派其总管、同谋、挑唆怂恿者兼后援吉尔·德·西雷行至世界各地、各个角落寻觅、招揽占卜师、召唤师、念咒师以便实现生财、寻宝的愿望，利用巫术光耀门楣，夺取城堡，占领城郭。情况如上所述，属实。

25. 此外，在此期间，被告吉尔同样也派上文提到的厄斯塔什·布朗谢到意大利及佛罗伦萨寻觅、招揽招魂师、念咒师、占卜师，当时厄斯塔什在佛罗伦萨结识了上文提到的弗朗索瓦·普雷拉提并与其同回法国为吉尔所用，情况如上所述，属实。

26. 此外，与此同时，被告吉尔在南特拉苏斯公馆、奥尔良金十字旅店、马什库勒及提弗日城堡多次招魂唤鬼，情况如上所述，属实。

27. 此外，几近 14 年间，被告吉尔·德·莱斯在昂热教区尚多塞城堡、马什库勒城堡、提弗日城堡、瓦纳勒穆瓦纳家中高层房内以及他不时前往过夜、常住的南特圣母院教区拉苏斯公馆内，杀害 140 名幼童（男女皆有）甚至更多，极尽阴险、凶残之能事，可谓惨无人道。或指使吉尔·德·西雷、罗歇·德·布里克维尔、昂列、艾蒂安、安德烈①及上文提到的若干人等残杀受害者，以上众人分别于不同时间以惨无人道的可怕行径走上了犯罪之路，埃尔默热纳有言"凡有人越权毁灭同为造物主造物之人，天理不容，必遭神明责罚，永生永世受大火焚烧

---

① 安德烈·比谢。

之苦"。吉尔·德·莱斯更是罪加一等,竟将无辜受害人残肢献于恶灵,在受害人死前或死后,甚至在其垂死之时,可恶地实施鸡奸之行,有辱上天,为满足自身不道德的可恶淫欲,竟有违天理地猥亵受害幼童,随后亲手或指使吉尔·德·西雷、昂列·格里亚尔、又名普瓦图的艾蒂安·科里约当场焚烧受害男女幼童尸体然后抛至上述城堡地沟、水沟以及拉苏斯公馆的垃圾堆中。拉苏斯公馆因前领主、吉尔·德·莱斯外祖父(吉尔·德·莱斯母亲之父)让·德·克拉翁得名,让·德·克拉翁生前为拉苏斯领主,作为该公馆的持有人一直居住于此直至逝世。140名甚至更多受害人中有15人死于拉苏斯公馆内多处秘密地点,随后由吉尔·德·莱斯亲自或分别指使吉尔·德·西雷、昂列、艾蒂安①抛尸,案发地也包括上述城市及城堡多处偏远的秘密之地。情况如上所述,属实。

28. 此外,几近14年间,被告吉尔·德·莱斯亲自或指使吉尔·德·西雷、罗歇·德·布里克维尔、昂列、艾蒂安以及安德烈·比谢要求牙侩、上了年纪的女拐客以"投奔吉尔,孩子及其亲友得益"为由寻觅男女幼童送给吉尔,借此被告吉尔鸡奸、猥

---

① 艾蒂安·科里约,又名普瓦图。

亵幼童,亲手或指使他人割其喉并杀害之。事实上牙侩及捎客也的确可恶地将无辜幼童送到了吉尔·德·莱斯及同谋手中。情况如上所述,属实。

29. 此外,几近一年以前,被告吉尔·德·莱斯下榻布尔讷夫小兄弟会之家,指使昂列、艾蒂安两人寻觅15岁左右少年以满足自己的淫欲(也就是通常所说的"鸡奸")。原籍下布列塔尼、暂住布尔讷夫的罗迪格家中的少年遂遭昂列、艾蒂安诱拐骗至被告吉尔·德·莱斯下榻的修道院,在被告吉尔经常入住的房内,遭无耻被告吉尔猥亵——也就是通常所说的"鸡奸",情节极其恶劣(同上文提到的所有受害人一样)。被告吉尔残杀少年后指使他人将其尸体带至马什库勒城堡焚毁。被告吉尔·德·莱斯及昂列、艾蒂安犯罪事实如上所述,众所周知属实。

30. 此外,被告吉尔·德·莱斯以美酒佳肴、琼浆玉酿为鸡奸恶行助兴,有违天理地猥亵男女幼童。有了美酒佳肴的催化剂,被告吉尔愈加肆意妄为,愈加兴奋狂躁,极尽癫狂放荡,日日醉生梦死。情况如上所述,属实。

31. 此外,被告吉尔于提弗日城堡卧房内将其中一名受害人的手、眼睛、心脏及血放于一支杯子内,致敬并献祭魔鬼巴隆,指定精通召唤术的弗朗索瓦·普雷拉提以自己的名义召唤魔鬼巴隆。情况如上所述,属实。

32. 此外,几近 5 年间,凡重大节日尤其刚过的诸圣瞻礼,吉尔·德·莱斯极尽能事搞大场面致敬恶灵,而且如上文所述,为了履行与魔鬼的交易并向恶灵致敬,每逢重大节日吉尔都要亲自或命人向众多穷人布施。情况如上所述,属实。

33. 此外,被告吉尔·德·莱斯将自己的抱负、信仰寄托于恶灵,占卜、残杀无辜幼童,有违天理的鸡奸之行及淫欲,情况如上所述,属实。

34. 此外,几近 14 年间,被告吉尔与占卜师及异端分子往来,多次借其帮助施法召唤。不仅与占卜师及异端分子商议、合谋,甚至接受其歪理邪说,研究阅读违禁邪书。全身心投入歪理学说当中并以此为寄托、灵魂归属,只求能找到合适的途径召唤恶灵。信奉占卜师及异端分子的歪理学说为基础的异端学说。情况如上所述,属实。

35. 此外,被告吉尔·德·莱斯于 14 年间,与召唤恶灵的招魂师、念咒师、占卜师、巫师来往甚密,款待、宠幸并护其周全。信奉召唤师之流并研习、实践天理、教规、司法不容的巫术,以此为教条。情况如上所述,属实。

36. 此外,几近五年前,布列塔尼公爵大人围攻尚多塞城堡时,时为城堡主的被告吉尔·德·莱斯在城堡被困前,命吉尔·德·西雷、昂列、又名普瓦图的艾蒂安·科里约以木箱转移被告吉尔以惨无人道之手段残杀、可恶地实施鸡奸及其他有违天理的恶行的 45 位无辜受害人的头颅及尸骨至马什库勒城堡,以防公爵大人、公爵手下、官员及其他人等发现端倪。昂列·格里亚尔、吉尔·德·西雷、又名普瓦图的艾蒂安·科里约受被告吉尔之命在马什库勒城堡焚烧受害人头颅及尸骨。情况如上所述,属实。

37. 此外,涉及本案事实及所有违法作乱之恶行,被告吉尔·德·莱斯、昂列·格里亚尔、艾蒂安·科里约、吉尔·德·西雷、让·罗西尼奥尔、斯帕迪内、罗歇·德·布里克维尔、安德烈·比谢及一干人等互为帮凶、共谋、共犯,或分别作案。众所周知,情况如上所述,属实。

38. 此外,几近两年前,被告吉尔反省自己为非作歹、背教、违法作乱、罪孽的一生,因良心不安向天主及圣神发誓,祈愿从此以后改邪归正、脱离可怕可耻的罪恶之路,为此他将前往耶路撒冷朝拜,探访主的圣墓。情况如上所述,属实。

39. 此外,积习难改的被告吉尔违背自己的誓言与良愿,继续在上述地点亲手或指使他人割喉残

杀众多幼童，如上文所述，为满足一己淫欲有违天
理沉迷于鸡奸恶行。也因为其天理不容的违法恶
行，当地经历了地震、饥荒及瘟疫。吉尔亲自或命
人召唤、念咒希望恶灵现身，为此，被告吉尔重新堕
入犯罪的泥沼。众所周知情况如上所述，属实。

40. 此外，对上述事实，坊间有传闻及议论
之声。

41. 此外，如上文所述，被告吉尔·德·莱斯因
此声名败坏；被告犯有鸡奸、异端、偶像崇拜、叛教
等罪行。情况如上所述，属实。

42. 此外，两年前，不惧神明的被告吉尔·德·
莱斯伙同一干共犯，持攻击性武器气势汹汹强行闯
入南特教区圣艾蒂安-德梅尔莫特天主堂。武力威
胁南特的让·勒费龙教士，命切瓦的勒纳诺侯爵及
一干人等武力强制驱逐该教士，将其投入监狱长达
数月之久，先囚禁于圣艾蒂安-德梅尔莫特城堡，后
转移至提弗日城堡。随后被告吉尔于此地被捕，手
脚戴上了镣铐。经图尔大公会议决定，因被告吉尔
本人及其同伙侵犯教会豁免权判开除其教籍。众
所周知情况如上所述，属实。

43. 此外，被告吉尔曾于多地多次当众（均为亲
信）说起、泄露、公开上述罪行并将其当作信条，长
久以来为名利、炼金术、权势而参与巫术、招魂、占

卜及其他迷信活动。情况如上所述，属实。

44. 被告吉尔·德·莱斯在上述地点及周边地区犯下有违天理的鸡奸罪及其他罪行，如上文所述。情况如上所述，属实。

45. 此外，民意、信仰、各方观点、实情、坊间传闻及议论之声均指向吉尔·德·莱斯有罪，被告吉尔于南特下属三位一体教区、马什库勒教区、圣艾蒂安-德梅尔莫特教区、莱斯圣希尔教区及其他接壤或相邻教区、南特圣母院教区等布列塔尼公爵领地内及相邻地区如传闻所言犯有异端、二次判教、行巫、鸡奸、召唤恶灵、占卜、割喉残杀无辜、背教、偶像崇拜、背弃并反信仰数罪。众所周知情况如上所述，有证言、民意、传闻、见闻为证，属实。

46. 此外，被告吉尔长久以来恶习难改屡犯罪行，均有正直、严肃人士公开谴责其罪行，上述地点均有言词控诉直指吉尔·德·莱斯。情况如上所述，属实。

47. 此外，上述事实公开、严重辱没天主教信仰及圣母教会，是为反面教材，同样也严重侵蚀吉尔之灵魂。情况如上所述，属实。

48. 此外，上述事实均为当地众所周知显然之事，无法掩饰，无托词可寻，无可否认。坊间已有议论之声及传闻。对于上述事实，被告吉尔供认不讳,属实。①

49. 此外,鉴于被告吉尔·德·莱斯之罪行、不法行为,判处其被开除教籍,同召唤恶灵的占卜师、巫师、招魂师、咒师、挑唆者、炼金术师、门徒及信徒、魔术师等所有施行禁术之自大之人一样承担相应的责任;另外,吉尔·德·莱斯因异端两次判教,触犯神圣天威,犯十诫,无视圣母教会的常规与戒律,结下恶果荼毒基督信徒,竟胆大妄为藐视尊敬的南特主教的司法权,情况如上所述,属实。

起诉理由与根据:故此,检察官请求南特主教大人及宗教裁判所法官代理人让·布卢昂大人两人共同或一人代表宣判:被告人吉尔异端、判教、召唤恶魔罪名成立,手段阴险,情节恶劣,故判处开除其教籍并追究其法律责任。就被告吉尔之叛教、召唤魔鬼之行径,依教规勒令其改邪归正并依法追究其法律责任。另外,敬请尊敬的南特主教大人定夺并宣判有违天理地猥亵男童及上文所述受害者的被告吉尔鸡奸罪名成立,因被告吉尔无耻侵犯教会的豁免权,依教规开除其教籍并依法追究其法律责任、勒令其改过自新。检察官谦恭地请求各位在上

---

① 很显然,最后一句是 1440 年 10 月 13 日宣读诉讼书之后再加上去的。吉尔·德·莱斯第一次招供是在 10 月 15 日。

的法官俯允,以便按法定程序及时伸张正义。

检察官整理、阐述并尽自己所能、尽义务以最佳方式证明了以上事实(除口头指控中出现的证据),还望在上各法官明察,如有必要可择日择地适当整理、增补、修改、减少、阐述、完善、口述并证明。

(执笔人签名:)让·德·洛奈,让·帕蒂,G.莱内

二、1426 年,法兰西王室宗教裁判所法官委托函,委托让·布卢昂修士为宗教裁判所法官代理人。

多明我会修士、神学教授、教廷委任的法兰西王室宗教裁判所法官吉约姆·梅里奇以主耶稣之名,委任多明我会南特修院修士让·布卢昂为法定代理人。

《使徒书信》有言:若不动用宗教法庭这一机器及时铲除异端,异端之恶将如瘤毒传播,暗地摧毁朴实之灵魂,所以理应极度关切、慎之又慎地行使宗教裁判所的有益职能击溃异端、异端分子及深陷异端丑闻、异端嫌疑以及妨碍司法的拦路石。因完全信赖让·布卢昂大人有能力有资格代行职能,在听取修会审慎人士等多方建议后决定,委托并尽最大可能依法妥当安排让·布卢昂大人作为鄙人于南特市及教区的代理人,拥有调查、引证、控告、起诉、拘捕、监禁等一切恰当的司法权(包括最终判

决,当然也包括与宗教裁判、惯习及法律相关的一切事宜),打击任何形式的异端及上文提到的不法行为。在此依法依宗教裁判之特权委派让·布卢昂大人担此重任。以信上火漆为证。

1426 年 7 月 26 日,南特。

(签名:)G.梅里奇

1440 年 10 月 15 日星期六

吉尔·德·莱斯表示服从审判并第一次招供。被告及第一批证人宣誓。

10 月 15 日星期六上午,拉图诺瓦城堡高层大厅,尊敬的南特主教大人及宗教裁判所法官代理人亲临并主持审判。检察官吉约姆·沙佩永出庭,另一方为被告、男爵、骑士吉尔·德·莱斯。

应检察官之求,南特主教大人及宗教裁判所法官代理人表示虽然被告吉尔·德·莱斯曾表示对指控及立场均无话可说,但两位大人仍然允许被告吉尔就指控及立场发表自己的看法。被告吉尔表示无话可说也无异议。应检察官之求,南特主教大人及宗教裁判所法官代理人问被告是否有话要说、有事相禀,对南特主教大人及宗教裁判所法官代理人让·布卢昂作为此案法官的资格问题有无异议。被告表示没有,并认可南特主教及代理人让·布卢昂作为此案法官的资格,认可南特主教大人及宗教裁判所法官吉约姆·梅里奇的代理人让·布卢昂作为此案法官的能力,认同并赞同其审判权,被告表示赞同两人共同或一人作为代表对自己做出审判,于是被告主动承认自己无耻地犯下了指控的罪行及不法行为,热泪盈眶、谦卑且虔敬地央求南特主教大人、宗教裁判所法官代理人让·布卢昂及自己曾冒失冲撞的所有教会人员宽恕他口不择言、出言伤人,他对自己曾出言不逊感到羞愧。南特主教大人及宗教裁判所法官代理人愿意宽恕被告吉尔出言不逊之责,看在天主的份上宽恕他。

随后,面对被告吉尔·德·莱斯,检察官在听取并理解了吉尔之表述及赞同后,一再请求南特主教大人及宗教裁判所法官代理人允许被告吉尔对指控做出回应。主教大人及代理人宣布采纳这一请求。之后,检察官要求被告吉尔回应以上罪状及立场并逐条阐述。被告吉尔宣誓后对指控及立场做出回应,主动承认并表示南特主教及宗教裁判所法官代理人任命的圣布里厄克主教让·普雷让以法语提出的第1、2、3、4、8、9、10、11、14条属实,尤其同意南特历来存有主教座堂的事实,同意第3条所说让·德·马勒斯特鲁瓦为此堂真正主教,自己的灵魂属于主教大人管辖,也接受其审判;另一方面,被告承认马什库勒城堡及圣艾蒂安-德梅尔莫特城堡均位于南特教区管辖范围之内,并主动承认确实接受了洗礼圣事也弃绝了魔鬼及其虚妄,但表示从来没有亲自或命人召唤恶灵,也没有亲自或命人献祭恶灵。被告表示确实曾经从一名因异端罪收押在案的安茹骑士手中得到一本炼金术书,书中也有召唤恶灵的内容,他多次翻阅并在昂热某一大厅命人当众阅读。他曾到牢房中与这位骑士探讨炼金术和招魂。但被告表示已将书归还骑士,自己并未久留。被告吉尔·德·莱斯还招认有一段时间自己亲自或命外号隆巴①的安托南、弗朗索瓦②以及巴黎的一个金匠施行此术。被告表示施行此术也做过实验——凝固水银,被告表示水银就是活银子,被告表示还做过一些诸如此类的种种实验。被告表示若非王储突访提弗日自己不得已为之摧毁了备好的炼金炉,否则早已打造出了金子。至于其余指控及事实,被告吉尔·德·莱斯作了否认。即便其余指控中也提及召唤恶灵之罪行也被他一口否认,被告明确表示如果检察官能够传唤相应证人出庭提供令他信服的证言或用其他方式证明他

---

① 安托南·德·帕莱纳。

② 弗朗索瓦·普雷拉提。

确实亲自或命人召唤恶灵、将自己出卖于魔鬼、亲自或命人献祭魔鬼，那么他自愿接受试谎的火验。另外，被告吉尔·德·莱斯主动提出希望检察官传唤与此指控及此案其他指控相关的证人出庭，就检察官提出的指控发言，以便充分阐述并补充现行指控。在这种情况下吉尔也愿意信服。就这一点，检察官请求尊敬的南特主教大人以及宗教裁判所法官代理人允许他当着被告吉尔·德·莱斯起誓表示自己绝无虚言。因此主教大人及代理人大人裁定，应检察官及被告吉尔之求，允许两人起誓。于是两人依次起誓，一手握法官之手，一手按圣经，按惯习起誓：句句属实，绝无虚言。宣誓之后，检察官履行职能，当着吉尔传唤证人昂列·格里亚尔[①]、又名普瓦图的艾蒂安·科里约[②]、来自蒙特卡蒂尼的弗朗索瓦·普雷拉提[③]、神父厄斯塔什·布朗谢[④]、已故罗宾·布朗许遗孀蒂费娜、佩里纳·马丁[⑤]。以上证人由主教大人及宗教裁判所法官代理人任

---

[①] 1440 年 10 月 17 日出庭作证，证言见下文第 352 页。

[②] 1440 年 10 月 17 日出庭作证，证言见下文第 339 页。

[③] 1440 年 10 月 16 日出庭作证，证言见下文第 320 页。

[④] 1440 年 10 月 17 日出庭作证，证言见下文第 330 页。

[⑤] 我们手头上的卷宗并没有这两人的证言，只确知 10 月 15 日后佩里纳·马丁死于监狱。下文会看到当时与拉梅弗莱耶同时被拘之人——名叫斯特凡妮或蒂费娜（第 401 页及多处）。

命的书记员罗宾·吉约姆口头传唤，一一出现在庭审现场，面对南特主教大人、代理人、公证员及书记员揭开本案真相。

证人出庭后，南特主教大人及宗教裁判所法官代理人要求在场的被告吉尔及证人宣誓，保证证人所说与此案相关的一切证言受法庭保护。于是证人一一当着被告吉尔手按《圣经》宣誓：将自己所知一切真相如数相告，原原本本和盘托出绝不掺杂任何编造成分（无论指控有无提及）并接受审查及问询。被告吉尔表示同意。抛开祈求、爱、惊惧、恩宠、怨恨、恨、恩典、友爱或者敌意等情绪，被告不再有对立的情绪，表示听取了检察官传唤出庭的所有证人证言（无论谁的证言）后愿意信服，认同证人所说指控外的事实，被告表示自己无话可说，既不申辩也不反驳证人所说。主教大人及宗教裁判所法官代理人要求吾等（公证员及书记员）忠于事实对证言进行审查。

随后，南特主教大人及宗教裁判所法官代理人应检察官所求，询问被告吉尔是否需要与证人进行质证，以进一步审查并询问证人证言，如有必要，南特主教大人及宗教裁判所法官代理人指定被告吉尔在两天内进行质证。吉尔回答说没有这个必要，相信证人均出于良心据实所说。随后，被告吉尔·

德·莱斯双膝跪地，哀呼内心之悔，声泪俱下，谦卑地请求南特主教大人及宗教裁判所法官代理人以明文免除开除其教籍的处分（如上文所述，虽然法官一再依法要求、敦促被告吉尔做出回应，但被告吉尔拒绝对证言及指控做出回应，所以被判处开除教籍）。南特主教大人及宗教裁判所法官代理人明文免除开除其教籍的处分，恢复其参与圣事的权利及基督信徒、圣母教会成员的身份，并依法依教规勒令其就自身罪过进行有益的告解。随后命人于各地公开宣布了这一裁定。

之后，应检察官所求，南特主教及宗教裁判所法官代理人裁定并确定检察官及被告吉尔下周一出庭，进行下一法定程序，由检察官传唤另一批证人出庭。

为此，检察官要求吾等公证员及书记员拟订相关公文。

出席此次审判的有尊敬的圣布里厄克主教让·普雷让大人，受人敬仰的正派人士、布列塔尼庭长皮埃尔·德·洛皮塔尔大人，法律学士勒尼奥·戈德兰，上文提到的吉约姆·德·格朗布瓦，让·肖万，法律学士吉约姆·德·蒙蒂涅及罗伯特·德·拉里维埃以及特别传唤出庭的众多证人。

（签名：）德·洛奈，让·帕蒂，G.莱内

1440 年 10 月 17 日，星期一

传唤多位证人

10 月 17 日，星期一，晚祷时，拉图诺瓦城堡高层大厅内，南特主教及宗教裁判所法官代理人让·布卢昂大人亲临并主持审判。出庭的一方为检察官、原告；另一方为被告吉尔·德·莱斯。

检察官应期传唤证人切瓦侯爵勒纳诺①、贝特朗·普朗②、让·卢梭③、法律学士吉尔·埃奥姆阁下④、南特教区圣伯努瓦谢梅雷修院院长让·德·朗泰，南特主教及宗教裁判所法官代理人让·布卢昂大人指定的书记员罗宾·吉约姆同时传唤以上证人。罗宾·吉约姆报告已同时口头传唤证人，此刻证人已就绪，南特主教及代理人让·布卢昂大人以及吾等二人（公证员及书记员）同在庭上，之后他们将还原此案真相。南特主教及宗教裁判所法官代理人要求、同意以上证人起誓，并保证证人所说一切与此案相关的证言受法庭保护。经允后，以上证人当着被告吉尔宣誓：据实所述、句句属实，绝无

---

① 证言见 365 页。
② 证言见 366 页。
③ 证言见 363 页。
④ 我们掌握的卷宗里没有吉尔·埃奥姆及让·德·朗泰的证言。

掺杂的成分，并接受审查及询问。抛开祈求、惊惧、恩宠、怨恨、恨、恩典、友爱或者敌意等情绪。之后，应检察官所求，南特主教及代理人让·布卢昂大人根据质证原则询问被告吉尔是否就证人所说与证人质证，就此，被告可于两天内进行。被告吉尔回答南特主教大人及宗教裁判所法官代理人让·布卢昂大人时表示自己无意与证人对质。南特主教大人及宗教裁判所法官代理人让·布卢昂命吾等二人据实审查证言。另外，应检察官所求，南特主教大人及宗教裁判所法官代理人让·布卢昂大人裁定，指定检察官及被告吉尔下星期三出庭，届时将传唤检察官要求传唤此案的另一批证人（法庭要求、同意证人起誓）。

就此，检察官命吾等二人（公证员及书记员）拟订文书。

当日出席审判的有尊敬的圣布里厄克主教让·普雷让大人、尊敬的布列塔尼庭长皮埃尔·德·洛皮塔尔阁下、罗伯特·德·拉里维埃、勒尼奥·戈德兰、让·肖万、埃尔韦·莱维、吉约姆·德·蒙蒂涅以及上文提到的雷恩教区巴闷堡天主堂本堂神父吉约·德普雷、南特议事司铎奥利维耶·索利德大人以及特别传唤出庭的众多证人。

（签名:）德·洛奈，让·帕蒂,G.莱内

1440 年 10 月 19 日,星期三

传唤证人的后续进展。

10 月 19 日星期三上午 9 时,地点仍为拉图诺瓦城堡高层大厅,出庭一方当事人为检察官吉约姆·沙佩永,另一方为被告吉尔·德·莱斯,主持审判的是亲临现场的南特主教大人让·德·马勒斯特鲁瓦大人及宗教裁判所法官代理人让·布卢昂大人。

检察官应期传唤此案证人:尊敬的法学教授雅克·德·庞科埃蒂大人、让·奥迪洛莱克大人、安德烈·塞甘、皮埃尔·维尔曼、让·洛里安大人、让·白里安、让·勒维伊、让·皮卡尔、吉约姆·米歇尔、皮埃尔·德鲁埃、厄特罗普·沙尔达瓦纳、外科医生罗宾·吉耶梅、罗宾·里乌、雅克·提内西、让·勒图尔纳,南特主教大人及宗教裁判所法官代理人让·布卢昂任命的书记员罗宾·吉约姆同时传唤以上证人出庭,并口头报告南特主教及代理人让·布卢昂大人及在下二人(公证员及书记员)证人已就位,可以立刻当着被告吉尔作证,南特主教大人及宗教裁判所法官代理人让·布卢昂同意证人出庭,并保证证人所说一切有关此案的证言受法庭保护。以上证人当着被告吉尔手按《圣经》宣誓

据实所说、句句属实,绝无任何掺杂的成分,接受审查及询问,抛开祈求、爱、惊惧、恩宠、怨恨、恨、恩典、友爱或者敌意等情绪。就此南特主教大人及代理人让·布卢昂大人询问被告吉尔是否需要与证人质证,如果需要,法庭指定被告吉尔于两日内进行。吉尔回答时表示没有必要。南特主教大人及宗教裁判所法官代理人让·布卢昂大人要求在下二人(公证员、书记员)据实审查证人证言。随后,南特主教大人及宗教裁判所法官代理人应检察官所求,指定检察官及被告吉尔于两日之内传唤被告方所有证人出庭,以进行下一法定程序。随后,应检察官所求,南特主教及宗教裁判所法官代理人大人询问被告吉尔·德·莱斯是否有话要说、有事相禀,建议、解释以便为自己辩护、自证清白。被告随即表示已经交代了全部事实、无话可说。

检察官命在下二人(公证员,书记员)将上述事实撰写成文。

出席此次审判的有尊敬的圣布里厄克主教让·普雷让大人、布列塔尼庭长皮埃尔·德·洛皮塔尔大人、正直骑士罗伯特·戴皮奈、吉尔·勒贝尔大人、罗伯特·德·拉里维埃、南特教区盖朗堂修院院长拉乌尔·德·拉穆塞耶、法律学士勒尼奥·戈德兰、南特修院院长兼特邀让·吉奥雷以及特别传唤出庭的众多证人。

(签名：)德·洛奈，J.帕蒂，G.莱内

1440 年 10 月 20 日星期四

法官决定对吉尔刑讯

10 月 20 日 星期四上午 9 时，地点为拉图诺瓦城堡高层大厅，南特主教大人及宗教裁判所法官代理人让·布卢昂大人亲临并主持审判，出庭一方当事人为检察官吉约姆·沙佩永，另一方为被告吉尔·德·莱斯。

检察官在指定期限内要求、恳请南特主教大人及宗教裁判所法官代理人让·布卢昂大人裁定、确定一个合适的期限以便被告吉尔·德·莱斯自己选择以口头或书面形式对证人证言提出意见或表示异议，主教大人及宗教裁判所法官代理人裁定、指定被告吉尔及检察官于星期六完成这一法定程序。

然而，当南特主教大人及宗教裁判所法官代理人让·布卢昂大人应检察官所求再次询问被告是否就罪行、轻罪的指控有重要信息补充或异议以证清白时，被告表示已经交代了全部事实，无话可说。

在被告吉尔听取、理解了检察官表述之后，检察官请求南特主教大人及宗教裁判所法官代理人让·布卢昂大人裁定、指定一个期限以便被告吉尔亲眼见证证人出庭作证。被告吉尔表示没有这个必要,因为他已经选择相信证人所说一切并将继续信任下去。尽管如此,两位大人应检察官所求仍然询问被告吉尔是否需要将证人证言公之于众。被告吉尔表示同意。于是尊敬的南特主教大人及宗教裁判所法官代理人大人经由被告同意公开了证人证言。南特主教大人及宗教裁判所法官代理人大人应检察官所求再一次询问被告吉尔是否以口头或书面形式就证人、证言提出重要信息或质疑。被告主动表示不需要。

鉴于被告供述及充分证明被告犯罪动机的证人证言,检察官坚持请求南特主教及宗教裁判所法官代理人让·布卢昂大人同意对被告吉尔刑讯以弄清、深入探求犯罪事实。

主教及宗教裁判所法官代理人大人在听取了专家对整个案件的意见并综合之前的考量后,下令对吉尔·德·莱斯刑讯。

为此,检察官要求在下二人(公证员、书记员)拟订文书。出席此次审判的有圣布里厄克主教让·普雷让、尊贵的骑士罗伯特·戴皮奈、埃尔维·莱维、罗伯特·德·拉里维埃、南特教区布朗堂本堂神父杜朗、南特教区昂瑟尼堂本堂神父米歇尔·莫莱翁以及特殊传唤出庭的诸多证人。

（签名:)德·洛奈,J.帕蒂,G.莱内

1440 年 10 月 21 日星期五。

1. 吉尔谦卑地请求法官将刑讯推迟一天。法官委派圣布里厄克主教及"布列塔尼庭长"听取被告供述。

10 月 21 日星期五上午 9 时左右,地点为南特拉图诺瓦城堡底层大厅,南特主教及宗教裁判所法官代理人让·布卢昂大人提及昨日(即 10 月 20 日)裁定对被告吉尔进行刑讯之事,星期四庭审记录上对此事有记录并已当着检察官及被告当庭宣读。虽然之前决定被告吉尔于星期六以口头或书面形式提出自己意见或对已有事实提出异议,以便于检察官依法进行下一法定程序,但两位大人决定履行昨日之裁定,应在场的检察官所求执行刑讯,下令对被告吉尔进行刑讯。

命令下达之后,被告吉尔出现在主教及代理人所在的底层大厅接受刑讯。主教大人及代理人大人决定即可执行刑讯,此时吉尔谦卑地恳请两位将刑讯推迟一天,推迟到当初说好的星期六,表示在此期间自己绝对会慎重考虑法庭对自己罪行及轻罪的指控,届时将会给法官一个满意的答复,如此一来就无刑讯之必要。另外,被告吉尔请求、要求圣布里厄克主教代表教会法庭(南特主教及宗教裁判所大法官代理人)而布列塔尼庭长代表俗世法庭,请求此二人(而非南特主教及宗教裁判所法官代理人大人)另择一地听取自己的供述。南特主教及宗教裁判所法官代理人同意了被告的要求,暂时授权圣布里厄克主教大人,在场的布里厄克主教大人大方地接受了这一要求。应被告所求,如果被告吉尔出乎意料地坦承所有指控,法官将于当日下午2时或2时后确定将刑讯推迟至第二日。

为此,检察官要求下官二人(公证员、书记员)就上述全部事实及每一事实草拟文书。

出席此次审判的有尊贵的骑士罗伯特·戴皮奈、伊冯·德·罗切、罗伯特·德·拉里维埃、皮埃尔·朱埃特、让·德·韦内以及特殊传唤出庭的诸多证人。

当日,星期五下午2时,主教大人及宗教裁判所法官代理人大人应检察官所求亲自莅临底层大厅,检察官本人也已到场,主教大人及代理人大人依照上文所说程序,将被告吉尔送至被告位于南特拉图诺瓦城堡指定的高层房内,圣布里厄克主教、布列塔尼庭长以及公证员让·帕蒂于此地听取、记

录被告对所有指控的回应。特派员大人先听取了
吉尔的供述,之后回到底层大厅向南特主教及代理
人大人讲述并汇报:在与被告交流的过程中被告供
述了诸多内容,下文将有详细记录。

(签名:)J. 德·洛奈,G.莱内

2. 吉尔·德·莱斯审判外的供述

下文为一再提及的被告吉尔·德·莱斯审判
外的供述。被告吉尔·德·莱斯面对南特主教及
宗教裁判所法官代理人委派的圣布里厄克主教、布
列塔尼庭长皮埃尔·德·洛皮塔尔、让·拉贝、见
习骑士伊冯·德·罗切、让·德·图什隆德以及鄙
人让·帕蒂(公证员及书记员)就教会审判内容作
出回应,地点位于审判期间被告休息、过夜所用舒
适房内,位于南特拉图诺瓦城堡。如上文所述,被
告在无任何逼迫的情况下主动、自由供述,时间为
10 月 21 日下午,星期五。

首先,就诱拐、残杀幼童,违背天理鸡奸幼童,
耸人听闻的残杀手段,召唤魔鬼,献祭,祭祀,对魔
鬼的承诺,与魔鬼交易等指控中述及的内容,被告
吉尔在圣布里厄克主教询问下主动积极并沉痛地
当着诸位特派员做出了回答,坦承自己的确罪孽
深重,可恶地残杀并鸡奸幼童。被告表示自己的

确召唤魔鬼、祭祀、对魔鬼许诺并与魔鬼交易，等等。

当尊敬的神父及庭长大人问及第一次实施鸡奸的时间及地点，被告回答说地点位于尚多塞城堡，被告宣称已忘记初次实施鸡奸的时间，但应该是在拉苏斯前领主，也就是被告外祖父去世当年。

庭长大人问及何人引导犯罪、何人传授犯罪手段，被告表示完全出于自发的想象与意志，没有任何人引导建议，完全听任自己的感觉，纯粹为了自己寻开心、满足自己的淫欲，绝无其他意图或目的。

完全无他人唆使煽动、自主犯罪的说辞让庭长大人非常惊讶，于是庭长大人再一次勒令被告阐述残杀幼童、鸡奸、焚尸及其他罪行与罪孽的动机、意图及目的，要求被告充分阐述以减轻内心不安，博得救世主宽大的救赎。被告无法忍受庭长如此要求及问询，用法语回答说："哎！大人呐，您把我也弄糊涂了。"①庭长大人也用法语回答说："我可不糊涂，只是您方才所说着实惊人，恕我难以信服，还希

--------

① 拉丁原文卷宗里此处为古法语："Helas! monseigneur, vous vous tourmentez et moy avecques."

望您亲口道出真相。"①被告回答:"除我刚才所说,确确实实不存在什么动机、缘由和目的。我所说可都是足判人万死的重大事实。足判人万死了。"②为此,庭长大人停止发问,传唤弗朗索瓦·普雷拉提,让其当着被告吉尔及其他在场人士与被告吉尔一起接受圣布里厄克主教就召唤魔鬼、血祭、献祭幼童残肢等指控的询问,至于这一点,主教表示弗朗索瓦及吉尔都已招供,于是询问两人实施罪行的地点。

被告吉尔及弗朗索瓦表示,受被告指令,弗朗索瓦多次召唤名为巴隆的魔鬼,被告吉尔有时在场,有时并不在场。被告还说自己在场的次数应该为两到三次,都在提弗日和莱斯新堡,但他表示自己从来没有见过或者听到魔鬼的行迹及动静,正如被告及弗朗索瓦所言,被告曾让弗朗索瓦代替自己将亲笔签名的决心书交给巴隆,承诺除灵魂与寿命

①　同样为古法语:"Je ne me tourmente pointe, mais je suis moult émerveillé de ce que vous me dictes et ne m'en puis bonnement contenter. Ainçois, je désire et vouldroye par vous en savoir la pure vérité pour les causes que je vous ay ja souvent dictes."

②　拉丁原文中此处为古法语:"Vrayement il n'y avoit autre cause, fin ne intencion que ce que je vous ay dit:je vous ay dit de plus grans choses que n'est cest cy et assez pour faire mourir dix mille homes."

外将服从、听从其指令。被告表示自己曾答应将一个幼童的一只手、双眼及心脏献给巴隆，由弗朗索瓦转交，弗朗索瓦并未做到，这一点在两人最新的供述中都有充分说明。

随后庭长大人命弗朗索瓦回到自己的房间。此时被告声泪俱下地用法语对弗朗索瓦说道："再见！弗朗索瓦，我的挚友！此世无缘再会。我祈求天主让你坚韧、理解、期待天堂极乐我们重聚之时。请为我祈求天主，我也将为您而祈祷！！"①说完这话，被告拥抱弗朗索瓦，后者却立刻挣脱开来。

（签名：）让·帕蒂

1440 年 10 月 22 日

吉尔·德·莱斯审判时的供述

10 月 22 日星期六，地点不变，南特主教大人及宗教裁判所法官代理人让·布卢昂大人于晚祷时亲莅并主持审判，出席的一方当事人为检察官吉约姆·沙佩永，另一方为被告吉尔·德·莱斯。

---

① 拉丁原文中此处为古法语：adicu Francoys, mon amy! Jamais plus ne nous entreverrons en cest monde; je pri Dieu qu'il vous doint bonne pacience et esperance en Dieu que nous nous entreverrons en la grant joye de paradis! Priez Dieu pour moy et je prieray pour vous.

遵照之前的指令,检察官请南特主教及宗教裁判所法官代理人询问被告是否就呈堂事实有话补充或表示异议,被告表示无话可说,但主动、坦率、由衷地,带着极其沉痛的面容及满面泪光交代了审判外面对圣布里厄克主教、布列塔尼庭长皮埃尔・德・洛皮塔尔、让・德・图什隆德、让・帕蒂诸位大人所供述的一切。被告承认所有指控及所有事实属实。被告此次审判时的供述基于审判外的供述,有所补充以防错漏也为了更加充分地阐述概略的指控,被告主动招认、表示自青年时期便肆意妄为,犯下了反天主及其戒律的其他重罪,因为幼时缺乏管教、肆无忌惮、任意妄为,步入了违法的歧途。被告请求在场为人父母的诸位务必在孩子青少年时期严加管教,以德育儿。

被告吉尔・德・莱斯再次供述了之前审判外的供述内容,承认指控,特别强调自己有违天理,背负着深沉的罪孽——这一点在指控中并未深入展开,被告之前已经面对圣布里厄克主教让・普雷让、尊敬的布列塔尼庭长皮埃尔・德・洛皮塔尔、见习骑士让・拉贝、鄙人让・帕蒂(公证员、南特教会法庭证人检察官)以及教会审判书记员让・德・图什隆德主动承认并供认了这一犯罪事实(审判外的供述满足了被告提出的要求,能够鼓励被告在最佳状态下回忆)。被告要求供述内容用通俗易懂的语言公开,让在场大多不懂拉丁文的人士也能看懂,因为感到耻辱所以希望把公诉内容公之于众,让他多一点机会弥补自己的罪孽,博得天主垂青宽恕他的罪行。被告表示自己年少时生性乖张,为一己私欲、享乐做尽坏事,将志趣及念想寄托于违法乱纪之事,述及此处,被告动情地请求、奉劝为人父、为人母、为人友、为人亲属的诸位一定要为青少年树立良好的榜样,遵循良好的理念多加培养其德性,好好教育,严加管教,以防他人重蹈其覆辙。这份庭审外的供述当着吉尔的面当庭宣读、公布,被告吉尔·德·莱斯主动、公开地当众招认:为一己之淫欲及肉体之欢,亲自或命人诱拐大量幼童(具体数目不明),亲手或命人杀害幼童,并对其犯下鸡奸罪,被告表示,供述自己以极端罪恶的方式将精液射至已死、濒死幼童腹部,有时他亲手或命共犯——尤其上文提及的吉尔·德·西雷、罗歇·德·布里克维尔骑士、昂列及普瓦图、罗西尼奥尔、珀蒂·罗宾——想方设法蹂躏幼童:有时用短剑、匕首、刀子割下幼童头颅,有时残暴挥棒或用其他钝器猛击幼童头颅,有时用杆子或者带绳的钩子悬吊幼童。吉尔趁幼童垂死之际用上文提到的方式实施鸡奸。被告怀抱已死幼童,将拥有最美头颅及肢体的幼童展示与他人，并极其残忍地命人剖开幼童尸身，兴奋地查看幼童内脏。多数情况下被告趁幼童垂死之际横跨其腹部兴奋地欣赏其死亡过程，与科里约、昂列之流抚掌大笑，然后命科里约及昂列焚烧受害幼童尸身。

被问及第一次犯罪的时间、地点，被告回答说其外祖父——拉苏斯原领主去世当年自己第一次实施犯罪，地点位于尚多塞城堡，在此地，众多幼童（人数不明）死于被告之手或因被告之令死于被告属下手中。被告坦承有违天理地对受害人实施鸡奸。这一阶段仅吉尔·德·西雷一人知情，但随后罗歇·德·布里克维尔、昂列、又名普瓦图的艾蒂安·科里约、罗西尼奥尔、罗宾相继成为被告之共犯。被告表示曾命人将尚多塞塔底众多幼童头颅及骸骨装入一只箱子运送至马什库勒城堡，随后焚尸。被告也于马什库勒诱拐、杀害以及命人诱拐、杀害了众多幼童，具体人数不明。被告于南特拉苏斯公馆内（当时仍在被告名下）杀害及命人杀害、焚尸的幼童数目也成了谜，被告同样有违天理地鸡奸、奸污了这批受害幼童。被告表示自己的不法之行、罪孽之为纯粹为一己恶趣、俗兴，并无其他目的、企图，也无人指点，完全出于自己的念想。

另外，吉尔供述说一年半前，厄斯塔什·布朗谢于佛罗伦萨①的伦巴第结识并为吉尔招揽了弗朗索瓦·普雷拉提以便召唤魔鬼。当时弗朗索瓦表示自己还在故乡时便已经摸索到了念咒招魂的法子，招来的鬼魂承诺会为弗朗索瓦招来一个叫巴隆的魔鬼，一次又一次弗朗索瓦都满怀着希望。

吉尔招认说弗朗索瓦多次按指示召唤魔鬼，吉尔有时缺席，有时亲自到场，吉尔亲自参与的召唤总共三次，一次在提弗日城堡，一次在莱斯新堡，另一次在何地吉尔没有印象，被告表示厄斯塔什·布朗谢清楚弗朗索瓦招魂之事但从未参与其中，因为被告与弗朗索瓦两人无法忍受厄斯塔什轻佻的粗言粗语。

被告招认招魂时必须在地上画圈、十字或字符，弗朗索瓦从意大利带来了一本书，据说书中有众多魔鬼之名及求魔、驱魔之咒语，但被告无法记起具体内容。念诵书中咒术贯穿了弗朗索瓦两个小时的招魂过程，但被告三次参与招魂皆未亲见、发现任何魔鬼现身，为此被告恼羞成怒也失望透顶。

被告表示有一次自己并未参与召唤，但回来时弗朗索瓦告知召唤过程中名为巴隆的魔鬼现了身

---

① 　实际上指托斯卡纳的佛罗伦萨。伦巴第指意大利。

并说了话,巴隆表示鉴于吉尔并未兑现诺言,不愿当着吉尔现身。吉尔听后命弗朗索瓦询问巴隆具体所求,除灵魂及寿命外满足巴隆所有要求,只要巴隆退一步,实现吉尔的愿望。被告还特别说明了自己的意图:求技能、权势与财富,重回领主的权势巅峰。随后不久,弗朗索瓦回复说已与巴隆做了交流,对方只有一个要求:幼童肉身。之后,吉尔将一少男的手、心脏及双眼交给弗朗索瓦由他以自己的名义祭献魔鬼。

被告表示曾亲手写就一封契约书准备魔鬼现身时交与魔鬼。按弗朗索瓦的指示准备在魔鬼现身的当下立即出示这封契约书。招魂的整个过程被告一直手持承诺书,等待弗朗索瓦与魔鬼谈妥条件定下契约或承诺。但魔鬼既没现身,也没出声。

被告表示一天夜里派外号叫作普瓦图的艾蒂安·科里约同弗朗索瓦一起招魂。招魂结束后被雨水打湿的两人表示并未出现任何情况。

此外,被告表示有一次自己打算参与召唤,却被弗朗索瓦阻止。召唤结束后弗朗索瓦表示幸好吉尔并未参与,否则早已身临险境:招魂过程中竟突现大蛇,着实骇人。吉尔听后派人取了真十字欲往弗朗索瓦所说的召唤地,却被弗朗索瓦拦下,于是作罢。

此外，被告吉尔表示有一次自己参与了招魂，当时弗朗索瓦声称亲见魔鬼巴隆现身，并指示了大堆黄金及一块金砖的所在，吉尔表示自己既没有看到魔鬼，也不见金砖，只见金箔叶或者金叶之类的东西，吉尔完全没有兴趣。

此外，被告表示自己最后一次前往位于圣马洛教区的若斯兰（临近显赫的布列塔尼大公）时，指使手下杀害昂列诱拐的多名幼童，并用上文提到的方式对受害者实施鸡奸。

被告表示居留若斯兰期间曾指使弗朗索瓦独自召唤鬼魂，并无异况。

此外，被告表示前往布尔日前曾派弗朗索瓦到提弗日命其招魂，命弗朗索瓦将所做、所知以密信[①]告知、让被告了解进展是否顺利。弗朗索瓦不仅写了信还将油膏之类的东西放入一只银管装进钱袋，银盒寄与吉尔，信中表示此乃珍贵之物需珍藏。被告听信弗朗索瓦所说，将钱袋挂在颈间多日，因无效，不久后扔弃。

被告表示，有一次弗朗索瓦称巴隆要求吉尔于当年三大瞻礼为三位穷人施饭。被告仅在诸圣瞻

---

① 原文此处为拉丁文：per verba seu vocabula cooperta。有古法语注释：par paroles couvertes。

礼时履行了承诺。

被问及留用弗朗索瓦之因，被告表示弗朗索瓦天赋异禀，世事练达，拉丁语表达优雅得体，尽忠职守。

此外，被告表示上一年圣让瞻礼后的某一夜间昂列及科里约将莱斯新堡居民罗迪格家中一漂亮男孩带至被告下榻处，当晚被告以上文提及的方式有违天理地对该男孩实施鸡奸，随后将其杀害，并于马什库勒焚尸。

此外，被告招认自己早知帕吕欧城堡之人将攻占圣艾蒂安-德梅尔莫特城堡，恼羞成怒之下（具体日期不明）被告策马率武装打算突袭帕吕欧城堡众人将其打入大牢大刑伺候。出征之际同行的弗朗索瓦表示此行无果，最终也的确如此，计划落空。

此外，被告吉尔·德·莱斯招认曾鸡奸并杀害了两名年轻侍从，他们的主子分别是吉约姆·多西和外号为普兰塞的皮埃尔·雅凯。

此外，被告招认同年7月最后一次前往瓦纳时自己入住勒穆瓦纳家中，安德烈·比谢送上一男童，被告有违天理地对其实施鸡奸，随后将其杀害，并指使普瓦图将男孩尸身扔至隔壁博埃丹客栈（临近瓦纳市集，当时被告友人分别入住博埃丹客栈及博埃丹家中）的茅坑。当时钻入茅坑内的普瓦图将男孩尸身推至深处,以防他人发现。

此外,被告吉尔表示弗朗索瓦尚未为己所用时,外号为迪梅尼的小号手让·德·拉里维埃、外号为路易的安托南·德·帕莱纳及另外一人(被告记不清此人姓名)担任召唤师。此三人受他指使多次招魂,被告也曾参与,地点为马什库勒等地,被告见召唤师在地上画圈之类,据说召唤过程中欲见魔鬼并与之交谈、交易,这一符号至关重要。但被告表示虽然竭尽全力却从未见过魔鬼,也从未与之交谈,应该说这已经超出了自己的能力范围。

被告吉尔表示上文提到的迪梅尼召唤师曾声称若想魔鬼满足其请求、实现其心愿,必须递交附有其血印的亲笔契约书,保证如若魔鬼现身便献礼(被告已经忘记承诺书中的具体细则)。为此被告亲手写就契约书、署名"吉尔"并盖上小指血印。信中承诺如若魔鬼允他技能、权势及财富,被告便满足魔鬼所需,但正如被告所说,并不包括被告之灵魂及寿命。被告表示承诺书并未如愿递交,因为魔鬼并未现身,也未做出任何回应。

此外,被告招认拉里维埃曾于当地或普左日一树林中召唤,召唤前配备护具、武器,全副武装上阵,被告亲自前往树林打算参与召唤。待被告及仆从(厄斯塔什·布朗谢、昂列以及又名普瓦图的艾蒂安·科里约也在其中)抵达树林时,拉里维埃正往回走,声称魔鬼化作豹子现身向他走来却一言不发。吉尔听后大惊失色。被告表示召唤结束后拉里维埃声称有事要做,事后必归,此人却最终携带20里拉赏金一去不返。

此外,被告招认自己曾与吉尔·德·西雷以及另一召唤师(被告已经忘记其姓名)在提弗日城堡一房内召唤魔鬼,当时不敢跨入圈内的吉尔·德·西雷双手怀抱一幅圣母像退至窗边,准备一有可怕动静便立即跳出窗外。召唤师事先警告绝不能比划十字,否则所有人遭殃,但他突然想到某次圣母院内以《阿尔玛》开始的祷告,召唤师立即命他出来,他一边比划十字一边跳出圈外拔腿就跑,一把甩上房门留下召唤师与西雷两人,后来他发现……西雷说吉尔·德·莱斯离开房间后召唤师似乎遭到了痛打,打斗之声轻如羽毛,而莱斯……完全没有听见,他让人打开房门,一眼看见门口脸上及身上多处受伤的召唤师,额头肿了大块儿的召唤师完全无法站稳,吉尔·德·莱斯生怕召唤师伤重而亡,于是为其安排了告解与临终圣事,谁知召唤师大难不死甚至痊愈了。

此外,被告吉尔表示曾派吉尔·德·西雷到更靠北边的地区招揽召唤师以便召唤魔鬼及恶灵。

归来的吉尔·德·西雷转达了一位女召唤师的原话,表示如若吉尔·德·莱斯身心仍灌注于教会及天主堂,休想达成目的。吉尔·德·西雷表示当地另外一名女召唤师也说如若吉尔·德·莱斯执迷不悟继续眼下所为,将不得好报。

吉尔·德·西雷本打算将当地另一位召唤师带回介绍给被告,不料这一召唤师却在过河(或溪)时溺亡。

被告吉尔表示另一位经西雷引荐的召唤师刚到便身亡。连续几位召唤师不幸身亡,召唤活动遭遇了种种困难,吉尔·德·莱斯实在难以实现自己的罪恶企图,同时也确信了一点:一直以来自己所坚信并寄予厚望的教会精神,慈悲为怀的劝诫精神终于降临在自己身上,祝他渡劫化险为夷。为此,吉尔·德·莱斯表示自己有心改邪归正,到耶路撒冷、圣墓、耶稣受难的多地朝圣,尽己所能祈求救世主宽恕自己的罪孽。

庭审时主动、自发招供后,被告劝诫在场诸位,尤其占绝大多数的教士,请求他们一如既往始终热爱我们的圣母教会,尊崇其尊位,不偏不离,并特意补充了一句,倘若当初自己能够正确地引导自己的心灵,热爱教会,便不会沾染魔鬼之恶,堕入歧途。被告表示正因为自己罪大恶极所以长期以来身心才会遭魔鬼腐蚀。被告劝谏所有为人父母者务必照看好自己的孩子,千万不要过分讲究孩子的衣着,杜绝放任孩子闲游浪荡,多加防范,被告提请诸位注意:不幸大多源于闲游浪荡与酒池肉林,被告更现身说法表示酒池肉林的豪奢与浪荡让他总是处于兴奋状态,导致他身负多重罪孽,犯下累累罪行。

就自己所犯罪行、轻罪,吉尔·德·莱斯谦恭地哀求造物主、救世主以及遭他残忍杀害的孩子的亲人、友人以及所有他伤害过、在场或不在场的视他为罪人之人的宽恕、原谅,并请求所有信徒及热爱基督之人帮助他为他虔诚地祈祷。

所以,鉴于被告主动的供述及其余合法证据,检察官吉约姆·沙佩永在被告在场的情况下一再请求法官指定被告在一日之内做出考虑并择日总结陈词,如若届时被告并未提出具有法律效力的正当反对理由,还请尊敬的南特主教大人或宗教裁判所法官代理人让·布卢昂大人或两人委派他人届时以书面形式作出最终判决并宣读判决。为此,尊敬的南特主教大人及宗教裁判所法官代理人指定检察官及并未表示异议的被告吉尔·德·莱斯按法定程序于周三出庭……

为此,检察官请下官二人(公证员及书记员)草拟文书。

出席此次审判的有尊敬的圣布里厄克主教让·普雷让大人、布列塔尼庭长皮埃尔·德·洛皮塔尔大人、罗伯特·德·拉里维埃、骑士罗伯特·戴皮奈、尊敬的伊冯·德·罗切以及尊敬的长老伊冯·夸耶、唱经班成员让·莫雷利、加蒂安·吕泽、法律学士吉约姆·格鲁瓦盖、让·德·沙托吉隆、皮埃尔·阿夫里尔、罗伯特·维热、法律学士若弗鲁瓦·德·舍维尼、南特各镇镇长、祭台司铎若弗鲁瓦·皮佩耶、皮埃尔·阿蒙、让·盖兰、南特圣母院议事司铎让·瓦艾蒂、圣布里厄克议事司铎让·西蒙、坎佩尔司法总管埃尔维·莱维、法律学士及南特俗世法庭律师吉约姆·德·拉洛埃里以及特别传唤列席的诸位证人。

(签名:)德·洛奈,J.帕蒂,G.莱内


1440 年 10 月 25 日

1. 疑犯认罪笔录。

1440 年 10 月 25 日,福音书著者圣吕克瞻礼后的星期二,上午 9 时,南特主教让·德·马勒斯特鲁瓦大人及宗教裁判所法官代理人让·布卢昂大人亲自莅临拉图诺瓦城堡高层房间主持审判,出席一方当事人为检察官吉约姆·沙佩永,一方为被告吉尔·德·莱斯。

应此案指定期限,检察官在被告吉尔在场并表示无任何异议的情况下一再请求主教大人及宗教裁判所法官代理人作出判决,为此也请两位大人俯允检察官作总结陈词。于是南特主教大人以及宗教裁判所法官代理人同意了上诉请求,在听取了检察官的最后陈述后作出总结,认定此案已经完成最后陈述工作。

之后,检察官一再要求南特主教及宗教裁判所法官代理人让·布卢昂大人根据总结陈词及指控作出宣判,并请两位法官共同或者选出一位代表或者指派第三人当着参与并了解整个过程的被告吉尔·德·莱斯宣告判决结果。

鉴于已事先认真核查起诉书所有内容、辩护词、所有信件、文书、所有阐述及被告吉尔的供述,鉴于所有证人证言以及本案审理过程中所掌握、出示、制作的相关证明及保证书,鉴于所有要件及每一要件均已按规定认真、谨慎地作了核查,鉴于南特主教大人及宗教裁判所法官代理人已就本案判决的正当理由向各位主教大人、法学博士、法学家、神学教授、德高望重的律师及众多正直之士作了全面而忠实的陈述并由以上诸位在深思熟虑之后作出了审议,鉴于以上诸位主教大人、法学博士、法学家、神学家、律师及正直之士的建议及达成的共识，南特主教大人及宗教裁判所法官代理人让·布卢昂大人认为可以进入下一法定程序，作出最终判决，在对起诉书、辩词、供述、证人证言、文书、阐述及其他要件及保证书已经进行过严格核查及预审的基础上再次确认以上内容之真实性，借此作出并公布最终判决，尊敬的南特主教大人及宗教裁判所法官代理人及尊敬的法学教授、南特宗教裁判官、严谨之士雅克·庞克埃蒂相继分别宣读审判，审判基于庞克埃蒂大人握有的传票记录（此前，尊敬的南特主教大人及宗教裁判所法官代理人已经命法学博士、宗教裁判官雅克大人高声宣读了传票记录）。宣告判决后，南特主教大人代表自己及宗教裁判所法官代理人询问因为有违天主教信仰犯下召唤魔鬼诸罪以及背教之举被开除教籍的被告吉尔是否愿意重新加入教会、重回圣母怀抱。被告表示自己从来不知何为异端，不知自己有所触犯、堕入异端，但既然自己的供述连同其他证据均令教会认定了自己的异端之嫌，那么被告愿意恳请重新加入教会，于是被告虔诚地双膝跪地，连连叹息，哀求南特主教大人及宗教裁判所法官代理人。南特主教大人及宗教裁判所法官代理人同意其请求，鉴于被告谦卑之求，两位大人恢复被告吉尔的教籍。恢复教籍后的被告谦卑地双膝跪地,长吁短叹祈求最终判决中以及他将承受的所有刑罚中免除开除教籍的处罚,即便自己不顾公道侵犯圣艾蒂安-德梅尔莫特天主堂不可侵犯之权威、辱没了所有天主堂、拘押并监禁教士让·勒费龙、公然辱骂南特主教大人及宗教裁判所法官代理人以及其他教士、辱没天主及教会,被告恳请以上诸位宽恕自己的罪孽。以上诸位看在天主的份上宽恕了被告,南特主教大人按教会惯习以书面形式免除了开除被告教籍之刑罚,恢复其参与圣事、加入耶稣信徒团及教会团体的资格。最后,应被告一再恳求,南特主教大人及宗教裁判所法官代理人让·布卢昂大人命宗教人士,圣马洛教区普洛厄尔梅镇加尔默罗会修士让·茹弗内尔神父单独聆听被告告解,宽恕其既已通过司法形式招认或即将招认的罪行,强制要求、勒令被告对所有法定程序中招认或即将招认的罪行进行有益身心的告解,免除开除其教籍的处分(此前法官共同或单独定夺的处罚)。

为此,检察官命下官二人(公证员、书记员)草拟文书。

出席此次审判的有圣布里厄克主教让·普雷让大人、劳迪西亚主教德尼·德·拉洛埃里大人、勒芒天主堂代表吉约姆·德·马勒斯特鲁瓦以及

德高望重的布列塔尼庭长皮埃尔·德·洛皮塔尔
大人、罗伯特·德·拉里维埃、罗伯特·戴皮奈骑
士、伊冯·德·罗切夫以及让·德·沙托吉隆、南
特议事司铎奥利维耶·索利德、圣布里厄克天主堂
议事司铎罗伯特·梅谢尔、南特教区圣十字马什库
勒教区天主堂本堂神父吉约姆·奥斯吉耶、让·吉
奥雷、法学学士吉约姆·德·拉洛埃里以及南特俗
世法庭律师奥利维耶与吉约姆·雷格里莫以及特
别传唤列席的诸位证人。

（签名：）德·洛奈，J.帕蒂，G.莱内


2. 吉尔·德·莱斯犯异端罪。

以基督之名①

在下南特主教让以及圣经业士、南特多明我会
修士、南特市区及教区宗教审判所法官代理人让·
布卢昂主持审判，只忠实于天主，鉴于诸位主教、法
学家、法学博士、神学家对最终判决的建议及既已
达成的共识，鉴于吾等二人及检察官传唤的证人针
对本教区臣民及本案被告吉尔所述证言，鉴于特派
员已严谨认真地核实了证人身份，鉴于以上证言皆
忠于事实，鉴于被告吉尔面对诸位主动交代的事

---

① 抄送件中正文开头为：上文提及的宣判内容如下。

实、其他要件及触及我们灵魂的要点,吾等决定、宣布,罪大恶极的吉尔·德·莱斯叛教罪、召唤魔鬼罪罪名成立,判处开除其教籍及其他刑罚,以示惩戒、强制其改邪归正,按教规予以惩戒并督促其改邪归正。

(签名:)德·洛奈,J.帕蒂,G.莱内

3. 吉尔·德·莱斯违背天理对幼儿实施鸡奸罪成立。

以基督之名。

在下南特主教让主持审判,只忠实于天主,核查并预审了检察官针对本教区臣民及此案被告吉尔·德·莱斯所有指控的正当理由及此案相关阐述,鉴于经过认真核查、宣誓、出庭作证的双方证人证言,鉴于忠于证言的文书,鉴于被告自己的供述,鉴于被告面对吾等众人主动、公开招认的事实,鉴于其他要件及要点,被告吉尔·德·莱斯之罪行已严重触犯教规,触及我们内心。在听取了诸位神学家、法学家对最终判决的建议后,吾等决定、宣布被告吉尔·德·莱斯(在场)违背天理对幼童实施鸡奸罪成立,判处开除其教籍处分及其他刑罚(判决书有说明),以示惩戒,督促其改邪归正,按教规及法律予以惩戒并督促其改邪归正。

(签名:)德·洛奈,J.帕蒂,G.莱内

# Ⅲ 证人证言①

## 一、关于残杀幼童及召唤魔鬼的证言

1. 弗朗索瓦·普雷拉提，教士。1440 年 10 月 16 日。

首先：

1440 年 10 月 16 日，教宗任期及大公会议期间，在核查弗朗索瓦·普雷拉提身份后，逐一就针

---

① 下官四人让·德·洛奈、让·帕蒂、尼古拉·热罗、吉约姆·莱内对检控官吉约姆·沙佩永面对南特主教让、宗教裁判所法官代理人让·布卢昂大人传唤出庭的证人以及诸位审判官下令传唤出庭的证人进行过严谨认真、忠于事实的身份核查，核查基于检控官提出的指控，起诉书由诸位审判官指定的此案公证人、特派员及书记员，即下官等人执笔，特此证明。

对吉尔·德·莱斯之指控按序询问证人弗朗索瓦·普雷拉提，弗朗索瓦·普雷拉提证实自己原籍意大利卢卡教区皮斯托亚附近涅沃蒂河谷的小镇蒙特卡蒂尼，是一名教士，并受阿雷佐主教主持的教士剃头礼，研习诗歌、土占及其他科学、艺术，特别是炼金术。年约 23 岁。

此外，证人表示几近两年前自己入住佛罗伦萨蒙多维的主教家中，一个名叫厄斯塔什·布朗谢的教士通过蒙特普尔恰诺的一个小老板找到自己，两人接触了一段时日，频繁共餐、共饮或以其他形式会面。后来厄斯塔什问弗朗索瓦是否会炼金术及招魂，弗朗索瓦很肯定地回答了对方。随即厄斯塔什问弗朗索瓦是否愿意到法国。弗朗索瓦表示自己在布列塔尼大区的南特市有位表兄名叫马尔泰利，弗朗索瓦表示很想见见这位表兄。厄斯塔什介绍说法国有位大人物莱斯老爷非常希望自己身边有位炼金术方面的学者、专家，如果弗朗索瓦的确是这方面的专家也愿意投入莱斯老爷门下，倒可以从中得到很多好处。弗朗索瓦同意与厄斯塔什回法国为莱斯老爷效力。随后两人启程前往法国，证人弗朗索瓦随身带有一本招魂、炼金术书。两人居留图尔教区内的旧圣弗洛朗（不归任何教区管辖）数日。居留此地期间，厄斯塔什写信将两人行程告知莱斯老爷。了解情况后的莱斯老爷立即派亲信昂列、又名普瓦图的艾蒂安·科里约及另外两人将弗朗索瓦及厄斯塔什两人迎至马耶塞教区提弗日。其后，莱斯老爷接见两人并通过厄斯塔什了解到弗朗索瓦招魂及炼金术的专家身份，于是欣喜非常。自此之后，证人弗朗索瓦成为莱斯老爷的得力助手长达一年零四个月之久。

此外，证人表示居留提弗日一段时日后结识了一位说布列塔尼语的布列塔尼人，此人住在马耶塞教区守将若弗鲁瓦·勒孔特家中，为守将之妻治疗眼疾，弗朗索瓦从此人手中得到一本黑皮精装书，此书混杂了纸稿、羊皮稿，上有文本、标题及红字标注，内容涉及召唤魔鬼、医学、占星术等。之后证人将此书及之前提到的那本书都给了吉尔。① 浏览过后，吉尔决定同证人一起检验、实验书中内容，尤其涉及召唤魔鬼的内容。为此，某夜晚餐后，吉尔及证人带了蜡烛等（如前文所述）到提弗日城堡底层大厅，用剑在地上画了几个圈、字符、纹章式符号，画圈、画符时吉尔·德·西雷、昂列、又名普瓦图的艾蒂安·科里约以及厄斯塔什·布朗谢都在场，待

_____

① 布列塔尼人赠书加上普雷拉提自己从意大利带来的那本书，总共两本。

蜡烛点上后,吉尔·德·莱斯命其余人等离开房间,自己则与弗朗索瓦留在房内,站在画好的圈内,随后弗朗索瓦在靠近墙的一角又画了一个字符,一只陶罐内燃着木炭,两人将磁粉(也就是我们通常所说的磁铁粉屑)①、没药、芦荟树脂撒入炭火,香雾弥漫。两人时而站立,时而端坐,时而跪地做敬拜状为魔鬼献祭,几近两小时内两人竭力召唤魔鬼:轮流念诵书中文字期待魔鬼现身,但正如证人所说,召唤无果。

此外,证人表示书中写说魔鬼能提供藏宝信息,授人以理,指明道路。证人表示当时诵读的咒语为"我以圣父、圣子、圣神、圣母玛利亚及所有圣徒之名祈求巴隆、撒旦、彼列现身与吾等交谈,实现吾等愿望"。被问及如果魔鬼现身是否需要献礼、献祭,证人回答说如果魔鬼现身需要献上一只活公鸡、一只活白鸽、一只活灰鸽或者一只活斑鸠,如此一来才能避免召唤过程中遭遇不测,也才能博得魔鬼欢心实现自己所求。

此外,证人表示有一次与吉尔商量换一种方法(借用一种奇石以及带羽冠的鸟)在同一地点召唤魔鬼。但无法寻得奇石,于是作罢。

---

① 拉丁原文中此处为古法语。

　　证人表示同一地点同一方法两人曾多次召唤魔鬼。

　　此外，证人表示曾与又名普瓦图的艾蒂安·科里约（吉尔·德·莱斯的仆从）在吉尔指示下，在吉尔知情的情况下，携带上文提及的书籍、蜡烛、磁粉及香料夜出马耶塞提弗日城堡为吉尔召唤魔鬼。地点位于城堡外临近蒙泰居处紧挨一池塘的草地。和往常一样，两人在地上画圈、画符、点火后开始召唤魔鬼。证人再三嘱咐普瓦图（艾蒂安·科里约）入圈时绝不能划十字，以防魔鬼避而不现。方法不变，召唤依旧无果。耗时半小时左右。召唤点紧靠一间空置的老屋。离开招魂点时，大雨倾盆而下，狂风劲扫，茫茫不见前路。

　　此外，证人表示曾听吉约姆·多西（吉尔的亲属及仆从）提及吉尔于提弗日、马什库勒城堡房间内及马什库勒城堡大门前杀害并指示他人杀害多名少年，将其鲜血及残肢祭献魔鬼、召唤魔鬼之事。

　　此外，证人曾听吉约姆说起吉尔鸡奸受害人之事。

　　此外，证人表示几近一年前曾见一六个月大的婴儿暴尸提弗日城堡房内，吉尔·德·西雷当时也在场。证人认为西雷为凶手。

　　此外，吉尔与证人多次共同召唤魔鬼未果，于是吉尔询问被告原因：为何魔鬼既不现身也不出声，同时命被告探听魔鬼意图。为此，证人再次招魂，并得到了魔鬼的答复：吉尔许下的诸多承诺从未兑现，如果想要魔鬼现身并开口说话，首先，如果吉尔所求甚微，那么一旦魔鬼现身，吉尔亲自献上公鸡或者母鸡一只或者白鸽、灰鸽一只即可，若所求重大，则须吉尔亲自献上少年肢体或器官。以上为证人转述内容。

此外，证人表示此后某日吉尔便将装有少年一只手、心脏、双眼及鲜血的杯子送到了自己房内用于招魂，倘若届时魔鬼现身，证人便要将少年手、心脏、双眼及鲜血献给魔鬼。当被问及上述人体部位及器官是否属于提弗日城堡吉尔房内的少年尸体（证人声称当时见到吉尔房内有一少年尸体）时，证人肯定地表示自己并不清楚。

此外，此后不久，证人与吉尔仍旧在提弗日大厅内以同样的仪式召唤魔鬼，待魔鬼现身时献上少年手、心脏、双眼及鲜血，却没有等来魔鬼，于是证人用布将少年手、心脏、双眼包好埋在提弗日城堡内的圣文森堂旁，证人回忆称当时还盖上了祝圣过的泥土。

此外，证人表示在同一房内进行过多次召唤，每次均往圈内陶罐的火堆里扔香、没药、芦荟树脂。

到了第 10 次或第 12 次时,名叫巴隆的魔鬼以年约
25 岁的美少年形象现身。

此外,证人表示吉尔总共参与了 3 次召唤,每
次魔鬼均未现身,凡有吉尔在场魔鬼从未现身,证
人不知魔鬼是否绝不向吉尔现身。

被问及与何人一起或者通过何人学习召唤术,
证人回答说在佛罗伦萨师从让·德·丰特内勒医
生三年。

被问及研习之法,证人表示白天医生带他到自
家楼上房内,如前文所说在地上画圈、招魂,结果来
了 20 多只毫无声响的乌鸦,再无其他。

此外,证人表示有一次丰特内勒医生仍在同一
地点当着证人召唤魔鬼,来了一位名叫巴隆的魔
鬼,如前文所述,魔鬼看上去与普通青年并无二致,
让·德·丰特内勒将魔鬼介绍给证人,证人与魔鬼
订下契约,承诺每当魔鬼现身便送上母鸡或者白鸽
一只,又或斑鸠、灰鸽一只。

此外,证人表示与又名普瓦图的艾蒂安·科里
约同往提弗日村外一块草地,如上文所述,吉尔老
爷事先交给证人一封亲笔写就的法语信,准备魔鬼
现身时由证人转交,证人与普瓦图(即艾蒂安·科
里约)用前文提及的方法召唤,信中写道:请满足我
的愿望,得之必有重谢,除灵魂及寿命,必献上一切

表示感谢。魔鬼并未出现，证人将信退还给吉尔。

被问及何人指点吉尔写信，证人回答说不清楚。

此外，证人表示听说几近 14 年间吉尔都在召唤魔鬼，但魔鬼从未出现也从未与之交谈。

此外，证人表示家住马什库勒圣马的拉皮卡第（已故）说自家一名房客声称同吉尔一起召唤魔鬼，但证人没有听清此人姓名。

此外，证人表示吉尔参与了位于布尔讷夫的召唤活动，却并未参与证人独自于若斯兰一块草地上进行的召唤活动，期间魔鬼巴隆以美少年的身形现身，身披一袭紫罗兰丝质斗篷。

此外，证人表示不到一年前，当时吉尔人在布尔日，而自己在提弗日大厅召唤魔鬼，巴隆以同样的面貌现身，将一块板岩上的些许黑色粉末交与证人，并嘱咐证人转交给吉尔，让其装入银质小瓶内随身携带，随后保证吉尔得偿所愿。证人将粉末交与吉尔·德·西雷，西雷通过普左日的加斯卡尔转交给人在布尔日的莱斯老爷。

被问及吉尔是否将粉末佩戴在身上，证人表示并不清楚，但吉尔老爷回到提弗日时，又名普瓦图的艾蒂安·科里约说的确将粉末装在一只银质小瓶里，裹了一层①檀香布，证人接过小银瓶戴在颈间，数日后摘下保存在马什库勒房东皮埃尔·龙德尔家中自己房内的一只小盒或珠宝箱里，直至证人被捕，当时小银瓶并不在证人钱袋内。

此外，吉尔从布尔日归来后，证人于提弗日大厅再次召唤魔鬼，巴隆再以人形现身。证人替吉尔向魔鬼求财。随后便在一房内出现了大量金砖之类，连日不去。见到金砖的证人立即上前想要伸手触碰，魔鬼要他克制，表示时候未到。证人将上述情况告知吉尔，吉尔问证人能否看一眼金砖。证人答说可以，于是两人往金砖所在房间走去，证人刚打开房门，一条粗如猛犬的双翼大蛇出现在地上。于是证人阻止吉尔踏入房门，声称自己看到一条蛇。惊慌之下吉尔躲开，证人尾随其后。随后吉尔手持附有真十字碎片的十字架当护身符试图进入房内。但证人表示此时用祝圣过的十字架不妥。稍后，证人进入房内，伸手一碰，原来只是浅黄色粉屑，这才发觉上了魔鬼的当。

此外，证人表示七月时吉尔老爷想拜谒公爵大人，便命证人问巴隆此行吉凶，巴隆回答说可行。无论在马什库勒、南特还是若斯兰作法，巴隆均有

----

① 拉丁原文中此处为法语。

表态。

此外，证人表示每次替被告吉尔问魔鬼巴隆，从无准确答复，除两次例外，一次为解圣艾蒂安-德梅尔莫特之危，当时帕吕欧或艾萨尔的人马或驻军之类企图突袭此地，吉尔出兵打算埋伏敌军，吉尔骑在马上问弗朗索瓦如何是好，弗朗索瓦表示巴隆预言此行无果，最后果然如魔鬼所料；另有一次，过海前问巴隆意见，巴隆表示过海必死无疑，便作罢。这是前往提弗日前弗朗索瓦最后一次得到巴隆的答复。

此外，证人表示受吉尔之令替吉尔与魔鬼签订契约，约定每年三大重要瞻礼吉尔向三位穷人施饭，当年诸圣瞻礼时吉尔确实照做了，之后便不了了之，所以弗朗索瓦与吉尔猜测巴隆拒绝向吉尔现身的原因在此。

以上为弗朗索瓦认真服从调查、问询所作证言，至于其他情况一概不知，但证人也承认坊间各种议论与自己所说相符。

此外，证人表示四个月前，无论在马什库勒、布安岛、布尔讷夫还是莱斯圣希尔教区，吉尔·德·莱斯在不同场合多次提出要改邪归正，到圣地及耶路撒冷朝圣，并提出与证人同行，祈求救世主宽恕自身罪孽。

最后，按例命证人起誓：所说一切证言不得外泄。

2. **厄斯塔什·布朗谢，教士。1440 年 10 月 17 日。**

厄斯塔什·布朗谢，教士，圣马洛教区圣埃卢瓦堂区蒙托邦人，年约 40 岁，如前文所述，以信仰宣誓所言句句属实，因证人身份保释。教宗任期内及大公会议当年 10 月 17 日，被问及指控及犯罪事实，证人证实，耶稣升天瞻礼当日应吉尔·德·莱斯恳求及请求投身其麾下。两年前证人于佛罗伦萨结识弗朗索瓦[①]，即上一位证人，此人与尼古拉·德·梅迪西斯、弗洛朗坦以及卡斯泰朗教区一同名之人来往甚密，如弗朗索瓦所说，几人一起行炼金术。得知厄斯塔什·布朗谢来自法国，弗朗索瓦表示愿意同到法国的布列塔尼，表示很想到南特看望表兄马尔泰利。证人证实向弗朗索瓦提出结伴同行。弗朗索瓦表示有心修行炼金术之人若师从自己，三月之内必定有成。证人表示法国必有人拱手相迎。商定之后，两人启程从佛罗伦萨抵达图尔省内不属于任何教区的旧圣弗洛朗。因证人自认识

---

① 弗朗索瓦·普雷拉提。

被告吉尔以来便清楚吉尔痴迷炼金术一事,便将弗朗索瓦来自佛罗伦萨、精通炼金术的事实致信吉尔(证人先前便已听说吉尔行炼金术之事)。

获知此事后,吉尔派又名普瓦图的艾蒂安・科里约、昂列、格里亚尔以及另外两人将布朗谢及弗朗索瓦接到马耶塞教区的提弗日。在此之前,自上一年耶稣升天瞻礼至诸圣瞻礼证人住在提弗日城堡内,此后便与弗朗索瓦、巴黎金匠让①及老妇佩罗特住在提弗日圣尼古拉天主堂旁。弗朗索瓦、被告吉尔・德・莱斯日日与金匠修习炼金术。证人仅亲眼见过一次。

此外,证人证实在此期间,白天夜里或凌晨吉尔都去过弗朗索瓦房间。吉尔到了后,证人及佩罗特离开房间,留下弗朗索瓦与吉尔,事后吉尔会将房内发生的事告诉证人与佩罗特。证人表示另有一日,证人见吉尔与弗朗索瓦走进底层大厅(证人与金匠、佩罗特的住房后面),过了很久才见两人出来。当时证人只听到吉尔小声说"现身吧,撒旦"或者"请现身!",似乎弗朗索瓦又说了一句"助我们一臂之力"。证人并未听清弗朗索瓦其他言语,所以无法转述。吉尔及弗朗索瓦在烛光闪烁的大厅内

---

① 让・帕蒂。

待了半小时之后，证人便听到了上述几句，城堡内顿时阴风阵阵。证人表示大骇之下并未听清厅内两人其余言语。细思之后，证人猜测吉尔及弗朗索瓦应该在召唤魔鬼。为此，证人证实，自己曾与吉尔家臣罗宾讨论过此事。之后证人不再为吉尔效力，入住普瓦图摩尔塔涅的布沙尔·梅纳尔家中达七周之久。期间，被告吉尔多次致信请证人回去，希望三人重聚。证人拒绝。期间，卢松教区永河畔拉罗什领主让·梅谢尔下榻布朗谢住所。证人向其打听南特及克利松的情况。梅谢尔表示吉尔·德·莱斯残杀、指使他人残杀幼童、以受害人鲜血写血书以待肆意掠夺任一城堡、称霸的谣言早已传遍了当地，传到了其他地方。第二天，金匠让·帕蒂也来到此处，向证人转达了吉尔及弗朗索瓦再见证人一面、与他重聚的意愿。证人表示谣言四起的当会儿，无论如何自己不会回去。证人请金匠转达劝谏吉尔、弗朗索瓦放下屠刀之意：罪孽如此深重实属不该，况且坊间充斥着各种不利于吉尔、弗朗索瓦的声音。证人相信吉尔、弗朗索瓦从金匠处了解到了自己的想法。但听了这话的吉尔勃然大怒，将金匠打入圣艾蒂安-德梅尔莫特城堡大牢，一关多年。之后，吉尔派又名普瓦图的艾蒂安·科里约、吉尔·德·西雷、让·勒布勒东、昂列·格里亚尔及仆从多人到摩尔塔涅逮捕证人。一干人等将证人押送至罗什塞维耶尔,然后准备将证人关押至德梅尔莫特城堡大牢,证人心知肚明,于是拒绝前往。因为证人一再坚持,另外四人只能将其带至马什库勒。又名普瓦图的艾蒂安·科里约向证人表示,如果到了德梅尔模特,吉尔会因为证人之前让金匠转达的那番话要了他的命。到了马什库勒,证人入住勒费龙家中。某日(具体日期不明,应该复活瞻礼后),证人见普瓦图带着糕点师若尔热·勒巴尔比耶(家住城堡前)之子进了城堡。第二天证人听说这个年约十五六岁的孩子失踪不见,进了城堡之后马什库勒再无人见过这一孩子。

此外,证人表示居留马什库勒期间,听说了多西的仆从失踪之事,同样失踪不见的还有弗朗索瓦的几名仆从以及谢梅雷修院院长之侄,失踪人员均年约十五六岁,证人认为失踪人员轻信了他人最终死于马什库勒城堡,比如若尔热之子失踪也有其父疏于照看之因,这孩子想继承母亲一马克银子(或者等价)的遗产,于是将钱物装进盒子带到了城堡想让人替他保管,后来证人听说莱斯夫人的糕点师不仅将原物归还若尔热还另赏了财物,所以证人推测、认为若尔热之子于城堡惨遭杀害。

此外,证人表示坊间有传多名老妇被囚南特布列塔尼公爵大牢,证人并不知以上老妇姓名,但正是她们将幼童送至马什库勒城堡交给又名普瓦图的艾蒂安、昂列、格里亚尔等人任其杀害。

此外,证人证实,被告吉尔多次表示不信召唤魔鬼之事,被告吉尔声称有熟人尝试召唤魔鬼并未成功。证人认为鉴于之前所说、所述内容,被告吉尔所说正是被告本人。

被问及吉尔发表上述言论时在场的人员,被告表示记不清楚。

被问及吉尔发表上述言论的地点、起因、意图,证人表示地点为提弗日城堡,当时证人经常往来勃艮第、萨瓦、神圣罗马宫廷,遂将三地诸多异端学说突起之事告诉被告吉尔,并表示当地众多老妇因异端罪(最主要的罪证便是召唤魔鬼)被绞死。

此外,证人表示阿兰·德·马泽尔多次说起被告吉尔亲口说过类似的话。

此外,证人表示不久前(即复活瞻礼)吉尔带证人、教士吉尔·德·瓦卢瓦到马什库勒城堡自己书房(或者说文件室),出示了马什库勒圣职团宗教仪式的记事本(被告吉尔亲手记录),证人见书中有五六页充满大量吉尔的笔迹,包括十字及红色符号。因为之前听说被告吉尔用受害人鲜血写血书之事,证人认为自己所见便是证明。

此外,证人表示复活瞻礼时见被告吉尔与神父奥利维耶·德·费里埃一起到马什库勒圣三位一体天主堂的圣母祭坛后,证人认为当时奥利维耶在听被告吉尔告解。因为随后被告接见了厄斯塔什,同时进来的包括该堂区身份卑微的居民。一众卑微在俗教徒见位高权重的大领主向他们走来本想转身离去,却遭被告阻止,留下来与被告一起领圣体,由当时该堂司铎西蒙·卢瓦泽尔行圣体圣事。

此外,证人表示让·白里安之子(尤其幼子佩里纳特)以及唱经班成员皮埃尔经常出没被告房间,被告尤其宠幸佩里纳特。

此外,被问及被告吉尔向幼童射精之事,证人表示自己一无所知。

此外,证人表示马蒂厄·富凯曾说幼童之死并非新鲜事,证人当时十分震惊,马蒂厄·富凯还说早有人议论纷纷,早有人见过尚多塞城堡中堆砌的幼童尸骸。

另外,被问及是否参与召唤魔鬼、残杀幼童之事,证人表示相信被告、弗朗索瓦[1]、侯爵[2]、普瓦图以及昂列的叙述、招认、供述、证言,证人表示自己

———————

[1] 弗朗索瓦·普雷拉提。

[2] 勒纳诺·切瓦侯爵。

一直信任也将继续信任以上诸位凭良心说话，自己一直相信也选择继续相信到底。

　　被问及当时前往佛罗伦萨是为私事还是受被告吉尔之托招揽魔鬼召唤师，证人表示此行为自己私事，当然也向吉尔提及了此事，吉尔遂托自己在当地招揽一名既通炼金术又能召唤魔鬼的人才，事成必有重谢。所以抵达目的地后证人不忘被告所托，想方设法寻觅理想之人，最终经由吉约姆·德·蒙特普尔恰诺介绍结识了弗朗索瓦（上一证人）。两人来往之后证人便常以美酒佳肴款待弗朗索瓦示好，无话不谈，只求能为被告吉尔招揽这位人才。一来二去因为证人的关系，弗朗索瓦最终投奔了吉尔。

　　此外，被问及招揽弗朗索瓦前是否知晓其招魂魔鬼（或招魂）的罪恶技能，证人表示知情，聊天时弗朗索瓦亲口承认过。

　　此外，被问及是否受被告吉尔之托招揽过其他召唤师，证人表示招揽过自称通晓召唤术的医生让·德·拉里维埃，应吉尔之命也受其所托，证人将拉里维埃从普瓦捷送至普左日，之后拉里维埃多次替吉尔召唤魔鬼。一天夜里，一身白色盔甲配双刃剑等武器的拉里维埃与被告吉尔、艾蒂安·科里约、昂列及证人到普左日附近一树林。拉里维埃让其余人在树林边等待，自己一人进入树林施召唤术，证人称等待的过程中听见拉里维埃出剑之声，证人猜测是拉里维埃的剑刺到了身上的盔甲，不知怎么用力太狠发出搏斗之声。随后，拉里维埃走出树林与众人会合，吉尔立即询问拉里维埃看见了什么，有无重大见闻。拉里维埃作惊恐状，颤抖不止，声称见一状如豹的魔鬼无视自己的存在一言不发地走过自己身边，也没给任何提示，所以自己无法解释这一现象。

随后，吉尔与拉里维埃等人回到了普左日，寻欢作乐一番后倒头大睡。第二天，拉里维埃谎称招魂缺必需之物，吉尔赐他 20 埃居（或者 20 里拉的金子），命他拿到东西后务必即刻返回，据证人所知或听说的情况，拉里维埃承诺一番便一去不返。

被问及是否参与弗朗索瓦或他人举行的召唤活动，证人表示没有，但证人围观了提弗日城堡房间内的召唤准备活动，如画圈、画符之类，也帮着运炭、取召唤必需之物（如火），之后被告吉尔立即命证人、吉尔·德·西雷、艾蒂安·科里约及昂列退到吉尔房内，当时已经有人睡在房内，退回房间的一干人等也在房内睡下。仅吉尔与弗朗索瓦两人如愿施行召唤术，证人保证自己并不清楚魔鬼是否现身。

此外,证人表示有段时间多次听被告吉尔·德·莱斯说要改邪归正到耶路撒冷的圣墓朝圣,祈求上主宽恕自己的罪孽,被告吉尔在马什库勒、莱斯新堡都说过类似的话。

此外,证人表示另有一次,人在昂热、下榻银狮旅馆的被告吉尔·德·莱斯派证人去找一个自称精通炼金术、经验丰富的金匠。吉尔给了金匠一马克银子施法。金匠应承下来便将自己关在房内,大醉一场倒头大睡。吉尔发现后勃然大怒,大骂对方酒鬼,表示再也不会对他有任何期待。金匠带着被告赏赐的一马克银子跑了。

以上为证人证言,其余情况证人表示一概不知,证人表示自己也知坊间议论之声,与自己证言一致。

此外,证人表示有一日(具体日期不清),地点为提弗日城堡外,当时证人并不住在城堡内,但经常出入城堡办事,也为与诸位教士相聚,当天吉尔命证人即刻觐见。奉命前往的证人见身处城堡一长廊内的吉尔忧心忡忡。走近后,证人听被告亲口说弗朗索瓦必死无疑,吉尔表示听到弗朗索瓦在房内大声惨叫,打斗之声听来仿佛有人正对着羽毛床拳打脚踢,自己却不敢进屋查看,只好请证人进屋一探究竟。证人表示自己同样不敢进屋。但为讨吉尔欢心，证人走近了房门，恰好墙上有一开口，证人便借此大喊弗朗索瓦，没有应答，只听弗朗索瓦似身受重伤般痛苦呻吟。证人告知吉尔，吉尔痛苦不已。随后，弗朗索瓦一脸惨白地走出房门，走进吉尔房内，声称魔鬼现身暴打了自己，被魔鬼教训一番的弗朗索瓦高烧不退，一病七八日，期间全赖被告吉尔悉心照料，不许他人插手，还为弗朗索瓦安排了告解，弗朗索瓦却痊愈了。

此外，被问及是否知晓或者听说魔鬼动手的原因，证人猜测应该与弗朗索瓦之前说过的经历有关，过去弗朗索瓦自己召唤过一些无用的普通恶灵，这些恶灵出于愤怒或者别的原因（或许弗朗索瓦有所隐瞒）动手打了弗朗索瓦。证人表示弗朗索瓦声称这些恶灵之源远比万福玛利亚圣洁。

以上为证人证言。

按例命证人起誓：所说一切证言不得外泄。

3. 艾蒂安·科里约，又名普瓦图，1440 年 10 月 17 日。

艾蒂安·科里约，又名普瓦图，自称普左日人，吕松教区居民，年约 22 岁，经传唤出庭，宣誓自己所言句句属实，因证人身份保释，教宗任期内及大公会议当年 10 月 17 日，证人服从此案及相关案件的一切调查及核查,按序陈述事实,表示拉苏斯的热内·德·莱斯(吉尔·德·莱斯的嫡亲兄弟)夺取昂热教区吉尔·德·莱斯名下城堡后于两年前再次夺下南特教区的马什库勒城堡。

马什库勒城堡落入热内·德·莱斯之手后,当时与拉苏斯的热内入主马什库勒城堡的骑士查理·德·莱昂向证人表示城堡塔底发现两具幼童尸骸。查理大人问证人是否了解情况,证人表示并不知情,证人表示当时自己的确并不知情,因为吉尔·德·莱斯尚未向证人透露任何秘密,正如前文所述,之后证人才从吉尔处得知诱拐、猥亵并杀害幼童之事。

此外,证人表示吉尔·德·莱斯从拉苏斯的热内手中夺回尚多塞城堡后,并未立即拱手让与布列塔尼公爵(事先已将此地领主权交于布列塔尼公爵),而是令证人发誓死守秘密,然后暗中派仆从吉尔·德·西雷、昂列·格里亚尔、伊凯特·德·布雷蒙、罗宾·罗米拉及证人到尚多塞城堡塔底将堆放其间的多名幼童尸骸取出,装箱运至马什库勒。当时共将36或者46具(具体数目证人无法记清)幼童干尸装箱捆紧,以防意外开盖露馅。

被问及何以确定尸骸数量,证人表示清点头颅数量,但无法记清具体数量,应该为36或者46具尸骸。

此外,证人表示于马什库勒吉尔房内焚尸,在场人员包括吉尔、吉尔·德·西雷、让·罗西尼奥尔、安德烈·比谢、昂列·格里亚尔及证人。

被问及如何处理骨灰,证人表示将骨灰扔至马什库勒城堡地沟或壕沟内。

被问及由何人处理,证人表示自己与格里亚尔、比谢、罗西尼奥尔负责抛骨灰。

被问及为何不在尚多塞城堡内处理尸骸,证人表示当时不可能当场处理尸骨,因为吉尔·德·莱斯已经亲自或者下令将尚多塞城堡让与布列塔尼公爵。

被问及为何尸骸已成干尸,证人表示尸骸已弃置塔内太久,早于城堡落入热内之手,随后拉苏斯的热内又占领了城堡三年之久[①]。

被问及杀害幼童、塔内弃尸的凶手,证人表示不清楚,但城堡失守前,罗歇·德·布里克维尔骑士、吉尔·德·西雷与吉尔往来甚密也知其中内情,证人根据自己听闻的消息推测此二人清楚事情来龙去脉。

此外,证人表示自己与西雷、昂列诱拐多名男

---

① 这一说法并不准确。应该是三个月。见下文 354 页。

孩、女孩送与被告吉尔·德·莱斯,以满足其淫欲(具体手段如前文所述),证人表示自己所作所为受被告吉尔指使。

被问及诱拐的男孩、女孩数量,证人表示应该多达 40 人。

被问及将幼童带至何地,证人表示有时送至南特,有时为马什库勒,有时为提弗日或其他地方。

被问及送至以上各地的幼童数量,证人表示将十四五名幼童送至南特,大部分幼童送至马什库勒,至于送至他地的幼童数量,证人无法记清。

此外,证人表示吉尔·德·莱斯有违天理地猥亵男女幼童前,先用手自慰然后将自己硬挺的生殖器放在男女幼童大腿间,从不进入女童生殖器,而在男女孩幼童腹部来回摩擦,纵享淫乐,最后将精子射于幼童腹部。

此外,证人表示被告猥亵男女幼童前,为防止其尖叫被人听到,指使他人用锁链或绳索吊住幼童挂在房内的杆上或钩子上。然后亲手或者命人放下幼童,装模作样地安抚幼童,保证自己不会弄疼或者伤害他们,只想一起寻开心,借此阻止幼童喊叫。

此外,吉尔·德·莱斯可怕且罪孽深重地猥亵男女幼童后便亲手或命人杀害之。

被问及杀害幼童的凶手,证人表示有时吉尔亲手为之,有时被告指使西雷、昂列或自己单独或一起动手。被问及行凶手段,证人表示有时扭断幼童脖子、砍头,有时割断其喉咙,有时肢解,有时用棍棒打断其脖颈。凶器是一把剑,俗称双刃剑①。

被问及吉尔·德·莱斯是否多次猥亵同一受害者,证人表示同一对象吉尔·德·莱斯仅猥亵一次,最多两次。

此外,证人表示有几次很特殊,吉尔·德·莱斯并不施暴而是直接猥亵男女幼童。一般吉尔多悬吊受害者然后猥亵之,有时也先割破其颈动脉或喉咙任鲜血四溅,有时趁幼童濒死之际猥亵之,有时待幼童死后而有时割断其喉咙趁身体尚有余温猥亵之。

此外,证人表示吉尔·德·莱斯猥亵女童的方式与猥亵男童的方式一致,无意区分也并不在乎性别,被告多次向证人表示如此猥亵女童(而非以正常方式进入女童生殖器)乐趣无穷。

被问及如何处置男女幼童尸身,证人表示连同衣物一同烧毁。

被问及焚尸地点,证人表示于吉尔房内焚尸,

---

① 拉丁原文中此处为法语。

也经常于马什库勒门前焚尸。

被问及焚尸方法，证人表示将大捆柴木放置于吉尔房内的烤架上，然后点燃尸体上的柴薪，以大火焚烧。最后将衣服放在火上慢慢依次焚烧，以防发出怪味。

被问及骨灰、衣物灰烬的弃置点，证人表示要看具体情况，有时抛至垃圾场，有时抛至地沟或城壕，有时藏在隐秘的地方。

被问及案发地点，证人表示如前文所述，大多发生于马什库勒，其余在提弗日或他地。

此外，证人表示自己服侍吉尔·德·莱斯期间，吉尔猥亵并杀害的多为落入布施圈套（或出于别的原因）的穷苦孩子。有时吉尔亲自挑选受害者，有时命证人、西雷、昂列挑选后暗中送至吉尔房内。

此外，证人表示，昂列亲口说过南特画家蒂埃里之妻卡特琳将其弟托付于自己，希望其弟进入吉尔的僧团，昂列的确将该少年送至马什库勒，送给了吉尔。吉尔猥亵该少年后将其残忍杀害。

被问及如何得知此事，证人表示自己在场亲眼目睹了一切。

此外，证人表示受吉尔之命并在吉尔知情的前提下，将南特教区拉罗什-贝尔纳的貌美少年带至马什库勒送与吉尔，可悲的少年同其他受害者一样惨遭吉尔猥亵并割喉杀害。

此外，证人表示吉尔身边另一俊美少年原先为弗朗索瓦·普雷拉提的年轻侍从。吉尔·德·莱斯猥亵此少年后亲手或命人以前文所述方式杀害之。

此外，证人表示 1439 年诸圣瞻礼时自己与昂列于南特教区圣希尔堂区的布尔讷夫诱拐一年约 15 岁的俊美少年，当时少年住在罗迪格家中。两人将少年带至吉尔下榻处，即科尔德里耶家中，吉尔无耻地猥亵了少年，证人及昂列受吉尔之命将少年杀害然后将尸体带至马什库勒城堡吉尔房内烧毁。

此外，证人表示大约两年半以前[①]，南特当地居民皮埃尔·雅凯（外号普兰塞）家中有一年约 14 岁的年轻侍从，行事妥帖，遂将其送与吉尔，接替证人管事及仆从的职务（证人有隐退之意并已多次提请吉尔）。吉尔猥亵此侍从后照例亲手将其杀害。

此外，证人表示布列塔尼公爵僧团中有一人名曰安德烈·比谢，原为吉尔·德·莱斯僧团中人，

---

① 实际上应该是 1439 年 6 月 26 日左右。

此人曾让自己的仆从拉乌莱在瓦纳周边将一年约 9 岁的幼童带至马什库勒送与吉尔。幼童作年轻侍从打扮。吉尔为酬谢比谢,将皮埃尔·埃奥姆的赠礼——价值 60 里拉金币的马匹赐予比谢。吉尔猥亵并照例残杀了少年。

此外,证人表示吉尔·德·莱斯曾亲口炫耀:相比猥亵残杀幼童、割其喉或命人杀害之,眼看幼童痛苦而亡,割下其头颅、器官及肢体以及欣赏鲜血四溅的场面尤为愉悦。

此外,证人表示如果同时发现两名男孩或者两名女孩(兄弟、姐妹或者其他关系),吉尔仅看中其中一人,却不想另一人泄露消息,便会同时诱拐两人,用前文所述方式猥亵看中的孩子,随后亲手或指使他人将两个孩子割喉杀害。

此外,证人表示自己与吉尔同住后,有一次曾遭被告吉尔用前文所述手段猥亵,事后证人生怕遭吉尔杀人灭口,事实上吉尔的确有此意,甚至手中已握有一把匕首,一旁的西雷以证人俊美可作侍从为由加以阻止,再加上吉尔也倾心于证人,于是要求证人发誓死守此事及所有秘密。

此外,证人表示与吉尔·德·莱斯来往甚密的教士厄斯塔什·布朗谢曾将吉尔无法召唤成功的原因归咎于吉尔尚未将幼童手、脚或其余身体部位献给魔鬼。

被问及是否看到或者知道吉尔将幼童身体部位献给魔鬼，证人表示自己并不清楚。但有一次看见吉尔将惨死提弗日城堡的幼童的手（不清楚是左手还是右手）和心脏放在房内壁炉①上的玻璃杯中，盖有一块亚麻布，被告吩咐证人及昂列离开并将房门关上。

被问及如何处置幼童的手及心脏，证人表示并不清楚，但证人认为被告吉尔后来将其交与弗朗索瓦祭献魔鬼。

此外，证人表示吉尔·德·西雷曾亲口向证人及昂列说起一事：拉苏斯的热内大人及洛埃亚克入主马什库勒城堡前两三个星期，自己从马什库勒城堡底层大厅旁的塔内搬出40具左右的幼童尸骸并焚尸。当时西雷表示无论对被告吉尔、西雷本人还是吉尔所爱及爱他之人来说，此事处理及时实在值得庆幸。然后西雷还用法语说道，"罗歇·德·布里克维尔难不成是个叛徒？不然怎么在我和罗宾·罗米拉清理骸骨时让雅维尔夫人和托曼·达

---

① 拉丁原文中为法语，应该指壁炉台。

拉冈从缝里看？况且他清楚所有内幕！"①

被问及杀害幼童的凶手、时间、弃尸塔内之人，证人表示按自己推测，塔内尸身应该属于自己与吉尔同住前早已惨遭吉尔·德·莱斯、吉尔·德·西雷及罗歇·德·布里克维尔杀害的幼童。其余一概不知。

此外，证人表示如果被告吉尔无法顺心如意地找到目标幼童，便会用前文所述手段猥亵自己僧团内的幼童，据证人听闻的消息，被告吉尔一般对南特居民白里安（育有二子）的幼子下手。

被问及被告吉尔猥亵僧团幼童后是否将其杀害，证人表示不会，因为被告极其赏识僧团的幼童，而他们也能够守口如瓶。

此外，证人表示教士厄斯塔什·布朗谢（上文有所提及）在吉尔·德·莱斯命令及嘱托下将意大利的弗朗索瓦·普雷拉提带到提弗日并引荐给吉尔，帮助吉尔行炼金术，召唤魔鬼。证人表示厄斯塔什大人曾如此评价（原话为法语）弗朗索瓦大人，

---

① 拉丁原文中为古法语：n'estoit pas messire Rogier de Briqueville bien traistre, qui nous faisoit regarder, Robin Romulart et moy, à la dame de Jarville et Thomin d'Araguin, par une fante, quant nous oustions lesdits ossements et savoit bien tout ce fait?

"他能召唤布里丹①"。"布里丹"为魔鬼名。厄斯塔什还说弗朗索瓦大人能用一坛酒召唤魔鬼现身。

此外，证人表示弗朗索瓦·普雷拉提大人曾当着自己与吉尔·德·莱斯、厄斯塔什·布朗谢及昂列的面用剑尖在提弗日城堡大厅地上画了一个大圈，在圈内四个方向上画了十字、纹章式符号与字符，证人、厄斯塔什、昂列抱来陶罐、大堆柴薪、香烛以及一块磁石②，至于其他物件证人已经忘记，被告吉尔及弗朗索瓦将以上物件摆在圈内某处，点燃陶罐内的柴薪，瞬间大火熊熊。弗朗索瓦接着又在门边的墙上或者墙边画了其他纹章式的符号、字符，点燃旁边的火堆。弗朗索瓦旋即命人打开厅内四个朝向的窗户，之后吉尔·德·莱斯命证人、厄斯塔什、昂列离开大厅退至吉尔房间等待、守候，不许任何人靠近偷看或偷听，也不许任何人泄露任何细节。证人、厄斯塔什及昂列退回吉尔的房间，厅内只剩被告吉尔与弗朗索瓦两人。至于之后大厅内发生了什么，证人表示自己并不知情，但之后厄斯塔什及昂列表示当时的确听见弗朗索瓦高喊却不解其意，随后便听到被告吉尔与弗朗索瓦屋旁边的

---

① 拉丁原文中为法语。

② 拉丁原文中此处为法语。

屋顶似有四脚兽爬行、欲从天窗闯入屋内的声音。证人表示自己并未听到这一响动,当时退至吉尔房内的证人因为无事可做已沉沉睡去。

被问及案发日期及时间,证人表示案发于夏季某天夜里,具体时间已经忘记,只记得午夜前就已经开始召唤,直到凌晨一点左右吉尔与弗朗索瓦才回到吉尔房内。

此外,证人表示第二天深夜因为吉尔有令,自己被迫与弗朗索瓦一起召唤魔鬼,当时证人不敢违逆、违抗吉尔命令,并且弗朗索瓦承诺,保证万无一失、毫无风险,于是证人与弗朗索瓦结伴前往提弗日城外一公里处的草地,此处临近吕松教区的蒙泰居。实际上证人清楚弗朗索瓦接下来肯定要召唤魔鬼,所以非常恐惧,如果可以拒绝证人绝不会与弗朗索瓦合作,但正如上文所述,被告吉尔之令不可违抗而弗朗索瓦也作了保证。弗朗索瓦与证人带有火种、柴薪、香烛、火把一支、磁石一块以及弗朗索瓦随身携带的召魔书。到了草地后,弗朗索瓦如上文所述用一把刀在地上画圈、十字及字符。点燃火把及柴薪后,弗朗索瓦禁止证人划十字,命证人一起走入圈内,随即召唤魔鬼,证人既看不懂也听不懂弗朗索瓦所做所说,即便弗朗索瓦高声大呼,证人完全一头雾水,只听到一个名字"巴隆",证

人表示虽然弗朗索瓦事先已有警告自己仍旧暗中
划了十字。

被问及召唤过程中有无异况,有无回应,证人
表示没有发生任何事,至少自己什么都没有看到也
没有听到。

此外,证人表示召唤完毕自己与弗朗索瓦回到
提弗日时城门已关,无奈直到清晨两人才终于进了
城。召唤过程中厄斯塔什一直在村中某户人家候
着,迎来两人后便命人点上火、备好床,各自睡下。
此外,证人表示当时自己与弗朗索瓦站在圈内,倾
盆大雨突下,狂风疾扫,回程时更是伸手不见五指,
步履维艰。

此外,证人表示 7 月被告吉尔到瓦纳拜谒布列
塔尼公爵,下榻瓦纳城外正对主教官邸的勒穆瓦纳
家中,人们称此地为"拉模特"。前文提到的安德
烈·比谢将一年约 10 岁少年送与吉尔·德·莱
斯,吉尔·德·莱斯以前文所述方式无耻且罪恶地
猥亵了少年,随后将少年送至附近的瓦纳集市旁的
博埃丹家中,交与下榻此处的一众侍从处理。勒穆
瓦纳家中过于暴露无法秘密处置少年,于是一众侍
从在博埃丹家中将男孩砍头杀害,焚毁其头颅,再
用皮带捆住尸身拖到博埃丹家中的茅厕,证人钻进
茅坑把尸身推到茅坑深处。证人补充说比谢知晓

此事。

此外，证人表示如果被告吉尔割破受害人的颈动脉、喉咙或其他部位，再或者如前文所述砍下受害人脑袋，此时吉尔就会趁其鲜血四溅横跨其腹部，兴奋地享受受害人死亡的一刻，甚至还会调整姿势以便清清楚楚地目睹这一幕。

此外，证人表示有时（也算频繁），被告吉尔如前文所述砍下受害人脑袋或用其他方式将其杀害，便会独享或者邀约证人等知情人共享这一刻，将受害人头颅或身体部位一一展示给在场众人，挑选出最美身体部位、脑袋及五官。众人"参观"的过程中或者选出最美脸庞后，被告吉尔亲吻着死去的男女幼童总是兴奋非常。

以上为证人证言。按例命令证人起誓：所说一切证言不得外泄。

4. 昂列·格里亚尔，1440 年 10 月 17 日。

昂列·格里亚尔，自称为巴黎圣雅克-德拉布谢勒教区居民，年约 26 岁，作为本案另一证人传唤出庭，宣誓所言句句属实，因证人身份取保候审，教宗任期内及大公会议当年，证人服从此案及相关案件的一切调查及核查，按序陈述事实。

起初，证人为被告吉尔管事及仆从达五六年之久,三年前拉苏斯的热内·德·莱斯接连拿下尚多塞及马什库勒城堡,之后证人从夏尔·德·莱昂(与拉苏斯的热内共同入住马什库勒城堡)口中听闻马什库勒城堡塔底发现两具幼童尸骸之事,当时夏尔大人问证人是否知情,证人表示并不清楚。证人表示当时自己的确一无所知。但被告重夺尚多塞城堡又让与布列塔尼公爵后,第一时间命令证人发誓誓死保守秘密,随后便暗中命证人、又名普瓦图的艾蒂安·科里约、吉尔·德·西雷、伊凯特·德·布雷蒙、罗宾·罗米拉一干侍从到尚多塞城堡塔内将弃置其中的众多幼童尸骸装箱秘密转移至马什库勒。一干人等进入塔内发现 36 具或者 46 具幼童尸骸(具体数目证人已经忘记)。众人清点头颅(或用其他方式)计算干尸数量,然后装箱用绳索捆牢转移至马什库勒,在吉尔·德·莱斯房内焚尸,在场人员包括吉尔·德·莱斯、吉尔·德·西雷、又名普瓦图的艾蒂安·科里约、让·罗西尼奥尔、安德烈·比谢以及证人,最后将幼童骨灰及衣物灰烬抛至马什库勒城堡地沟或壕沟内。证人表示之所以没有选择在尚多塞当场销毁,因为吉尔从拉苏斯的热内手中夺回尚多塞后仅有两天的时间,之后就要亲自或者派人将尚多塞城堡让与布列塔尼公爵(事先已经转让了此地的领主权)。

被问及为何尸骸已干，证人表示早在拉苏斯的热内大人拿下城堡前早有男女幼童惨遭杀害并弃尸，而拉苏斯的热内大人拿下城堡后又过了三年①。

被问及杀害幼童的凶手、方式及原因，证人表示并不清楚，幼童被杀时自己并未与被告吉尔同住，证人表示与被告吉尔同住的罗歇·布里克维尔骑士与吉尔·德·西雷应该清楚事情的来龙去脉。

此外，证人表示自己与西雷、又名普瓦图的艾蒂安·科里约从南特、马什库勒尤其提弗日寻觅男女幼童送至吉尔房内，被害人数多达 40 人，被告吉尔违背天理地猥亵男女幼童，首先用手自慰，将硬挺的生殖器放在男女幼童大腿中间，然后横跨其腹部继续自慰，达到高潮时便罪恶且有违天理地在其腹部射精。

此外，证人表示针对同一受害人被告吉尔仅猥亵一次或两次，随后便亲手将其杀害，有时也指使西雷、又名普瓦图的科里约以及证人单独或一起动手。

被问及行凶手段，证人表示有时砍头、肢解，有时留着脑袋仅割破喉咙，有时以棍棒打断脖颈，有时割破颈动脉或喉咙让鲜血四溅，有时吉尔会趁机

---

① 应该是三个月，见 341 页。

横跨受害人腹部享受其死亡的一刻。

此外,证人表示有时生怕猥亵过程中受害人呻吟、哭喊,被告吉尔便会亲手或指使证人、科里约以及西雷用绳子将其悬吊在自己房内的杆子、钩子或挂钩上,威胁并恐吓直至受害人身心俱伤,这时便尽量安抚其惊恐的情绪,并保证只想一起寻欢作乐,最后如前文所述如愿猥亵受害人。

此外,证人表示有时被告吉尔会先猥亵然后再行凶,或者猥亵后将受害人慢慢折磨致死,其余时候都是先动手伤人至垂死状态趁机猥亵,甚至于先杀后猥亵,趁尸体尚有余温。

被问及如何处置受害人鲜血,证人表示被告吉尔任受害人鲜血直流,完事后再命人打扫满屋的鲜血。

被问及如何处置尸体及衣物,证人表示在被告房内焚烧。

被问及焚烧方式,证人表示将受害人衣物依次置于房内壁橱中焚烧,避免怪味。众人先将大量木柴放在烤架上,摆上尸体后再铺柴薪然后点燃。

被问及如何处置受害人骨灰及衣物灰烬,证人表示将其扔至案发现场的隐秘地点,有时抛至茅房,有时抛至壕沟或其余的合适地点。

被问及证人涉案的案发地,证人表示在南特吉尔家宅中（通称拉苏斯公馆）、提弗日城堡以及马什库勒城堡。

被问及具体地点，证人表示位于南特圣德尼堂附近的拉苏斯公馆，具体为公馆尽头吉尔的卧房，被告也常在马什库勒城堡门前犯事。

此外，被问及受害男女幼童的出处，证人表示大多出自讨要布施（有时在吉尔家宅，有时在别处）的人群。

被问及经手的受害人人数，证人回答与前文一致，证人等人共诱拐男女幼童 40 余人左右，其中十四五人于南特拉苏斯公馆被害，其余大多死于马什库勒，剩下的死于提弗日及他地。

此外，证人表示南特画师蒂埃里之妻卡特琳将自家胞弟托与自己，希望其弟进入吉尔的僧团，证人将少年带至马什库勒被告吉尔房内，被告吉尔命证人发誓死守秘密。

被问及发誓地点，证人表示位于马什库勒的圣三位一体堂。

被问及发誓时间，证人表示应该为三年前，此外证人表示自己将少年交与吉尔后自己便到了南特，三日内并未回马什库勒，之后回到马什库勒寻此少年未果，从他人处听说少年也已丧生，又名普瓦图的科里约告诉证人被告吉尔亲手杀了少年并照例猥亵了少年。

此外,证人表示又名普瓦图的科里约将拉罗什-贝尔纳一名俊美少年带至马什库勒交与吉尔,少年同样遭被告吉尔猥亵。

此外,证人表示曾在马什库勒见过弗朗索瓦·普雷拉提的俊美侍从,此人也遭割喉,但因当时自己并不在场,不知谁人所为。吉尔同样猥亵了少年。

此外,证人表示自己与又名普瓦图的科里约曾于 1439 年诸圣瞻礼时诱拐一俊美少年,少年年约 15 岁,住在南特教区莱斯圣希尔堂区布尔讷夫的罗迪格家中。两人将少年带至被告吉尔的下榻处(同样位于布尔讷夫)——科尔德里耶家中,其后被告吉尔用前文所述方式猥亵了少年,最后证人昂列及科里约受吉尔之命将其杀害,将尸身带至马什库勒吉尔房内焚烧。

此外,证人表示大约两年半之前,南特的普兰塞(外号)家中有一俊美的年轻侍从,证人认识普兰塞,当时普兰塞将年轻侍从交与吉尔,吉尔承诺让少年接替科里约(又名普瓦图,此人有意引退)管事的职务。不久吉尔便有违天理且无耻地猥亵了少年,随后亲手将其杀害,少年年约 15 岁。

此外,证人表示,安德烈·比谢出庭作证时为布列塔尼公爵僧团中人，原先为吉尔·德·莱斯僧团一员，此人曾将瓦纳附近一年约 9 岁的侍从带至马什库勒，安德烈·比谢的属下拉乌莱特又将少年带到吉尔身边，少年遭吉尔罪恶地猥亵后，如前文所述，同样惨遭杀害并焚尸。证人补充表示为此被告将皮埃尔·埃奥姆的赠礼——价值 60 里拉的良驹赏赐给安德烈·比谢。

此外，证人表示被告吉尔曾亲口炫耀残杀男女幼童、砍头、肢解、享受其死亡一刻，欣赏鲜血直流的场面远比性侵刺激。

此外，证人表示被告吉尔砍受害人头颅、割喉的凶器是一把剑（通称双刃剑①），欣赏男女幼童头颅落地的场面总能让被告兴奋不已，被告甚至会将当场砍下的头颅与前夜或者大前夜砍下的头颅放在一起供证人与又名普瓦图的艾蒂安·科里约观赏并选出最美头颅，最后就由被告热吻最美的头颅。

此外，证人表示如果同时发现两名男童或者两名女童（兄弟、姐妹或者其他关系），而被告吉尔仅喜欢其中一个孩子并希望与之发生关系，便会同时诱拐两个孩子并只猥亵自己喜欢的孩子，最后将两

---

① 拉丁原文中此处为法语。

个孩子杀人灭口。

此外,证人表示被告吉尔猥亵男女幼童的方式一致,无性别之分。

此外,证人表示被告吉尔亲口说过自己命该如此,无人能理解他的罪行及不法行为。

此外,证人表示有时被告吉尔亲手或者指使他人割喉杀害、肢解多名幼童。证人表示与被告吉尔来往甚密的教士厄斯塔什·布朗谢大人曾将吉尔无法召唤魔鬼的原因归咎于没有祭献幼童手脚或其他部位给魔鬼。证人补充说自己也曾用多种方式割喉、肢解多名幼童,受害人数少于自己诱拐的幼童人数(前文所述)。

此外,证人表示通常被告吉尔按自己喜好从讨要布施的男女幼童中挑选目标,然后命他人诱拐幼童以满足自己邪恶的淫欲。

此外,证人表示吉尔·德·西雷曾亲口向自己及又名普瓦图的科里约说起一事:两年前能赶在拉苏斯的热内大人及洛埃亚克大人拿下马什库勒城堡前的两三个星期从城堡旁边的塔里清理出 40 具幼童遗骸转移他处,无论对自己还是对吉尔·德·莱斯而言都是件大幸事。证人表示当时西雷还用法语说了下面一番话,"罗歇·德·布里克维尔难不成是个叛徒?不然怎么在我和罗宾·罗米拉清理骸骨时让雅维尔夫人和托曼·达拉冈从缝里看？
况且他清楚内幕！"①

此外，证人表示西雷对自己及又名普瓦图的科
里约说过已经焚毁了幼童尸骸，证人保证塔内存尸
时仅西雷与布里克维尔了解内情，自己与又名普瓦
图的科里约仍被蒙在鼓里。

此外，证人表示如果眼前暂无讨喜的幼童，被
告吉尔便会用前文所述方式猥亵自己僧团中的幼
童，但事后并不亲手或命人将其杀害，因为僧团里
的幼童能够守口如瓶。

被问及僧团内具体的受害者，证人表示为南特
居民让·白里安之子佩里纳特等，但证人记不清其
余幼童姓名。被告吉尔尤其宠幸自己的心头
好——佩里纳特。

此外，证人表示前文提及的厄斯塔什·布朗谢
大人曾受吉尔·德·莱斯所托到意大利招揽弗朗
索瓦·普雷拉提为吉尔·德·莱斯施炼金术、启请
魔鬼。证人还听厄斯塔什用法语表示"他能召唤布

---

① 拉丁原文中此处为古法语：N'estoit pas messire Rogier de
Briqueville bien traistre, qui nous faisoit regarder, Robin et moy, a
la dame de Jarville et Thomin d'Araguin, par une fante quand nous
oustions lesdiz ossements, et savoit bien tout ce fait.

里丹"①。此外证人表示厄斯塔什还说弗朗索瓦能以一壶酒召唤魔鬼现身。

此外,证人表示弗朗索瓦·普雷拉提大人受吉尔·德·莱斯之令,当着吉尔·德·莱斯、厄斯塔什·布朗谢、又名普瓦图的艾蒂安·科里约以及证人,以剑尖在提弗日城堡大厅地上画大圈,圈内四处画上十字、纹章式符号及字符,证人、厄斯塔什·布朗谢、又名普瓦图的艾蒂安·科里约带来大量柴火、香烛、一块吸铁石或者说磁石、火炬或者火把之类、一只陶罐及其他物件,吉尔·德·莱斯及弗朗索瓦大人将以上物件摆在圈内某处,点燃陶罐内柴薪,房内顿时火光熊熊。随后弗朗索瓦于墙旁或墙上同样画了纹章样图案,点燃旁边的另一火堆。再然后弗朗索瓦·普雷拉提命人将四个朝向的窗户打开,象征着十字(或以这样的方式模拟比划十字的动作)。之后证人、又名普瓦图的艾蒂安·科里约以及上文提到的厄斯塔什·布朗谢大人在被告吉尔的命令下退至楼上吉尔的房间,并且事先已被明令禁止泄露当晚一切细节,禁止偷看偷听,最后仅被告吉尔及弗朗索瓦两人独自留在大厅内。

---

① 拉丁原文中此处为法语。

此外，证人表示自己与厄斯塔什、又名普瓦图的科里约撤离大厅、走进被告吉尔房间后，自己与厄斯塔什大人曾听见大厅传来弗朗索瓦的高呼，但证人表示自己听后不解其意。稍后，证人及厄斯塔什大人听到似有四脚兽爬行于屋顶、靠近天窗的动静，而天窗旁正站着被告吉尔及弗朗索瓦。

被问及又名普瓦图的科里约是否也听到同样的动静，证人表示普瓦图应该没有听到，并表示又名普瓦图的科里约进屋后便睡着了。

被问及案发年份，证人表示距今一年左右。

被问及具体时间，证人表示案发于午夜未至时，全程 1 小时。被问及日期，证人表示记不清楚，但肯定发生于夏季。

此外，涉案证人补充说被告吉尔·德·莱斯及弗朗索瓦两人五个星期内总在马什库勒城堡一间房内碰面，而房间钥匙一直由被告吉尔自己保管。证人表示传闻（具体是谁记不清）说房内有只铁铸的手。

此外，证人表示被告吉尔·德·莱斯亲手或命人残杀一少年后将其手、心脏带到证人、又名普瓦图的科里约同住的房内，放在房内壁炉旁（法语中通称"壁炉台"①）铺有布的杯子中，然后吩咐证人、

① 拉丁原文中此处为法语，见 347 页。

又名普瓦图的科里约将房门关上。

被问及如何处置少年手及心脏,证人表示并不清楚,但证人认为弗朗索瓦肯定有所安排,应该是受吉尔所托为魔鬼献祭。

按例命证人起誓:所说一切证言不得外泄。


## 二、关于侵犯教会豁免权的证言


1. 让·卢梭,布列塔尼公爵属下军人,1440年10月19日。

让·卢梭,布列塔尼公爵属下军人,南特圣尼古拉教区居民,自称年约40岁,传唤证人出庭就此案及相关案件作证,证人宣誓所说句句属实,教宗任职期间及大公会议当年,1440年10月19日,证人服从一切调查,被问及第42条指控,关于被告侵犯教会豁免权这一指控,证人表示"此外,两年前",表示诸圣瞻礼后的第二天,证人、让·勒费龙、吉约姆·奥特勒等人当时均在南特教区城堡附近的圣艾蒂安-德梅尔莫特天主堂内,证人前往此地为传达布列塔尼公爵禁令:禁止任何人支付或划拨被告吉尔租金、年供及税收;堂内大弥撒刚过,证人等人均在堂内,此时只见被告吉尔似手持长勾刀之类①,率一队人马以猝不及防之势硬闯,大喝让·勒费龙及堂内众人,尤以骇人之声恫吓让·勒费龙:滚出去!滚出去!② 当时证人见被告家臣切瓦侯爵勒纳诺将让·勒费龙拖出天主堂后尾随被告吉尔及其人马之后。证人认为绝对是被告吉尔恫吓威胁让·勒费龙离开天主堂。证人本打算离开天主堂,却被被告吉尔一名属下以手势阻止(似比划十字一般的手势),于是证人继续留在堂内。

证人表示听闻当时 60 人左右的武装埋伏在天主堂旁的树林里听候吉尔指令。此外,证人表示当时自己亲眼看到三四名武装人员头戴铁面罩(或者头盔)经过天主堂,之后听说让·勒费龙遭被告吉尔家臣押至城堡,归还城堡后立即深陷牢狱。

被问及让·勒费龙离开天主堂时被告吉尔及其属下是否对其施行其他暴力,证人表示已道出自己所见所闻,其余情况一概不知。证人表示自己年幼(远早于此番劫难)便与让·勒费龙相识,早见其作教士打扮,也知其受过剃度礼,证人表示让·勒费龙教士的身份众所周知。

① 拉丁原文中此处为法语。
② 拉丁原文中此处为法语。

按例命证人起誓:所说一切证言不得外泄。

2. 勒纳诺,切瓦侯爵,吉尔·德·莱斯手下将领。1440 年 10 月 19 日。

勒纳诺·德·切瓦,阿尔巴教区居民,自称 40 岁有余,以证人身份传唤出庭,服从一切调查,就被告侵犯教会豁免权的指控接受质询,证人表示圣艾蒂安-德梅尔莫特堂内大弥撒、领圣体仪式刚过,被告吉尔·德·莱斯便在吉尔·德·西雷与贝特朗·普朗陪同下硬闯天主堂,案发具体时日证人已经忘记,但证人表示应该为诸圣瞻礼当天或节后第二天,被告吉尔手持长勾刀之类①,大喝让·勒费龙:"好啊,淫僧,打我的人还勒索,给我滚出天主堂,否则要了你的命!"②让·勒费龙双膝跪地告饶,比划着表示任由被告处置。惊吓之下让·勒费龙求证人帮忙代为求情,别让吉尔虐待他。证人表示如果让·勒费龙出了事自己也得遭殃,又说了几句,让·勒费龙便主动与证人一起走出了天主堂尾随被告吉尔向德梅尔莫特城堡走去(早先吉尔便已

---

① 拉丁原文中此处为法语。

② 拉丁原文中此处为古法语:Ha, ribault, tu as batu mes hommes, et leur as fait extorsion, viens dehors de l'église ou je te tueroy tout mort!

将城堡卖与若弗鲁瓦·勒费龙），之后让·勒费龙拱手让出城堡，随即深陷牢狱。

此外，证人表示被告吉尔集结了五六十人埋伏于天主堂附近树林，如若让·勒费龙拒绝让出城堡，武装人员必以武力突袭，攻下城堡。武装人员皆着斗篷（短外套）①、软帽、面罩、头盔②等。但证人表示进入堂内的人员无一着软帽、面罩及头盔。

证人表示早前便见让·勒费龙作教士打扮，也知其受过剃度礼，让·勒费龙的教士身份众人皆知。

以上为证人证言，证人表示其余情况一概不知，而坊间传言与证人所述一致。

按例命证人起誓：所说一切证言不得外泄。


3. 贝特朗·普朗，吉尔·德·莱斯手下军人，1440 年 10 月 19 日。

贝特朗·普朗，巴耶教区居民，原籍康特卢，毗邻诺曼底卡昂，自称年约 45 岁，以证人身份传唤出庭，已经核实，服从一切调查，就针对被告侵犯教会豁免权的指控接受质询，证人表示五旬瞻礼当日或

---

① 拉丁原文中此处为法语。

② 戴面罩。

节后第二天(证人确信为瞻礼当日)自己随同被告吉尔·德·莱斯与吉尔·德·西雷等人闯入南特教区圣艾蒂安-德梅尔莫特天主堂,当时让·勒费龙正做弥撒。被告吉尔手持长弯刀①之类,狂怒之下严辞威胁:"好啊,淫僧,打了我的人还勒索,给我滚出去,否则要了你的命!"②让·勒费龙闻声双膝跪地可怜地告饶"悉听尊便"③。惊恐之下生怕惨遭虐待,便求前一证人相助,代为求情。前一证人表示无须惊慌,让·勒费龙若出了事自己也会遭罪。随后又说了几句,让·勒费龙主动与前一证人走出了天主堂,两人尾随被告吉尔,向德梅尔莫特城堡走去,如前一证人所述,当日让·勒费龙便拱手让出了城堡,随后深陷囹圄,之后又被转移至别处。证人表示当时吉尔·德·莱斯下了令,若让·勒费龙抵抗,五六十人的武装便突袭、攻下城堡。不过,随吉尔一同闯入天主堂随后又同吉尔、让·勒费龙走出天主堂的人员中无一人着头盔、面罩或攻击性武器,仅佩了剑,被告吉尔手持的是上文提到的长勾刀。

---

① 拉丁原文中此处为法语。
② 见 365 页,注释 2。
③ 原文中此处为古法语:Faictes ce que il vous plera。

此外,证人表示先前便知让·勒费龙受过剃度礼也见过其教士打扮,让·勒费龙的教士身份众所周知。

以上为证人证言,证人表示其余情况一概不知,但坊间传言与证人所述一致。

按例命证人起誓:所说一切证言不得外泄。

## 三、就坊间传言询问 15 位证人证言,1440 年 10 月 21 日

德高望重的审慎之士雅克·德·庞科埃蒂,法学教授,年 40 岁。安德烈·塞甘,南特俗世法庭律师,年 40 岁,俗世法庭律师让·洛里安,年 40 岁,俗世法庭律师罗宾·里乌,让·白里安大人,年 50 岁,吕坎商人雅克·托米奇,南特市民,年 45 岁,商人让·勒维耶,年 40 岁,商人皮埃尔·皮卡尔,年 40 岁,药剂师吉约姆·米歇尔,年 40 岁,商人皮埃尔·德鲁埃,年 40 岁,药剂师厄特罗普·沙尔达瓦纳,年 40 岁,药剂师让·勒·图尔努,年 40 岁,南特宗教法庭年轻公证人皮埃尔·维维亚尼,年 35 岁,外科医生罗宾·吉耶梅,年 60 岁,理发师让·奥迪罗莱克,南特市民,以上诸位以证人身份传唤出庭,

如上文所述,宣誓所说句句属实,为此案及相关案件证人,10 月 21 日已核查身份,服从调查,就起诉书中第 40、41 条关于坊间传言分别作证,随后共同作证。证人一致表示南特市区及教区坊间流传,现今仍在流传被告吉尔·德·莱斯在马什库勒及邻近多地诱拐并指使他人诱拐众多男女幼童,长时间以来以卑鄙无耻之手段鸡奸诱拐而来的男女幼童,违背天理地行猥亵之实,随后亲手或指使他人将其割喉杀害,命骑士罗歇·德·布里克维尔、吉尔·德·西雷、又名普瓦图的艾蒂安·科里约、昂列·格里亚尔、家臣等涉案人员、支持者、帮凶焚烧幼童尸骸。背弃信仰、召唤魔鬼及恶灵、崇敬魔鬼、割喉残杀幼童后将其身体部位献祭魔鬼,长期以来被告还犯下其他罪行及恶行,极尽败坏、不公之事,由此,在正直之士看来,被告吉尔·德·莱斯显然已是声名狼藉。

以上为证人证言,证人表示针对被告的其余指控一概不知,按例命证人宣誓:所说证言不得外泄。

# 第二部分　世俗审判①

---

# I 非正式庭审记事

## 被告出庭，第一批控诉

此次庭审由公爵大人属下布列塔尼庭长、贤明的皮埃尔·德·洛皮塔尔大人主持，出席此次庭审的有公爵大人属下其他人员，此次庭审一方当事人为吉尔·德·莱斯及其属下、仆从，下文将有介绍，应以下诸位沉痛的控诉：让·让弗莱及其妻、勒尼奥·多奈特遗孀让娜·德格皮、让·于贝尔及其妻、纪伯莱·德利其妻、德尼·德·勒米庸其妻阿加特、让·达雷尔其妻让娜、佩罗·库伯里其妻、埃奥内·勒·沙尔庞捷其妻、让·马涅、皮埃尔·德格皮、让·鲁耶，以上原告家住南特市郊、邻村，有的同属一教区，有的分属不同教区，均控诉表示家中孩子失踪并推测莱斯老爷及其手下诱拐或指使他人诱拐、残杀失踪幼童，诸位原告表示莱斯老爷及其手下为此案嫌疑人。

为此，针对这一控诉，公爵大人及庭长大人动用官方力量进行调查、侦讯，调查、侦讯内容如下文所述。控诉人声泪俱下地沉痛请求法律根据案情还其公道，调查已证实吉尔·德·莱斯对以上幼童及其余受害幼童之死负有责任，已命让·拉贝及主上其余属下抓捕吉尔·德·莱斯归案。此间，让·拉贝及主上其余属下已于9月在布列塔尼逮捕了吉尔·德·莱斯，并于早前押送至监狱。南特检察官所委派的特派员及其代理人审讯吉尔·德·莱斯。天主及信仰禁止杀害人类、互相残杀，而应爱如同胞。然莱斯老爷诱拐或指使他人诱拐众多幼童，绝不仅仅只是10、20、30、40、50、60或者上百、两百，受害幼童人数之多难以确计。吉尔·德·莱斯猥亵受害人以满足自身有违天理的淫欲，可恶地犯下鸡奸之罪，为所有天主教徒之恨，为所有天主教徒之厌。其罪行不仅于此，还亲手或指使他人残杀幼童并焚尸灭迹。长久以来吉尔·德·莱斯持续犯案，不顾天主皇皇天威，背弃天主。身为公爵大人属下封臣及臣民，吉尔·德·莱斯本应同其他大贵族一样宣誓效忠。如若不得主上批准，如若身在主上领土之内,吉尔·德·莱斯无权自行其是,然吉尔·德·莱斯令主上大失所望,罔顾其意志,纠集人马,手持武器攻击主上之臣民让·勒费龙,让·勒费龙代兄长若弗鲁瓦·勒费龙看管圣艾蒂安-德梅尔莫特城堡,而早前被告已将该城堡及领土权转手卖与若弗鲁瓦·勒费龙。吉尔·德·莱斯却将让·勒费龙押至此地,以"就地正法"相要挟,逼迫其拱手让出城堡。此后该城堡由莱斯老爷占据、把守,不顾主上及其司法机构强制其撤离城堡、连同侵吞的财物一并归还让·勒费龙,如若违抗或拖延处以五万埃居金币罚款的命令。

莱斯老爷罔顾主上命令,动手拘押让·勒费龙及同行税务员吉约姆·奥特利,随后将两人转移至公爵领地之外的提弗日长期监禁。监禁让·勒费龙之后,莱斯老爷派人挑衅主上麾下中将让·卢梭,除夺刀外另有过分之举。之后,身在马什库勒的莱斯老爷因对主上怀恨在心,又因主上5万埃居金币罚金的指令而愤愤不平,于是派人在马什库勒袭击多位将士。莱斯老爷公然于主上领土及管辖范围内辱没主上权威,侵吞主上财物,违背效忠主上之誓言,行叛乱之实,违抗主上及其判决。

检察官已出示针对吉尔·德·莱斯的公诉状,鉴于针对吉尔·德·莱斯的调查及指控,应依法判处刑罚。此外，没收其主上管辖范围内的财产及土地。所需罚金从其财产中扣除。

确认吉尔·德·莱斯利用职权纠集人马强占圣艾蒂安-德梅尔莫特，威逼让·勒费龙让出城堡。吉尔·德·莱斯承认让·勒费龙的确因害怕被就地正法而让出了城堡，自此，莱斯老爷占领此地直至公爵大人派人将其逮捕，吉尔·德·莱斯承认将让·勒费龙带至提弗日监禁直至陆军统帅大人介入才将其释放。吉尔·德·莱斯承认公爵大人处以5万埃居金币罚金并勒令其归还城堡，而自己并未执行。吉尔·德·莱斯表示愿意服从公爵大人的意愿及命令，但拒不承认亲手或指使他人严重侵犯多位将士。此外，吉尔·德·莱斯否定了检察官的指控，检察官请他证明，法庭也准许他提出证据。随后法庭询问吉尔·德·莱斯是否相信并接受其仆从昂列、普瓦图作为此案证人。吉尔·德·莱斯表示自己麾下绝无不忠之人，否则自己绝对手刃不忠之徒。所以吉尔·德·莱斯并不怀疑证人也无任何异议……[1]

---

[1] 随后，拉特雷穆瓦耶档案手稿记录了宗教法庭决定动刑一事（见第295—296页），拉特雷穆瓦耶档案中插叙此事反映出此书自由的文风。

# Ⅱ  布列塔尼公爵特派员调查报告

1440 年 9 月 18 日至 10 月 8 日

1440 年 9 月 18 日

侦讯①及调查旨在证实吉尔·德·莱斯、属下、同谋诱拐或指使他人诱拐幼童及其余人员，伤害、杀害受害人，以受害人鲜血、肝脏或其他身体部位祭献魔鬼或行其他巫术之事实，针对这一事实，已有多人告诉。此调查由主上公爵大人特派员让·德·图什隆德大人主持。

让·科兰（原文如此）为调查员传唤的第一证人，1440 年 9 月 18 日。

佩罗纳·勒萨尔，拉罗什-贝尔纳居民，宣誓后

---

① 调查报告正文前的介绍及标题以楷体标注。

作证,证实两年前的 9 月,莱斯老爷从瓦纳归来,途中下榻拉罗什-贝尔纳让·科兰家中。佩罗纳·勒萨尔证实自己当时住在让·科兰旅馆对面,家中有一子,年 10 岁,还在上学。莱斯老爷手下仆从普瓦图属意该少年,说服佩罗纳允许孩子与自己同住,保证一定会让孩子锦衣玉食,生活无忧,实际上想利用少年图利。佩罗纳表示期待并交待不能让少年退学。普瓦图保证、发誓绝对信守承诺送少年上学,随后给了佩罗纳 100 苏用于购买衣裙。佩罗纳听信了普瓦图,同意普瓦图带走少年。

随后,普瓦图给了佩罗纳 4 古斤银币,佩罗纳提醒说还差 20 苏。普瓦图拒不承认,表示 4 古斤为当初约定的价格。佩罗纳以拖欠 20 苏为由断定普瓦图绝非信守承诺之人。普瓦图宽慰几句表示将来定会涌泉相报,随后便将少年带至让·科兰家中,即莱斯老爷下榻处。第二日见吉尔·德·莱斯与少年同时走出客栈,佩罗纳便上前嘱咐了几句,吉尔·德·莱斯不作任何回应,却夸赞身旁的普瓦图做了件好事,挑了个天使般的孩子。普瓦图表示不足挂齿,莱斯老爷又夸了一句。随后孩子便骑着普瓦图从让·科兰那儿买来的小马驹与普瓦图一道随莱斯老爷离开。从此佩罗纳再无少年消息,也不知其何所往,待莱斯老爷再次途经拉罗什-贝尔纳时却不见少年相伴左右。自此佩罗纳再也没有见过普瓦图随同莱斯老爷出行,佩罗纳曾向莱斯老爷手下打探孩子消息,对方表示孩子应该在提弗日或者普左日。

(签名:)德·图什隆德

让·科兰,其妻①及岳母奥利芙,家住拉罗什-贝尔纳,宣誓后作证,证实两年前的 9 月,莱斯老爷从瓦纳归来入住自家旅馆。莱斯老爷的仆从普瓦图,极力劝说佩罗纳·勒萨尔同意普瓦图带走自己仍在上学的孩子,该少年为当地最俊俏的孩子。科兰以 60 苏的价格将一匹小马驹卖与普瓦图作少年的坐骑。两位女证人表示当晚佩罗纳将孩子托付给普瓦图,普瓦图将孩子带至旅馆,并向其他仆从介绍说是自己的年轻侍从,对方回说那孩子不属于普瓦图,属于主上莱斯老爷。第二天,莱斯老爷离开旅馆准备上路,两位女证人听到孩子母亲拜托了莱斯老爷几句,当时孩子及普瓦图都在场,莱斯老爷不作回应却夸普瓦图眼光不错,普瓦图表示不足

---

① 并未标出让·科兰其妻姓名,奥利芙为让·科兰岳母名字。

挂齿,莱斯老爷又夸了一句,还说孩子漂亮得像个天使。随后,孩子骑着小马与普瓦图一道随莱斯老爷离开。科兰声称两三个月后又在南特见到了那匹卖出的小马驹,但奇怪骑马的并非佩罗纳家的孩子。3位证人表示自此之后再也没有见过佩罗纳家的孩子,也无任何消息,2位女证人表示曾向莱斯老爷手下打听,对方说孩子在提弗日,还有的说孩子已经死了:过南特桥时,大风一刮,孩子摔河里死了。自此之后莱斯老爷再来拉罗什-贝尔纳,身边却无普瓦图相伴。六个星期前莱斯老爷从瓦纳归来路过此地,两位女证人又向莱斯老爷仆从打听普瓦图的消息,希望借机了解孩子去向,对方表示普瓦图人在雷东附近。两位女证人猜测:佩罗纳控诉自家孩子失踪的消息传到了莱斯老爷手下耳中,听到风声的普瓦图自然避之唯恐不及。

(签名:)德·图什隆德

让·勒梅南及其妻阿兰·迪利、佩罗·迪普埃、吉约姆·甘东、吉约姆·波蒂、圣艾蒂安-德蒙特吕克教士让·勒菲弗,宣誓后作证,证实约3年前见该教区穷人吉约姆·布里斯之子常到父亲所在的圣艾蒂安-德蒙特吕克镇讨布施。孩子八九岁上下,诸圣瞻礼前三天左右孩子父亲去世,该少年名叫雅梅,长相俊俏。证人声称自圣让瞻礼后再没见过少年也不知其状况。此外迪普埃表示圣让瞻礼前后曾见过一五六十上下的红脸老妇(库厄龙人),证人于圣艾蒂安本堂神父住宅附近遇见此妇。当时此妇上穿粗布短衣下穿裙。此前一天证人见她从萨沃奈方向来,经过圣艾蒂安(原文如此)树林,往库厄龙或者南特方向去。妇人从库厄龙来时,证人同时看见了一旁的少年,当时少年站在本堂神父住宅边,宅子里住着西蒙·勒布勒东。证人声称此后再也没见过少年也不知其去向。加之少年无一朋友,母亲又成日沿路乞讨,当地也就无人控诉此事。

以上证人受让·德·图什隆德及让·托马询问,1440 年 9 月 18 日

(签名:)德·图什隆德,托马

1440 年 9 月 27 日

部分侦讯①及调查旨在证实吉尔·德·莱斯及其属下诱拐众多幼童及其余人员至马什库勒,伤害、残杀受害人,以受害人鲜血、心脏、肝脏或其他身体部位祭献魔鬼或行其他巫术之事实,已有多人

_____

① 调查报告正文前的介绍及标题以楷体标注。

控诉此事。此调查由主上公爵大人特派员让·德·图什隆德大人主持,南特法庭公证人尼古拉·沙托协助,1440 年 9 月 27 日。

库厄龙附近洛奈港居民吉约姆·富莱热与其妻、让·勒弗卢之妻让娜、让·戈多之妻里夏尔,宣誓后作证,证实约两年前已故邻居让·贝尔纳 12 岁左右的儿子以及库厄隆居民让·莫涅之子一起到常年布施点马什库勒。此后再无人见过贝尔纳之子也无任何消息,三天后让·莫涅之子从马什库勒归来,表示一天夜里让·贝尔纳之子声称要为两人寻一落脚地,于是要莫涅在马什库勒某一空地等待。说完这话,让·贝尔纳之子离开,留下让·莫涅之子在两人约定的地方,后者在此地等了三个小时,却不见其归来也没任何消息。证人声称此后便听到孩子母亲(现忙于收获葡萄并未出席)疾声控诉孩子失踪一事。此外,富莱热之妻声称一年以来常见一陌生小个子老妇着廉价灰裙、黑色风帽,有一次见老妇身边跟着一男孩,说是要到马什库勒,与孩子途经洛奈港。之后不久,应该两三天后,证人又见老妇,却不见当时的同行男孩。证人向老妇打听孩子情况,老妇回说为其找到了一户好人家。

(签名:)德·图什隆德,沙托

1440 年 9 月 28 日、29 日、30 日

此为公爵大人特派员让·德·图什隆德、米歇尔·艾斯特里亚特、年轻的让·科佩格尔日主持，南特法庭公证员尼古拉·沙托协助，针对莱斯老爷、属下及其同谋的调查、侦讯的其余内容，1440 年 9 月 28 日、29 日、30 日。

安德烈·巴布，鞋匠，马什库勒居民，宣誓后作证，证实复活瞻礼后听说了马什库勒居民若尔热·勒巴尔比耶之子失踪一事，证人表示此前某天曾见少年在龙多屋后摘苹果，此后再也没有见过孩子踪影。也有部分邻居提醒证人及妻子一定要看好自家孩子以防意外，当时人人惶恐。事实上之前证人去圣让-当热利时当地人曾问证人从何地来，当证人表明自己是马什库勒人时，对方大骇，并称马什库勒为"食童城"。

证人还说住在吉约姆·伊莱雷家中的吉约姆·热东之子、让诺·鲁森之子以及亚历山大·沙特利耶之子均为马什库勒居民，也都失踪不见。证人还听闻马什库勒多名孩子失踪之事。证人表示当时每个人都噤若寒蝉，因为忌惮莱斯老爷手下及僧团，生怕控诉之声传了出去而遭牢狱之灾及

横祸。

此外证人表示大约 8 个月前曾在马什库勒三位一体天主堂中听一陌生人控诉孩子失踪之事,此人四处打探 7 岁孩子的消息。

(签名:)德·图什隆德,科佩格尔日,沙托

吉约姆·塞尔让之妻让娜特,家住马什库勒圣十字教区拉布卡蒂埃尔村,声称约一年前,即诸圣瞻礼前后,夫妻俩到田里翻地种胡麻,将 8 岁的大儿子留在家中照顾一岁半的小女儿,但夫妇两人回来时却不见大儿子,既惊又大恸不已。两人问遍马什库勒所有教区及别地,却再无任何消息,也不知其子去向及状况。

(签名:)德·图什隆德,科佩格尔日,沙托

若尔热·勒巴尔比耶,裁缝①,马什库勒城堡城门附近居民,声称自己有一子名吉约姆,吉约姆在裁缝让·佩尔捷(负责莱斯夫人及莱斯老爷手下衣物)家中学习缝纫,圣巴拿波瞻礼前后某日,18 岁的吉约姆在马什库勒打回力球,当时莱斯老爷及其属

---

① 厄斯塔什·布朗谢(第 333 页)证言中此巴尔比耶为糕点师。

下住在马什库勒城堡,白日还见少年打球,过了夜就再不见少年踪影也不知其去向,无人知其下落。少年的师傅经常与孩子一起到城堡用餐。

此外,证人表示听人背地里议论孩子惨死于城堡。

此外,证人表示传闻与莱斯老爷同住的弗朗索瓦大人的仆从同样失踪不见。

此外证人表示莱斯老爷及其属下居留马什库勒城堡时,陆陆续续总有幼童到此地讨布施。

(签名:)德·图什隆德,科佩格尔日,沙托

吉约姆·伊莱雷与其妻让娜·伊莱雷,马什库勒居民,表示当时听说吉约姆·勒巴尔比耶之子失踪不见,此后便再也不见孩子踪影,也无人再见过孩子。此外,吉约姆·伊莱雷回忆称大约七八年前皮革商让·热东家中有一12岁的学徒。吉约姆·伊莱雷表示当时吉尔·德·西雷请孩子帮忙到马什库勒城堡传个口信,希望让·热东同意,罗歇·德·布里克维尔也在场,伊莱雷同意后派孩子到马什库勒城堡。吉约姆及其妻称此后再也没有见过小学徒,再无人见过孩子踪影。当天夜深之时,吉约姆·伊莱雷向西雷及布里克维尔打探学徒的去向,对方表示并不知情,或许去了提弗日,西雷声称

骗子将孩子骗去做侍从。

此外,证人称多人说起马什库勒三位一体天主堂对面居民让诺·鲁森之子与村子附近居民亚历山大·沙特利耶之子失踪不见之事,证人也听过两个孩子的父母痛心疾首地控诉此事。

此外,吉约姆·伊莱雷称大约五年前,当时住在罗歇·德·布里克维尔家中的让·德·雅尔丹说起尚多塞城堡一壕沟内堆满幼童尸骸之事。

此外,吉约姆·伊莱雷称曾见莱斯地区一个不知其名的陌生妇人到马什库勒控诉孩子失踪不见之事。

此外,证人称众人公开说起城堡内有人杀害幼童之事,于是推测失踪幼童早已惨死城堡内。

所以让·热东出庭,面对诸位特派员,证实早前将自己孩子托付给吉约姆·伊莱雷,希望孩子学做皮革,不想孩子却莫名其妙地失踪不见,从此以后再也没有见过孩子踪影也无任何消息。证人还说自己也听多人控诉自家孩子失踪不见之事。

(签名:)德·图什隆德,科佩格尔日,沙托

图瓦青年让·蒂弗洛、茹昂·奥班、克莱蒙·多雷表示马特兰·图阿尔曾控诉自家孩子失踪之事,因不知孩子状况而忧虑,痛苦。证人表示图阿

尔家贫,大约 10 个月前听其说起孩子失踪一事,失踪少年约 12 岁。

(签名:)德·图什隆德,科佩格尔日,沙托

让诺·鲁森,马什库勒人,称大约 9 年前某天,自家 9 岁的孩子照看牲畜后再没归家。证人与妻子大惊,不知孩子状况。自此,一再控诉、疾呼,却听现已过世的两位邻居说见过着中袖战袍、头戴平纹面纱的吉尔·德·西雷与该少年搭话,随后孩子从边门进了城堡。此外,证人说孩子因为住在城堡附近,遂与吉尔·德·西雷熟识,有时城堡内有人要牛奶,孩子会送到城堡内。证人称孩子失踪后再无任何消息。

证人补充说孩子失踪前一天,自己听说住在吉约姆·伊莱雷家热东的孩子失踪之事。证人表示听说多家孩子失踪不见之事。

(签名:)德·图什隆德,科佩格尔日,沙托

艾默里·埃德兰遗孀让娜,此前为让·博诺妻子,家住马什库勒,称自家有个 9 岁的小儿子还在上学,非常漂亮、白净又能干,母子两人住在马什库勒城堡前,大约 8 年前该少年失踪不见再也没有消息。在此之前,鲁森之子与热东之子均失踪不见。

大约 15 天后,马塞·索兰(其妻为让娜姑母)家的孩子也失踪不见。听了控诉,大家猜测为了赎回沦为英国阶下囚的米歇尔·德·西雷,有人将孩子带到了英国。莱斯老爷属下似乎说过为了赎回米歇尔大人得用 25 个男童交换。

此外,证人表示大约两三年前曾在马什库勒见到圣梅思附近居民奥兰悲叹自家孩子失踪之事,奥兰寻遍马什库勒四处打探孩子下落,但就让娜所知,始终无孩子消息。

此外,证人说上一复活瞻礼后,马什库勒圣十字教区的潘松诺家中入住一对夫妻(埃塞夫妻俩),夫妻俩控诉孩子失踪之事。

此外,证人表示听闻布列塔尼及他地众多幼童失踪之事,遍地哀嚎。证人表示提弗日一居民(证人已忘记其姓名)说起马什库勒一幼童失踪之事时表示提弗日已有七名幼童失踪:都说孩子是在田里看牲口时被人带走,此后再无音讯。

(签名:)德·图什隆德,科佩格尔日,沙托

马塞·索兰及其妻表示正如埃德兰所说,当时埃德兰的孩子的确失踪不见,不知孩子状况,几乎同时证人也听说了亚历山大·沙特利耶之子、鲁森之子以及吉约姆·伊莱雷的学徒(吉约姆·热东之

子)失踪不见之事。众人猜测有人将孩子带到英国交换西雷大人,坊间传言必须送给英国人一定数量的幼童作侍从才能赎回西雷大人。

此外,证人表示复活瞻礼后近邻吉约姆·勒巴尔比耶之子也失踪不见,不知孩子状况。不断有孩子失踪与家人沉痛的控诉,众人却噤若寒蝉。

(签名:)德·图什隆德,沙托,科佩格尔日

佩里纳,克莱芒·龙多之妻,马什库勒人,表示近一年来久病的丈夫状况越来越糟,已受敷油礼,命不久矣;早前莱斯老爷属下弗朗索瓦大人[1]、切瓦侯爵以及隆巴便已作为房客入住楼上房间。证人丈夫接受临终敷油礼的当天,证人佩里纳因丈夫之事心忧而恸哭,入夜时到弗朗索瓦及侯爵房中休息,当时弗朗索瓦与侯爵两人在马什库勒城堡,两人侍从在房内用晚餐。弗朗索瓦大人及侯爵归来见状勃然大怒,一人抬起证人双脚,一人抓住证人肩膀,将证人抬至楼梯口打算将其扔下楼,弗朗索瓦一脚踢向证人腰间,在证人就要滚下楼梯时证人乳母抓住其裙裾。

此外,证人表示侯爵曾向弗朗索瓦邀功说在迪

---

① 弗朗索瓦·普雷拉提。

耶普找到一个漂亮侍从,弗朗索瓦表示很满意,随后自称出身不错的迪耶普漂亮少年便与弗朗索瓦住在了一起,15 天后佩里纳便再也不见少年踪影,大惊之下问弗朗索瓦少年去向。弗朗索瓦声称少年是个骗子,骗了两埃居后跑了,仅留下作废的契约。

此外,证人表示此后弗朗索瓦及厄斯塔什·布朗谢大人入住马什库勒一间小房,将此前的住客佩罗·卡于赶出门外,夺了房门钥匙。这一僻处远离人迹,远在外街。门口一口井,房内简陋,实在不符合其身份,而与弗朗索瓦、厄斯塔什往来甚密的侯爵仍住证人家中。

此外,证人表示莱斯老爷及手下被捕后,曾见卡于房内搜出骨灰(据说为被害幼童骨灰)以及一件血迹斑斑散发浓重血腥味的恶心衣物,当时让·拉贝等人均在场。

(签名:)德·图什隆德,科佩格尔日,沙托

安德烈·布雷谢,马什库勒圣十字教区居民,宣誓后作证,证实大约六个月前,自己夜巡马什库勒城堡的当晚,午夜入睡之后,一小个子陌生人突然冲出巡逻道,亮出匕首大喝"拿命来"。不过,因安德烈再三求饶,此人并未动手而是起身离开。大骇之下安德烈浑身大汗,第二天,安德烈见布安岛

归来的莱斯老爷往马什库勒方向去。自此,安德烈再也不敢在城堡内巡夜。

　　(签名:)德·图什隆德,科佩格尔日,沙托

　　佩罗·帕克托、让·索罗、卡特琳·德格皮、吉约姆·加尼耶、让·韦亚尔之妻佩里纳、佩罗·勒迪奈之妻玛格丽特、艾蒂安·朗代之妻让娜,马什库勒邻近弗雷奈镇人,宣誓后作证,证实上一复活瞻礼后,吉约姆·阿莫兰及妻子伊沙波痛诉自家两个孩子失踪不见之事,不知孩子状况。自此之后无人再见过或遇见这两个孩子。

　　(签名:)德·图什隆德,科佩格尔日,沙托

　　伊沙波,吉约姆·阿莫兰之妻,弗雷奈镇居民,一年前夫妻两人从普昂赛搬至此地,宣誓后表示上一年距年末 7 天左右曾让两个儿子(一个 15 岁,一个年约 7 岁)带上钱到马什库勒买面包,两个孩子却再也没有回来,也不知去向。证人自称认识与莱斯老爷同住的弗朗索瓦大人与切瓦侯爵①,早前便已见过两人多次,孩子离家第二天此二人来到证人

_____

　　①　弗朗索瓦·普雷拉提与切瓦侯爵实际上并未入住城堡内,而在城堡附近。仅表示两人为莱斯老爷属下。

家中,侯爵大人询问证人乳房病况。证人问对方何出此言,并表示自己无病。对方表示证人并非本地人,来自普昂赛,证人问对方如何得知,对方表示自己什么都清楚,证人承认自己的确并非本地人而是普昂赛人。随后对方环顾一圈问证人是否有丈夫,证人回答有,但丈夫已回乡找活计。当时家中有一男一女两个孩子,对方便问是否为证人所生,证人回答是,对方又问是否只有两个孩子,证人表示还有两个孩子,却因恐惧并未提及孩子失踪之事。两人离开时证人听见侯爵对弗朗索瓦大人说:正是那两名孩子的家。

此外证人表示在此之前,大约八天前曾听莱斯圣希尔的米绍·布埃及其妻控诉孩子失踪不见之事。

(签名:)德·图什隆德,沙托,科佩格尔日


佩罗·苏丹,弗雷奈人,宣誓后称正如伊沙波所说,当时的确看见弗朗索瓦大人、侯爵大人与伊沙波在其门前说话,却因距离太远无法听清三人谈话,故而不知具体谈话内容。证人表示的确听伊沙波哭诉自家两个孩子失踪不见之事,也听米绍·布埃说起自己孩子失踪不见之事,自此再无人见过几个孩子踪影。

(签名:)德·图什隆德,科佩格尔日,沙托

吉耶麦特,米绍·布埃之妻,莱斯圣希尔居民,宣誓后称复活瞻礼后七天,自家漂亮又白净的8岁孩子到马什库勒讨布施,却再也没有回来,自此杳无音讯,证人的丈夫(孩子的父亲)多方打探仍毫无进展。第二天,马什库勒为已故马埃·勒布勒东行布施,证人正看着牲口,一个高大的陌生黑衣人走向证人,询问证人为何不让孩子看管牲口,进而打探孩子去向,证人表示孩子到马什库勒讨布施。随后来人离开。

(签名:)德·图什隆德,科佩格尔日,沙托

吉约姆·罗迪格,又名吉约姆·德·盖朗德,与妻子住在莱斯新堡,宣誓后称上一圣巴瑟米瞻礼前夜,莱斯老爷及其属下(包括厄斯塔什·布朗谢及普瓦图)入住莱斯新堡。莱斯老爷在吉约姆·普吕梅家中用晚餐。证人家中有一15岁俊俏少年,该少年名叫贝尔纳·勒加缪,此前孩子的叔叔让孩子跟随证人(吉约姆·罗迪格)学习法语。证人看见厄斯塔什、普瓦图与这个俊俏又能干的少年攀谈,却不知三人具体谈话内容,普瓦图进屋让证人为莱斯老爷买些东西,并表示已经和莱斯老爷商量妥当。当晚十点左右,孩子趁四下无人时离家出

走,并未携带长衫、长裤、风帽,也并未告知罗迪格及其妻子。女佣表示孩子离家前的确说过要走,并让其收好、摆好杯子,之后便离开。自此无人再见过孩子踪影也不知孩子状况,罗迪格向莱斯老爷及其手下打听却始终无孩子音讯,证人甚至自掏40埃居求对方归还孩子。普瓦图及厄斯塔什表示如果找到孩子肯定主动带其回家,但恐怕孩子已经去了提弗日做了别人的侍从。

玛格丽特·索兰,圣艾尼昂教区居民,罗迪格及其妻子的女佣,宣誓后称自己与孩子在家用过晚饭后正一起玩耍,罗迪格及其妻在另一房中,此时普瓦图闯进屋内问能否一起玩耍,证人表示可以,普瓦图便将孩子单独叫到一边,一手扶住孩子肩膀,一手拿着帽子,低声嘀咕了几句,证人没有听到具体内容。说完后普瓦图离开,证人问孩子普瓦图说了什么,孩子表示并没说什么,随后向证人表示想离开,让证人打点好家务,虽然证人一再询问,孩子走时并未说明去向,甚至并未穿长衫、长裤,直接套上外套便出了门。自此之后再也没有见过孩子踪影也无任何音讯。

(签名:)德·图什隆德,科佩格尔日,沙托吉约姆·普吕梅及其妻米歇尔·热拉尔,莱斯新堡居民,宣誓后称知道罗迪格家中有一来自下布列塔尼的男孩名叫贝尔纳。上一圣巴瑟米瞻礼前,临近瞻礼时莱斯老爷莅临莱斯新堡,之后便听罗迪格及其妻哭诉孩子失踪之事,之后证人再也没有见过孩子也无孩子音讯。

(签名:)德·图什隆德,科佩格尔日,沙托

托马·埃塞及其妻,圣佩尔港居民,宣誓后称入住马什库勒近一年,临近上一诸圣瞻礼时,因为家贫便让 9 岁的儿子到马什库勒城堡讨布施,当时莱斯老爷就住在马什库勒城堡,自此之后就再也没有见过这个孩子,也无任何消息,但有一个小女孩(证人已忘记其姓名,也不认识女孩父亲)表示之前在城堡前讨布施时见过证人的孩子,当时先由女孩们领布施,然后才轮到小男孩们,后来这个小姑娘见到城堡里的仆从以进城堡取肉为由将男孩带至城堡内。

(签名:)德·图什隆德,科佩格尔日,沙托

让娜特,厄斯塔什·德鲁埃之妻,圣佩尔港附近圣莱热居民,宣誓后称上一年圣诞瞻礼前,圣诞瞻礼前 15 天左右,证人听说众人都要赶去领受莱

斯老爷布施之事,便让自己两个儿子(一个 10 岁,一个 7 岁)前往讨要布施。证人表示两个孩子在马什库勒逗留了几日,期间有人见过两人,但待证人亲自抵达马什库勒后便再也不见孩子踪影,也不知孩子状况,即便证人及其丈夫各方打探也无任何消息。

(签名:)德·图什隆德,科佩格尔日

1440 年 10 月 2 日。

公爵大人特派员让·德·图什隆德及艾蒂安·阿卢阿尔主持另一侦讯及调查,由南特法庭公证员尼古拉·沙托协助,1440 年 10 月 2 日。

让娜·德格皮,勒尼奥·多奈特遗孀,南特圣母院教区居民,称两年前莱斯老爷居留南特圣让教区附近的宅邸期间,证人 12 岁还在上学的孩子失踪不见,自此之后再无音讯,直到 15 天前证人听说佩里纳·马丁锒铛入狱并供述称将孩子带到莱斯老爷位于南特的拉苏斯公馆,然后在莱斯老爷命令下将孩子带到马什库勒交给了门房,佩里纳供述的确将孩子带到了马什库勒。

此外,证人表示南特居民让·于贝尔之子及德尼·德·勒米庸之子均失踪不见①,证人知道此事,也曾听家属控诉,之后便再也没有见过两家的孩子。

此外,证人表示自己向莱斯老爷属下谢尔皮等人哭诉孩子失踪一事,因为(孩子)时常出入拉苏斯公馆(当时佩里纳就住在公馆附近),谢尔皮等仆从表示孩子到马什库勒做了侍从。

(签名:)艾蒂安·阿卢阿尔,德·图什隆德,沙托

让·让弗莱及其妻,南特圣十字教区居民,宣誓后称两年前,圣让瞻礼前八天,当时莱斯老爷住在南特拉苏斯公馆,证人年约 9 岁的孩子失踪不见,失踪前孩子还在上学,经常出入拉苏斯公馆,此后两人再无孩子音讯,三个星期后证人听说入狱的佩里纳·马丁供述称将孩子送至莱斯老爷的马什库勒城堡。

(签名:)德·图什隆德,艾蒂安·阿卢阿尔,沙托

让·于贝尔及其妻,南特圣莱奥纳尔居民,宣誓后称两年前,圣让瞻礼后的星期四,家中 12 岁仍在上学的孩子失踪不见,当时莱斯老爷住在南特拉苏斯公馆。之前,莱斯老爷手下普兰塞雇佣孩子 8

---

① 德尼·德·勒米庸之侄(并非其子)失踪。

天,好吃好住地招呼孩子并承诺给孩子及孩子家人好处,却再也没有送回孩子,也无任何解释。孩子曾向父母表示普兰塞生怕骑马遭遇不测故而不敢尝试。孩子父母认为孩子应该回学校读书,但孩子表示自己与莱斯老爷家中的好绅士斯帕迪内相交甚好,并且好绅士答应会好好培养自己然后带他到别的地方①,孩子表示到时好绅士会给自己很多好处所以不愿回学校。孩子从普兰塞住处回到家中说了这番话后,父母认为也有道理,于是第二天便同意孩子离开。之后,孩子入住拉苏斯公馆,当时莱斯老爷人在拉苏斯公馆,之后7天证人陆续见过孩子,期间莱斯老爷离开了三五天,公馆内只有孩子与部分仆从。莱斯老爷回来时,孩子回家向母亲表示莱斯老爷很喜欢自己,打扫完老爷房间老爷一高兴便将自己的面包赏给了自己,孩子说完便把带回的面包给了母亲。孩子还说老爷手下西莫内又拿了一块面包让孩子带给城里一个女人。证人说自此之后再也没有见过孩子,也无任何孩子的音讯,虽然两人向莱斯老爷手下哭诉,对方表示一位非常欣赏孩子的苏格兰骑士带走了孩子。一个月前,两人出于信任向让·白里安大人哭诉,让·白

---

① 原文为"上游地区"。

里安之妻却斥责于贝尔之妻将孩子失踪之事归罪
于莱斯老爷。于贝尔之妻表示自己并未说过此话，
白里安之妻表示于贝尔之妻绝对会后悔的。

此外，证人表示孩子失踪后，莱斯老爷在南特
又住了十五日左右，证人表示期间斯帕迪内曾派人
问于贝尔孩子下落，证人表示自己并不清楚，并直
言既然当初斯帕迪内带走了孩子，如今就应该为孩
子失踪一事负责，斯帕迪内骂证人失心疯，直言证
人孩子失踪一事与他人无尤。证人表示勒尼奥·多
奈特的遗孀拉德格皮、德尼·德·勒米庸及其妻、让·
让弗莱及其妻都曾控诉各自孩子失踪之事。

此外，于贝尔表示孩子失踪后自己曾怪罪普兰
塞没有照看、保护好孩子，普兰塞回说与自己无关，
并表示孩子或许已经追随了一个好主子，将来肯定
会享福。

（签名:)德·图什隆德，艾蒂安·阿卢阿尔，沙托

阿加特，织布工德尼·德·勒米庸之妻，南特
圣母院教区居民，表示大约一年半前，科兰·阿夫
里尔之子(证人侄子)[①]与证人夫妻两人同住，18 岁

---

① 科兰·阿夫里尔应该为失踪孩子姓名，失踪孩子的父亲名
为吉约姆，见第 257 页及 399 页。

的科兰经常出入拉苏斯公馆。某天夜里,当时莱斯老爷住在拉苏斯公馆,老爷手下一仆从求证人让孩子带自己到梅莱主教代理家中,届时会给孩子一块面包。证人为此人带路后返回。第二天孩子到拉苏斯公馆拿面包,自此之后再也没有回来,也无任何音讯。

(签名:)德·图什隆德,艾蒂安·阿卢阿尔,沙托

让娜,纪伯莱·德利之妻,南特圣德尼居民,称一年前封斋时,自己9岁的孩子失踪不见,孩子经常出入拉苏斯公馆,并结识了莱斯老爷的厨师谢尔皮,孩子失踪时,莱斯老爷就住在拉苏斯公馆。家住城堡的让·白里安大人表示曾见孩子在厨房里做饭,当时还对厨师说不该让孩子在厨房里做事,自此以后再也没有见过孩子,也无任何音讯。

此外,证人表示三四个月后,自己向让·白里安之妻哭诉,表示传言莱斯老爷诱拐并残杀幼童,说话的当会儿突然来了两名莱斯老爷的仆从(证人不知其姓名),白里安之妻向来人表示证人污蔑莱斯老爷残杀幼童,并斥责证人会为自己的言行付出代价,于是证人再三恳求来人原谅。

(签名:)德·图什隆德,艾蒂安·阿卢阿尔,沙托

让·图布朗,圣艾蒂安-德蒙特吕克居民,称一年前圣于连瞻礼时前往圣于连-德武旺特,留下 13 岁的男孩在家,证人与男孩同住,为男孩监护人。证人回到家时不见孩子踪影,自此之后再无孩子音讯。

(签名:)德·图什隆德

让·富热尔,南特附近圣多纳廷教区居民,宣誓后称大约两年前,自己年约 12 岁的俊俏儿子失踪不见,自此之后杳无音讯。

(签名:)德·图什隆德

1440 年 10 月 2 日

让·费罗、吉约姆·雅各布、佩兰·布朗谢、托马·博维、埃奥内·让、德尼·德·勒米庸,南特圣母院教区居民,宣誓后称认识圣母院教区让·于贝尔之子、勒尼奥·多奈特之子、吉约姆·阿夫里尔之子,证人表示如今不知孩子状况,曾听孩子父母沉痛地控诉孩子失踪之事。证人表示两年半前孩子父母控诉孩子失踪之事,至今孩子仍旧杳无音讯,一年前听说莱斯老爷及其手下诱拐,或指使他人诱拐并残杀幼童之事,坊间也议论纷纷(内容大体一致)。

(签名:)德·图什隆德

樊尚·博纳罗之妻妮科尔、马蒂斯·埃尔诺之妻菲利普、吉约姆·普里厄之妻让娜,南特圣十字教区居民,宣誓后称知道让·让弗莱9岁的儿子住在埃唐普先生[①]家中。证人曾听孩子父母悲戚地哭诉孩子失踪一事。证人表示此后再也没有见过孩子踪影,也无任何消息。证人表示6个月前便听众人议论莱斯老爷及其手下诱拐并残杀幼童一事。

此外,证人表示认识已故埃奥内·德·维勒布朗什之子,3个月前证人便听到孩子母亲哭诉孩子失踪之事,自此之后,再无孩子音讯。

此外,拉乌莱·德·洛奈,裁缝,称上一年圣母升天瞻礼时曾为该少年做了一件短上衣,当时孩子与普瓦图在一起,普瓦图(而非马沙[②])与证人议价后支付了20苏,此后证人再也没有见过孩子。

(签名:)德·图什隆德

1440年10月6日

让·埃斯泰斯及其妻米谢勒,南特附近圣克莱芒教区居民,宣誓后称达加耶之子佩罗·达加耶曾

---

① 应该是埃唐普伯爵理查德,布列塔尼公爵约翰五世的兄弟。

② 马沙为埃奥内之妻(见第418页)。

在加蒂安·鲁伊大人家住了两年左右,孩子 11 岁时住进加蒂安·鲁伊家中,两年后回到自己家中过了一两天,据证人所知,孩子回家过了一夜。两年后的诸圣瞻礼前某天,证人与孩子母亲等人惊闻孩子失踪的噩耗,据证人所知,自此当地及周遭再无人见过孩子踪影。证人多次听说孩子母亲向加蒂安先生及其属下(其中一人为昂热居民,名叫利纳什)打探孩子消息,悲戚地哭诉自己不知孩子下落。

证人表示曾见孩子母亲声泪俱下地向屠夫埃奥内·勒·沙尔庞捷之妻蒂费娜(孩子的舅母)哭诉,蒂费娜证实了这一点,所述事实一致。

此外,被问及是否听人说起或声称莱斯老爷诱拐或指使他人诱拐并残杀幼童之事,证人表示莱斯老爷及其属下被捕前从未听过此类传闻,证人表示直至今日(蒂费娜及佩里纳被捕之日)才认识蒂费娜[①]及佩里纳。

1440 年 10 月 8 日

让·希凯,羊皮纸制造商,家住索沃图城外,宣

---

[①] 显然指罗宾·布朗许之妻蒂费娜及佩里纳·马丁(又名拉梅福莱耶)。蒂费娜与佩里纳·马丁以证人身份同时被传唤出庭,但此二人证言缺失(见第 218 页)。

誓后称大约一个月前,雷恩附近尚特卢的服装商马塞·德鲁埃一行人等入住证人家中,说起莱斯地区几名孩子失踪之事,德鲁埃声称自己与两位同行曾在莱斯集市做了近一年的买卖,让两个孩子留在集市做事,自此之后却再无两个孩子的消息,之后德鲁埃再见孩子父母,对方向他打听孩子消息,德鲁埃只能表示自己实在不知情。

(签名:)德·图什隆德

皮埃尔·巴迪厄,服装商,尚特卢教区居民,称大约一年前,自己在莱斯地区见过两个年约9岁的孩子,证人赶集时见到两个孩子抱着球到集市玩。证人表示两个孩子均为当地居民罗宾·帕沃之子。自此之后,证人再也没有见过这两个孩子,也不知孩子状况。之后,证人造访孩子家乡与孩子父母及兄弟说起此事,对方向证人打听孩子消息,证人表示自从莱斯一遇再也没有见过两个孩子的踪影。证人表示孩子兄长自称寻遍各地仍无任何消息。

(签名:)德·图什隆德

让·达雷尔,南特附近圣塞维林教区居民,称家住该教区近三年,大约一年多前自己卧病在床,家中孩子被人带到集市上与其他孩子玩耍,证人表示不知何人带走孩子,也不知孩子去向,自此之后证人多方打探仍旧毫无孩子消息。

(签名:)德·图什隆德

让娜,达雷尔之妻,称一年前的圣皮埃尔瞻礼当天,年满7岁的儿子奥利维耶于南特市失踪。自此之后孩子音讯全无。

(签名:)德·图什隆德

让娜,让·达雷尔岳母,称一年前的圣皮埃尔瞻礼当天,自己在南特圣皮埃尔教区听完晚祷,在刑柱附近遇见外孙,于是带外孙回家,至圣萨蒂尔南天主堂时却不见一直跟在自己身后的外孙,人群中也无孩子踪影,证人四处寻找,到天主堂内打探,仍旧不见孩子踪影。自此之后,再也没有见过孩子,也无孩子音讯。

(签名:)德·图什隆德

埃奥内特,让·布勒芒之妻,与达雷尔一家同住(集市内),称很熟悉达雷尔年满7岁的儿子奥利维耶,证人肯定达雷尔之妻所说,圣皮埃尔瞻礼当天达雷尔之妻称孩子失踪并向证人打听孩子消息,证人表示不知情。据证人所知,自此达雷尔家中再不见孩子踪影,不知孩子状况。

(签名:)德·图什隆德

妮科尔,让·于贝尔之妻,南特圣文森教区居民,发誓称所说句句属实,宣誓后称自己曾将14岁的儿子让托付给曼吉,但不久后曼吉去世,孩子便回来与父母同住,当时从昂热归来的莱斯老爷住在南特拉苏斯公馆内。孩子到拉苏斯公馆认识了与莱斯老爷同住的斯帕迪内。斯帕迪内给孩子一块面包,孩子把面包带回家给了证人,说是斯帕迪内给了自己这块面包,并表示斯帕迪内希望自己搬到公馆内,方便以后一同骑行与莱斯老爷出行。证人表示赞同。于是孩子回到拉苏斯公馆,随后再次回到家中与证人依依不舍地告别,称要搬到斯帕迪内处。事实上,孩子离开后再无踪影,杳无音讯。证人丈夫(孩子父亲)让·于贝尔表示此后自己曾到拉苏斯公馆向斯帕迪内打听孩子消息,对方两次表示不知情,于贝尔无奈离开,孩子音讯全无。以上为证人证言。

(签名:)德·图什隆德

让·比罗及其妻、蒂博·热弗鲁瓦之妻让娜及其女、吉约姆·埃莫里,发誓称所说句句属实,宣誓

后称熟悉于贝尔夫妻及其子让,称于贝尔一家一直
住在南特圣莱奥纳尔教区,两年前圣让瞻礼时一家
三口仍住此地,经常见到他们的孩子让。但此后不
久便不见孩子踪影,或许被人带走了,证人表示不
知孩子去向,此后再也不见孩子踪影,证人表示孩
子失踪后时常看见于贝尔夫妻两人在市区及各地
打听孩子消息。以上为证人证言。

(签名:)德·图什隆德

让娜·德格皮,勒尼奥·多奈特之妻,南特圣
母院教区居民,发誓称所说句句属实,宣誓后称两
年前圣让瞻礼时,一家三口住在现在的房子里。有
段时间丈夫在让·费罗的面包店里做面包,父子两
人经常一起到店做面包,儿子帮忙把面包放进炉
子。证人表示此前孩子便认识莱斯老爷身边的仆
从,具体何人证人不知。莱斯老爷居留当地后,孩
子便经常出入莱斯老爷的公馆,证人不知孩子公馆
内的所作所为,但两年前的圣让瞻礼(上文有述),
孩子去了莱斯老爷公馆后再无踪影,证人表示不知
孩子死活,此后四处打探未果。

(签名:)德·图什隆德

让·费罗及其妻宣誓后称两年前的圣让瞻礼

时,已故勒尼奥·多奈特当时为面包店雇工,常与自己12岁的儿子一起到店做面包,勒尼奥·多奈特12的儿子帮着把面包放进烤炉。证人表示很多次面包烤到一半,孩子若是看见或知道莱斯老爷在城中便会丢下工作跑到莱斯老爷公馆,证人不知孩子公馆内的所作所为。如上文所述,具体何日证人已忘记,证人看见孩子离开却再不见其归来,也不知孩子状况。

(签名:)德·图什隆德

皮埃尔·布朗谢、吉约姆·雅各布宣誓后称为勒尼奥·多奈特遗孀的邻居,确定两年前圣让瞻礼时,现已故多奈特及其妻有个儿子,证人熟悉该少年,证人表示莱斯老爷居留城中后孩子曾到莱斯老爷公馆,不知具体所作所为,但孩子一去多日仍不见归来,证人表示自此不知孩子下落。以上为证人证言。

(签名:)德·图什隆德

# Ⅲ　后续记录

## 1. 昂列及普瓦图供述

**昂列供述**[①]

昂列，莱斯老爷仆从及管事。拉苏斯的热内[②]占领尚多塞城堡及要塞时，昂列听夏尔·德·莱昂大人说起城堡塔底发现幼童尸体之事，夏尔大人问昂列是否知情，昂列表示自己并不知情，当时昂列的确不知个中缘由。但昂列表示莱斯老爷重夺尚多塞后，自己与莱斯老爷前往尚多塞城堡准备将其

---

①　世俗审判时昂列的供述与教会审判时的供述（第 352 页）几乎一致（尤其开头），仅有细微增补，比如押入大牢后昂列企图割喉自尽之事。

②　热内·德·莱斯，吉尔的兄弟，拉苏斯领主。

让与主上布列塔尼公爵,当时莱斯老爷命昂列发誓绝不泄露接下来的所见所闻。昂列发誓后在莱斯老爷命令下与普瓦图及现已故珀蒂·德·罗宾到塔内清理幼童尸骸并装箱转移至马什库勒。三人将塔内 36 具尸身装进三只箱子,捆绑后转移至马什库勒,最后将其付之一炬。因为莱斯老爷从拉苏斯的热内手中重新夺回尚多塞后只有一两天的时间,之后便要按转让协定将其让与布列塔尼公爵,所以不能在尚多塞城堡内当场处置幼童尸体。早在拉苏斯的热内拿下尚多塞前,幼童尸骸便已堆砌塔内,所以等莱斯老爷抵达马什库勒时发现尸骸已近乎全腐。昂列被捕身陷南特监狱时竟罪恶地企图割喉自杀拒绝招认。

此外,昂列称吉尔·德·西雷及普瓦图曾为莱斯老爷送上众多幼童,随后莱斯老爷便在房内猥亵幼童,在幼童腹部射精,对于同一受害者莱斯老爷仅猥亵一至两次。有时莱斯老爷亲手割断幼童喉咙,其余时候吉尔·德·西雷、昂列及普瓦图在莱斯老爷房内割喉杀害幼童,然后清洗房内四溅的血迹,待莱斯老爷睡后将尸体焚毁。比起猥亵,莱斯老爷更热衷于割喉或亲眼目睹他人割喉残杀幼童,吉尔·德·西雷及罗西尼奥尔曾诱拐几近 40 名幼童送与莱斯老爷,之后所有幼童惨遭残杀并焚尸。

昂列曾诱拐讨要布施的孩子,西雷、普瓦图及罗西尼奥尔负责焚尸。

此外,曾有一段时间(几近5周),莱斯老爷曾单独约见弗朗索瓦·普雷拉提,莱斯老爷一人握有会面房间的钥匙,昂列听说房内有一只蜡手,一块铁。

此外,昂列称南特居民蒂埃里之妻卡特琳曾将孩子托付给自己希望其进入莱斯老爷的僧团。昂列将孩子带到马什库勒莱斯老爷房内,莱斯老爷与普瓦图命昂列发誓绝不泄密。之后昂列到南特一住三天。回到马什库勒后却再也不见孩子踪影,众人都说孩子已身亡。昂列表示这是自己第一次为莱斯老爷送幼童。昂列称孩子应有4岁。

此外,昂列称曾将纪伯莱·德利之子、让·于贝尔之子、多奈特之子以及勒米庸之子共四人送至南特拉苏斯公馆。莱斯老爷于拉苏斯公馆猥亵、残杀四名受害者后焚尸。

此外,昂列称莱斯老爷僧团内有一布列塔尼人名叫伊拉里,此人离开僧团后让自己的弟弟进入僧团。

此外,昂列称普瓦图从拉罗什·贝尔纳将一俊俏孩子带回拉苏斯公馆,之后孩子惨遭杀害。

此外,昂列称一般于南特诱拐幼童至拉苏斯公馆莱斯老爷卧室内，受害者惨遭杀害并焚尸时，莱斯老爷就睡在床上。莱斯老爷属下在其命令下将大块粗柴堆在壁炉的两个烤架上，放上两三捆干柴及幼童尸体后点燃，最后将骨灰抛至马什库勒多处。

此外，昂列称莱斯老爷曾于马什库勒命人杀害弗朗索瓦身边一名俊俏侍从。

此外，昂列称普瓦图曾亲口承认将莱斯新堡居民罗迪格家中的俊俏少年带至马什库勒，之后少年惨遭杀害。昂列表示少年惨遭杀害时自己并不在场，但普瓦图或吉尔·德·西雷亲口承认少年已被害（同其他受害者一样）。

此外，昂列表示普兰塞曾将家中一俊俏侍从送与普瓦图，昂列认识该少年，之后少年同样惨遭杀害。昂列表示案发现场位于马什库勒莱斯老爷卧室或城堡门口，昂列表示焚尸时为加快速度并防止烟雾弥漫，有时会将孩子衣服依次置于火上焚烧。

此外，昂列表示弗朗索瓦·普雷拉提经常到莱斯老爷卧室，一待便一两个小时。

此外，昂列表示当初是厄斯塔什引荐了弗朗索瓦，厄斯塔什称弗朗索瓦能召唤魔鬼布里丹现身，厄斯塔什亲口表示弗朗索瓦能借一坛酒令魔鬼现身。

此外,昂列表示布列塔尼公爵僧团中人安德烈·比谢原先属于莱斯老爷僧团,此人之前多次于瓦纳诱拐幼童送与莱斯老爷,布列塔尼公爵向莱斯老爷支付购买尚多塞城堡所需款项时,比谢的仆从拉乌莱诱拐一少年送与莱斯老爷后少年惨遭杀害。昂列表示拉乌莱如今与南特居民雅梅·托马同住。莱斯老爷为此事赏了安德烈一匹价值 60 里拉的骏马。

此外,昂列表示罗歇·德·布里克维尔、吉尔·德·西雷、普瓦图及罗西尼奥尔清楚以上事实。

此外,昂列表示莱斯老爷亲口承认喜欢横跨幼童腹部实施猥亵后亲眼目睹幼童惨遭割头的场面,有时莱斯老爷甚至横跨受害人腹部欣赏这一血腥场面,其余时候他从后颈割下幼童头颅看其慢慢咽气以此获得巨大满足。有时莱斯老爷趁孩子濒临死亡时将其猥亵至死,有时趁幼童死后尚有体温实施猥亵。割头凶器是一把双刃刀。若莱斯老爷不满幼童长相,便亲手以双刃刀割下幼童头颅随后实施猥亵。

此外,昂列表示莱斯老爷曾亲口说永远无人理解他的所作所为,他命该如此。

此外,昂列表示有时莱斯老爷命人从腋下肢解幼童,亲眼目睹幼童鲜血四溅让他产生巨大的愉悦感。昂列表示厄斯塔什·布朗谢曾说若不祭献幼童脚、足及其他身体部位,莱斯老爷无法成事。昂列曾亲手杀害几近 12 名幼童,有时莱斯老爷会让证人、吉尔·德·西雷及普瓦图选出最美头颅。

此外,昂列表示吉尔·德·西雷称从拉苏斯的热内大人手中夺回马什库勒城堡后发现马什库勒一间堆有牧草的房间里有 40 具幼童干尸,随后将其付之一炬。昂列表示西雷大人当时很庆幸能够在他人发现前及时处理尸骸。(昂列表示)当时罗歇·德·布里克维尔让一女人往弃尸房内看,然后发现此事,说明罗歇·德·布里克维尔并未参与清理尸身一事。

此外,昂列表示某日在提弗日,莱斯老爷与弗朗索瓦在一房内待了良久,等两人离开,昂列走进房内发现地上划有大圈,圈内有画有字符及十字,昂列不解其意。

此外,昂列表示莱斯老爷有本小册子,但此书究竟是用鲜血还是红墨水写就,昂列并不确定。

此外,昂列供述称莱斯老爷生怕猥亵幼童时幼童大喊大叫,便会事先用绳子套住受害人脖颈吊在房内三法尺高的地方,待受害人将死未死时放下受害人,禁止其说话,莱斯老爷手淫后于幼童腹部射精,完事后命人将幼童割喉、砍头杀害,有时还会问旁人受害人中谁的头颅最美。

此外,昂列表示送上幼童后莱斯老爷会赏赐自己两三埃居,莱斯老爷也会亲自从讨要布施的幼童中挑选目标人群,首先便问孩子从何而来,若得知目标非本地人或无父无母,便命人单独开门带孩子进马什库勒城堡。

此外,昂列表示有时莱斯老爷也接受女孩,以猥亵男童的方式猥亵女孩,莱斯老爷声称比起与女孩发生实质的性行为,这种方式更省力更快活。受害女孩同样惨遭杀害。

此外,昂列表示如果出现两兄弟而且仅一人讨莱斯老爷喜欢,莱斯老爷便会同时诱拐两兄弟,监禁两人以防泄密,随后仅猥亵自己喜欢的男童,最后将两人杀害。

此外,昂列表示有时若无合意的目标,莱斯老爷便会对僧团内的少年动手,昂列不在此列,因为昂列能够做到守口如瓶。

此外,昂列表示大约7月时莱斯老爷最后一次到瓦纳,谎称要向布列塔尼公爵要钱,逗留了两三天。期间安德烈·比谢将一男童带至莱斯老爷下榻处,随后该少年惨遭杀害并被抛尸于此房茅坑,当时普瓦图身系绳索钻到茅坑内将尸身推至深处,最后昂列费了很大劲才将普瓦图拉出茅坑。

以上为昂列的供述。

### 普瓦图的供述①

艾蒂安·科里约,又名普瓦图,在非刑讯的情况下承认、供述以下事实:

首先,大约 10 年前普瓦图投奔莱斯老爷,做了 5 年年轻侍从,承蒙罗歇·德·布里克维尔骑士关照。之后 5 年普瓦图为莱斯老爷的近身内侍,两三个月后普瓦图发现莱斯老爷房内的两具幼童尸体,莱斯老爷想杀他灭口,幸得罗歇及西雷阻止。随后 4 天普瓦图被关押在一房内,由罗歇看守,之后莱斯老爷命其发誓绝不泄露之前、之后的所见所闻,随后横跨普瓦图腹部实施猥亵,最终普瓦图许下誓言。

此外,普瓦图表示罗歇与吉尔·德·西雷命其诱拐幼童送与莱斯老爷。罗歇及吉尔·德·西雷已为莱斯老爷诱拐了众多幼童,莱斯老爷手淫后于幼童腹部射精,之后命人将幼童割喉杀害,有时趁幼童濒死之际莱斯老爷实施猥亵。普瓦图作为莱

---

① 对比教会与俗世审判时昂列的两次供述,普瓦图的两次供述有较大出入。

斯老爷同谋为其输送幼童达 5 年之久。

此外,普瓦图表示莱斯老爷从拉苏斯领主(莱斯老爷的胞弟)手中夺回失守两年[1]的尚多塞后,仅在尚多塞停留了一至两日。莱斯老爷向普瓦图、昂列、珀蒂·罗宾及伊凯特说起塔内幼童尸骸弃置已久之事,表示必须挪出幼童尸骸。普瓦图及罗宾拿了一只袋子到塔底清理尸骸。昂列、伊凯特及西雷放哨。一干人等将 46 具尸骸装入箱子转移至马什库勒然后悉数烧毁,焚尸点为一塔内。当时尸骸已风干并腐烂。

此外,普瓦图表示从拉苏斯的热内大人及洛埃亚克大人手中夺回马什库勒后发现 80 具幼童尸骸,之后也悉数当场烧毁。

此外,普瓦图表示拉苏斯原领主(莱斯老爷外祖父)一过世莱斯老爷便在房内残杀幼童,普瓦图听说莱斯老爷杀人之行已持续 14 年。

此外,普瓦图表示有时莱斯老爷用一把大双刃刀割破幼童喉咙致其死亡,有时还会亲吻割下的幼童头颅,然后猥亵尸身,有时用长杆将幼童吊在房内挂钩上,然后先奸后杀,亲自动手。

---

[1] 应该是"两个月",见第 341 页,注释 1 以及第 354 页注释 1。

此外，普瓦图表示若当场两名幼童为两兄弟，莱斯老爷便将其双双抓获，防止秘密泄露，猥亵其中一人，关押另一人直至兴致又起。

此外，普瓦图表示某次莱斯老爷亲手将一幼童心脏及一只手放进自己房内，透过窗命令普瓦图看好，稍后莱斯老爷用袖端捧住幼童心脏及手送到弗朗索瓦房内，普瓦图不知两人之后所为，只知当时心脏放在一只杯内。

此外，普瓦图表示在马什库勒时，莱斯老爷曾在自己房内与弗朗索瓦·普雷拉提待了一整夜，事先在地上划了大圈，圈内有字符及十字。两人在墙上画了纹章式的人头图案。随后两人命普瓦图退出房内，普瓦图便与其余人等回到大厅，之后听见房内有兽类（似犬类）爬行于屋顶。之后莱斯老爷问普瓦图等人是否听到动静，普瓦图表示没有听到任何声音。

此外，普瓦图表示某天夜里自己在莱斯老爷的命令下与弗朗索瓦一起到埃斯佩兰斯附近一草地召唤魔鬼，两人站在划好的圈内，弗朗索瓦点燃火炬，喊了巴隆及其他魔鬼之名，普瓦图当下大惊。事先莱斯老爷与弗朗索瓦曾禁止普瓦图划十字。整个召唤过程无任何事发生，却天降大雨，以致回程时步履维艰。

此外，普瓦图表示帕普莱、吉耶曼·勒波尔捷、吉耶曼·勒贝耶、勒米埃、让特卢先生、修院院长谢梅雷及侯爵①并不知莱斯老爷残杀幼童之事，修远院长谢梅雷曾嘱托塔巴尔教自己侄儿音乐及写作，该少年最终却落得惨死城堡的下场。

此外，普瓦图表示名叫让的英国人曾与莱斯老爷召唤魔鬼，出发前曾捏住莱斯老爷小指用刺采血，然后让莱斯老爷以自己鲜血在信上签名。随后两人施召唤术，回来时此召唤师似落水一般全身湿透。这个名叫让的英国人（或庇卡迪人）由吉约姆·谢瓦耶引荐而来，在召唤前嘱咐莱斯老爷绝不能划十字，否则两人必死无疑。两人召唤点位于马什库勒不远处的一块草地，靠近埃斯佩兰斯，旁边有一屋，屋内住户名叫拉皮卡尔。另有一次，这位召唤师召唤回来时身受重伤无法言语，此人离开后，拉皮卡尔对普瓦图说此人装神弄鬼。

此外，普瓦图表示有十一二名幼童死于拉苏斯公馆，其中一男孩名叫让弗莱，南特人。

此外，普瓦图表示上一年7月左右莱斯老爷最后一次到瓦纳，谎称向布列塔尼公爵要钱，停留两三日，期间安德烈·比谢将一男孩带至莱斯老爷下

_____

① 切瓦侯爵。

榻处,之后男孩惨遭杀害并被弃尸茅坑,普瓦图身系绳索钻进茅坑将孩子尸身推至深处,昂列及比谢费了很大劲才将其拖出茅坑。

此外,普瓦图承认曾从拉罗什·贝尔纳带回一俊俏男孩(征得孩子母亲同意)送与莱斯老爷,普瓦图还将已故埃奥内·德·维勒布朗什之子送与莱斯老爷,当时孩子母亲(家住南特的马沙)将孩子交托普瓦图照顾希望孩子成为侍从从此不愁吃穿。普瓦图还将布尔讷夫居民吉约姆·罗迪格家中一漂亮男孩送与莱斯老爷,男孩与上述几名孩子同岁,同为侍从,其余受害人包括弗朗索瓦的侍从以及普兰塞的侍从等,其中一少年为马什库勒城堡附近裁缝若尔热·勒巴尔比耶之子。莱斯老爷猥亵、残杀以上幼童并焚尸。普瓦图表示另有部分受害人(普瓦图不知受害人父母)在马什库勒或者提弗日或者别地讨要布施时为人诱拐然后惨遭杀害。

以上为普瓦图供述,与前文内容一致。

## 2. 昂列及普瓦图的判决

根据昂列、普瓦图的供述以及列席诸位、律师等人的意见,鉴于目前掌握的案情及事实,南特俗世法庭庭长兼特派员阁下判决,宣布判处昂列及普瓦图绞刑后执行火刑。

## 3. 吉尔·德·莱斯的判决

吉尔·德·莱斯阁下教会审判结案后,10 月25 日莱斯阁下被押解至南特布菲,大批群众汇集此地造成布菲拥堵。检察官就掌握的案情指控莱斯阁下犯有前文既已指明并加以阐述的罪行,莱斯阁下承认自己所为,而庭长阁下命其说出此案全部事实,如若说出全部事实,将考虑其悔意酌情减轻其本应承受之刑罚,于是莱斯阁下面对诸位法官承认在已经签订协议将圣艾蒂安-德梅尔莫特要塞及城堡领主权及使用权让与若弗鲁瓦·勒费龙的前提下滥用职权,武装攻占圣艾蒂安-德梅尔莫特要塞及城堡,莱斯阁下承认当场强制、逼迫让·勒费龙归还要塞及堡垒,当场监禁让·勒费龙后又将其押解至非公爵管辖地提弗日长期监禁,直至陆军统帅介入,让·勒费龙才终于得救。莱斯阁下承认违抗公爵阁下之令,拒绝归还、让出此地,也并未释放让·勒费龙,违抗公爵阁下科处 5 万埃居罚金之令。但莱斯阁下表现出极大的悔意及痛楚,承认残杀众多年幼童并焚尸灭迹,以防泄露而掩饰罪行,莱斯阁下一一承认了自己供述中所述其余罪行:莱斯阁下供述笔录已经当面宣读,莱斯阁下承认并供述一切属实。

莱斯阁下供述之后,庭长阁下征询多位正直之士及陪审团意见,诸位表示应判处其死刑,就行刑方式产生争议。在征询正直之士与陪审团意见后,庭长兼公爵特派员阁下判决、宣布就圣艾蒂安-德梅尔莫特一案,判处其依法缴纳之前判定的罚金,受益人为公爵阁下,罚金从莱斯阁下财产及土地收益中扣除。此外,就莱斯阁下供述中所涉其余诸罪,庭长兼公爵特派员阁下判决,宣布判处吉尔·德·莱斯绞刑及火刑。其后,庭长阁下命吉尔高声感恩天主并做好赴死的准备,为自己所犯诸罪深刻地忏悔,庭长阁下宣布第二天上午 11 时执行判决。莱斯阁下感谢天主,感谢庭长阁下告知自己赴死的时刻,然后向庭长阁下提出请求:鉴于自己与昂列及普瓦图共同犯下罪不可恕的滔天大罪并被判处死刑,莱斯阁下请求庭长阁下同日同时执行三人的死刑判决,以便作为主犯的自己能够安抚两位仆从,在行刑之时向两人道别,勉励两人,然后再一同赴死。若非如此,若昂列及普瓦图不亲眼目睹自己的死亡,莱斯阁下担心两人怀疑作为主犯的自己逃过一劫仅两人受刑因而堕入绝望。吉尔·德·莱斯希望天主恩准导致两人犯下诸多罪行并最终走向死亡的自己能为两人求得救赎。

庭长阁下同意了这一请求，此外，鉴于吉尔·德·莱斯深沉的悔意，特赦恩典：如前文所述执行绞刑后将其尸身置于大火之中，在其为大火包围前放于棺椁之中埋于南特市区吉尔指定的天主堂内。为此，吉尔·德·莱斯感谢庭长阁下，请求将其尸身埋于南特加尔默罗圣母院内。庭长阁下应允。此外，吉尔请求庭长阁下敬请南特主教及教会人士为其列队游行，祈求天主一如既往坚定地相信自己与诸位仆从能获救赎。庭长阁下同样恩准了这一请求。

(签名：)德·图什隆德

## 4. 执行对吉尔·德·莱斯、昂列及普瓦图的判决

按既已宣读的针对吉尔·德·莱斯及其仆从昂列与普瓦图的判决执行，将三人同时带至既定法场——南特桥下附近一草地。当日，上午9时左右举行了大规模游行，为当日即将就地正法的死刑犯

祈请天主宽恕。吉尔·德·莱斯忏悔并勉励昂列及普瓦图灵魂必获救赎，命二人坚毅、刚强地直面罪恶，对于自己引他二人步入歧途表示深深的愧疚及懊悔，命二人必定坚信仁慈的天主，相信生而为人即便罪犯滔天也能得到仁慈而宽厚的天主宽恕，只要罪孽之人心怀愧疚与悔意，坚韧不拔地祈求天主垂怜。只要诚心祈求天主宽恕，仁慈的天主必有宽恕、接纳罪孽之人之意。吉尔·德·莱斯感谢天主仁慈的示意，希望与仆从二人不忘过往，坚毅地共同赴死，所以事前已提出三人共同赴死之请求，希望将自己最诚挚的心意与情感传递与二人，对过往罪行心怀深沉之悔，希望各自不再惧怕尘世之死，勉励两人只要跨出死亡这小小的一步最终便能沐浴天主之光辉，希望两人共同真诚地期待离开苦海尘世的一刻，脱离尘世得永恒光辉。主仆三人因罪获刑，灵魂即将离开肉身，共同荣升天堂与天主一起。吉尔·德·莱斯嘱咐两人勿忘以上所托，勿忘继续于苦海中坚持、不离永恒荣光。昂列及普瓦图感谢吉尔·德·莱斯为两人灵魂得救所做的努力，感谢其良言及警示，表示欣然接受死亡，因为内心无比渴望天主垂怜也愿意相信最终能够荣升天堂得享天主光辉，并祈求主上吉尔·德·莱斯也多为自己考虑。勉励两人之后，吉尔·德·莱斯双膝跪地,双手合十祈求天主宽恕,祈求天主不因其所犯罪行而惩罚他,祈求他所信仰的仁慈的天主宽恕自己,吉尔·德·莱斯祈求教友,祈求受害人亲属,祈求各位看在仁慈的天主的份上,如亲聆天主宽恕与原谅般为他祈求天主的宽恕与原谅。在灵肉即将分离之时,在这关键一刻,吉尔·德·莱斯祈求自己从始至终所崇敬的圣雅克及圣米歇尔不计过往、支持帮助自己并恳请天主垂怜。在灵肉分离之际再次祈求圣米歇尔接纳自己的灵魂上呈天主,祈求天主不计过往仁慈地接纳他的灵魂。随后吉尔庄严地祷告,向天主献上优美的祈祷文并将灵魂托付于天主。随后,吉尔·德·莱斯愿意率先赴死起表率作用。在其临刑一刻,仆从两人恳请、祈请吉尔·德·莱斯以坚毅、英勇的骑士之姿一如既往地热爱天主,勿忘救赎之心。于是,吉尔·德·莱斯心怀悔恨赴死。趁大火尚未吞没吉尔·德·莱斯肉身及五脏六腑,众人抬出其尸身置于棺椁中抬至南特加尔默罗修会天主堂下葬。随后,昂列及普瓦图均被执行绞刑、火刑,挫骨扬灰。两人对自己所犯罪行心怀悔恨、愧疚直至生命最后一刻。

(签名:)德·图什隆德

# 参考文献

BOSSARD(Abbé Eugène).—*Gilles de Rais, Maréchal de Frame*. 2ᵉ éd., 1886, in‑8⁰, xix‑426‑cxxviii p.

Bourdeaut ( Abbé A.).—*Chantocé, Gilles de Rays et Us Ducs de Bretagne*. Rennes, 1924, in‑8⁰, 150 p.,(tirage à part de *Mémoires de la Société d'Histoire et d'Archéologie de Bretagne*, 1924, p. 41‑150).

FLEURET(Fernand) voir: HERNANDEZ(DR Lodovico).

GABORY ( Émile ).—*La Vie et la Mort de Gilles de Raiz, dit à tort Barbebleue*. Paris, 1926, in‑16, 250p.

HERNANDEZ(Dr Lodovico), pseudonyme de Fernand FLEURET.—*Le Prods inquisitorial de*

*Gilles de Rais*, *Maréchal de France*, avec un *Essai de Réhabilitation*. Traduction littérale du procès canonique et reproduction du procès civil. Paris, 1922, in-80, 300 p.

HUYSMANS(Joris-Karl).—*Là-Bas*. Paris(i$^{re}$ éd.), 1891, in-16, 441p.

REINACH(Salomon).—*Gilles de Rais*. Dans *Cultes*, *Mythes et Religions*. Paris, 1912. in-8$^0$, t. Ⅳ, p. 276 - 299 (publié d'abord dans *Revue de l'Université de Bruxelles*, décembre 1904, p.161 - 182).

VILLENEUVE (Roland).—*Gilles de Rays*. *Une grande Figure diabolique*. Paris, 1955, in-16. 285 p.

**图书在版编目(CIP)数据**

吉尔·德·莱斯案:蓝胡子事件 /(法)乔治·巴塔
耶著;赵苓岑译.—南京:南京大学出版社,2018.1(2022.5重印)
(棱镜精装人文译丛)
ISBN 978 - 7 - 305 - 19430 - 6

Ⅰ.①吉… Ⅱ.①乔… ②赵… Ⅲ.①法国-中世纪
史-史料 Ⅳ.①K565.3

中国版本图书馆 CIP 数据核字(2017)第 248110 号

出版发行　南京大学出版社
社　　址　南京市汉口路 22 号　　　　邮　编 210093
出 版 人　金鑫荣

丛 书 名　棱镜精装人文译丛
书　　名　吉尔·德·莱斯案——蓝胡子事件
著　　者　[法]乔治·巴塔耶
译　　者　赵苓岑
责任编辑　芮逸敏
照　　排　南京紫藤制版印务中心
印　　刷　江苏苏中印刷有限公司
开　　本　787×960　1/32　印张 13.75　字数 213 千
版　　次　2018 年 1 月第 1 版　2022 年 5 月第 2 次印刷
ISBN 978 - 7 - 305 - 19430 - 6
定　　价　60.00 元

网　　　址:http://www.njupco.com
官方微博:http://weibo.com/njupco
官方微信:njupress
销售咨询:(025)83594756